독일개미가 한국개미에게

주식시장에 대한 두려움을 극복하고 당신의 돈을 불리는 법

마인드큐브 책은 지은이와 만든이와 읽는이가 함께 이루는 정신의 공간입니다.

독일개미가 한국개미에게

주식시장에 대한 두려움을 극복하고 당신의 돈을 불리는 법

마인드큐브

차례

1장 투자하기

나는 왜 정기적으로 주식을 사는가

전세계가 은행 이자가 거의 없는 세상에 살고 있다. 달리 표현하면, 마이너스 이자율로 살고 있다고 해도 과언이 아니다. 세계 전역의 모두가 그렇다고? 당연히 그건 아니다! 소수의 투자자들은 많은 사람들보다 용감하게 자신들의 자산을 보호하고 있으며 마이너스 이자율에 굴복하지 않고 있다. 자신의 돈으로 만족할 만한 수익을 올리는 일은 사실 그렇게 힘들지 않다.

이는 바로 주식을 통해 가능하다. 유감스럽지만 현재 사람들 가운데 지극히 소수만이 이와 같은 형태를 고려하고 있을 뿐이다. 많은 사람들이 주식을 소유하고 있다 하더라도, 대부분 비싼 주식펀드를 가지고 있다. 그러니까 이런 펀드는 다른 주가 지수* 의 수익에 비해서 뒤처진다. 이런 일이 계속되어서는 안 된다. 우

---

* DAX(가장 중요한 30개 주가 지수의 평균으로 정하는 독일 주가 지수 - 옮긴이 주), MDAX(중간 규모로 별도 관리하는 70개 증권의 종합지수로 독일 주가 지수 소속 하에 있다.), S&P500(대부분 미국기업에 속하는 500개 대형기업의 주식을 포함하는 지수), MSCI World(선진국 지수)

리는 이렇게 돈을 투자하는 방식을 버려야 한다. 그리고 좀 더 책임감을 가지고 우리의 돈을 직접 투자하는 방법을 배워야 한다.

최근에 나도 그렇게 했다. 주식을 샀던 것이다. 요즘에는 주식을 매수하는 일이 매우 간단하다. 인터넷에서 두 번만 클릭하면, 벌써 내가 원하는 스타벅스나 아디다스의 주가를 확인할 수 있으니 말이다. 그렇지만 조금 더 솔직하게 말하면, 주식을 구매할 때 나는 약간 의심을 품기도 했다. 주식은 현재 매우 싼 가격이었지만, 마켓이나 백화점에서 하는 세일과는 달리 주식을 구입하는 시점에는 특별히 배짱이 두둑해야 한다.

주식의 가격이 싸다고 마냥 좋아할 수만은 없다. 슈테른Stern과 같은 독일의 대중적인 잡지는 머지않아 메가톤급 붕괴가 일어날 수 있다고 경고하고, 슈피겔Spiegel지와 같은 유명 잡지는 도널드 트럼프가 이 세상을 믿을 수 없을 정도로 불확실한 장소로 만들었다는 의견을 내놓기 때문이다. 게다가 경제 잡지인 포커스 마니Focus Money를 뒤져봐도 다음과 같은 소식을 찾아볼 수 없다. "주식 가격은 지금이 매수하기 좋은 시기이므로, 당장 매수하세요!".

대신에 이런 잡지들은 가장 최근에 금융시장의 붕괴를 예언하는 소식을 전하고는 한다. 걸핏하면 붕괴를 예언하는 사람의 이름이 지금 생각나지 않지만, 이 자는 독자들에게 곧 최종적이자, 이번에야 말로 완벽하게 금융시장이 붕괴할 것이라며 설득하려고 노력한다. 그의 예언대로라면 우리는 현재 붕괴하는 와중에 있지만, 이런 붕괴를 의식하지 않는 우리는 순진하고도 선의를 가진 사람들이라고도 할 수 있다. 붕괴론은 그야말로 종말론 그 자체가 아닐까 싶다.

세계정치의 상황은 멀리 내다볼 수 없고 - 그리고 위험하다.

세계는 불확실한 장소라고 언론은 생각한다. 종말을 예언하는 자들은, 주가가 60퍼센트에서 심지어 90퍼센트까지 떨어질 것이라 한다. 그것도 최소한! 하필이면 이렇게 끔찍한 시기에 내가 주식을 구입해야만 하나? 당연하다. 안 해야 될 이유가 있나? 2차 세계대전 이후부터 이 지구상에서 정치적으로 불안하지 않았던 시기가 있었다면 한 번 말해보라.

미국과 소련은 경쟁적으로 무장을 했고, 이 두 나라는 적을 열 번 아니 스무 번이라도 파괴할 수 있을 정도로 무장을 했다. 한국 전쟁으로 대략 450만 명이 사망했다. 쿠바 위기와 베트남 전쟁도 있는데, 베트남 전쟁으로 말미암아 1970년대 유가는 엄청나게 올랐고 그밖의 다른 경제적인 문제로도 이어졌다. 게다가 지구 곳곳에서 수많은 전쟁이 일어났으며 소련이 붕괴되었으며, 대략 200번이나 쿠데타가 일어났으며 지극히 미친 지배자들도 많이 있었다. 인정하는데, 도널드 트럼프 전 대통령 같은 사람도 있다. 세상은 앞을 내다볼 수 없으며 위험한 곳이다. 의문의 여지가 없다.

세상은 위험해 - 그럼에도 주가는 올라간다

하지만 잠깐! 세상이 위험한지 아닌지가 정말 중요한 질문이 었나? 아니면, 그게 아니라 자신의 돈 가운데 일부를 기업에 투자하는 것이 이로운지 아닌지가 더 중요한 질문이었나? 주식 투자에는 시대를 통틀어 정치적 갈등과 군사적 갈등이 어떠한 영향도 미치지 못했는데 그 이유는 매우 간단하다. 즉, 정치적으로 또는 경제적으로 불확실한 시기에도 새롭고, 성공적인 회사들(애플, 마이크로소프트, 페이스북, 알파벳/구글)이 세워질 수 있으며, 오래 전에 자리를 잡은 회사들(린트Lindt, 아메리칸 익스프레스나 아디다스)도 새로운 제품이나 서비스를 개발할 수 있기 때문이다. 창의적인 기업가 기질을 갖춘 인간의 정신은 항상 새로운 것을 생각해낼 수 있으며, 주가는 장기적인 관점에서 상승할 수밖에 없다. 왜냐하면 주식투자가 바로 기업에 참여하는 일이기 때문이다.

붕괴론자

이 모든 것들도 많은 예언자들이 머지않아 주식시장이 붕괴될 것이라고 알리는 일을 멈추게 하지는 못한다. 이번에 주식시장에서 일어날 붕괴는 그야말로 거대한 규모의 메카톤급이란다! 이런 예언을 하는 자들은 평범한 붕괴를 언급하는데 그치지 않고, 거대한 규모로 붕괴가 일어난다고 주장하고 있다. 조금 더 상세하게 표현하자면, 이런 예언들은 서구 사회에서 2천 년 전부터 나왔던 세계멸망에 관한 것이다. 모든 것의 종말이 가까워지고 있다! 성경에도 이미 그런 문구가 있다. 베드로가 말했던 내용이다.

그야말로 90 퍼센트의 손실을 보게 된다는 붕괴론이 거의 매주 예언자들의 입에서 터져 나오고 있다. 내가 기억하는 한, 가장 최근에 끔찍한 불행을 예고한 사람은 바로 펠릭스 크룰Felix Krull 박사였다. 나는 아직도 기억하는데, 나의 아내는 근심어린 표정으로 다가와서 음울한 예언을 들려주었다(크룰 박사는 역사를 통틀어 가장 끔찍한 붕괴가 일어날 것이라고 확신했다). 어쩌면 이 예언자이자 박사의 이름은 크룰이 아니라 크날Knall•일지도 모른다. 물론 나의 아내는 이름에 대한 의문을 품지는 않았다. 어쨌거나 나는 두 번째 이름이 더 마음에 들었는데, 예언자의 비관주의를 두 번째 이름으로 충분히 놀려먹을 수 있으니 말이다.

"이 남자는 어쨌거나 폭발력은 있네." 나는 가볍게 말했다.

크날 박사는 추종자들이 자신의 예언을 믿게끔 하는 능력은 있나 보다. 그의 예언에 따르면, 경제는 무너지고, 금융시스템은 지구상에서 사라지게 될 것이며, 모든 돈은 가치를 잃게 된다고 한다. 그러면 창의적인 청년들은 빵값을 작은 금 부스러기로 지

• 크날은 '쾅'하고 폭발하는 소리를 의미하는데, 자신의 예언으로 사람들을 놀라게 한다고 생각한 저자가 비꼬아서 이렇게 부르는 것 같다 - 옮긴이 주

불 할 것이라는 얘기다. 또한 이 금 부스러기가 어디에서 나왔느냐 하면, 청년들이 몇 년 전부터 현명한 통찰력을 가지고서 달빛이 비치는 밤에 자신들의 정원에 묻어두었던 골드바에서 조금씩 뜯어낸 것이라 한다. 그래도 조심하시길!

모든 것의 종말이 다가오고 있다!

우리의 금융시스템이 붕괴하기 직전이라는 말은 사실 10여 년 전부터 들어왔다. 만일 당신이 이런 내용을 담고 있는 책을 소장하고 있다면(또는 이런 말을 들었다면), 그 책도 11년이나 12년 쯤 전에 구입한 것일 수 있다. 12년 동안 붕괴론이 퍼졌으나, 결코 들어맞지 않던 예언이다. 그런데 언론은 늘 이와 같은 붕괴론에 대해서 보도한다. 정말 이상하지 않은가?

주식의 가격이 현재 싼데 - 주가는 약간 떨어지는 날이 많았고, 또 그야말로 바닥으로 떨어질 때도 있었다. - 나는 이런 의문이 들었다. 애플을 사야하나 아니면 스타벅스? 그것도 아니면, 디즈니를 살까? 디즈니는 스트리밍 사업으로 현재 성공을 거두고 있다. 우리 가족 가운데 텔레비전을 시청하는 사람은 현재 아무도 없다. 모두가 스트리밍하고 있다. 넷플릭스에서도 마찬가지. 유투브도 그렇다. 왜 주식이 올라갈 수밖에 없는지 이제 보이는가? 사람들은 끊임없이, 다른 사람들은 무엇에 열광하고 그것을 위해 돈을 지출할 준비가 되어 있는지를 숙고한다.

새로운 제품, 새로운 서비스

애플은 애플 워치로 히트를 쳤고 케이블이 없는 헤드폰 에어팟AirPod으로도 큰 성공을 거두었다. 스타벅스는 현재 중국 시장을 개척하는데 열중하고 있다. 중국에서는 여전히 커피 소비량이 적다. 고작 1인당 하루에 한 잔 정도 마신다. 우리는 상상하기 힘든 일이지만 말이다. 게다가 중국은 점점 부유해질 것이며, 젊은 중국인들은 스타벅스와 같은 비싼 커피를 사먹을 수 있는 능력을 갖추고 있다.

커피를 마시는 것은 일종에 단순한 트렌드가 아니라 엄청난 메가트렌드이다. 그리고 앞으로 몇 년 또는 몇 십 년 동안 더 많

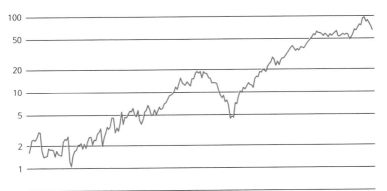

[그림 1] 스타벅스는 커피를 마시는 트렌드와 집 밖에서 작업하는 트렌드에 완벽하게 어울린다.

은 커피 소비와 더 많은 부를 축적하게 될 승자는 스타벅스이다. 주식시장에서 이런 현상을 조정할 계기가 있을까? 추측컨대 거의 없다.

2000년에서 2002년에 붕괴되었던 닷컴 버블도, 힘든 경제위기와 금융위기도 스타벅스가 전 세계를 주름잡는 대기업으로 성장하는 것을 방해하지 못했다. 기업의 주가는 한동안 힘든 과정을 거치기는 했다. 또한 코로나 위기 역시 주가를 주저앉혔다. 놀랄 일은 아니다. 그리하여 많은 지점들은 일시적으로 문을 닫거나 커피숍 건물 밖에서만 커피를 판매해야 했다. 하지만 이것도 언젠가는 지나간다. 커피를 마시는 트렌드는 여전하니 말이다.

적어도 2008년 경제위기 때 스타벅스의 주가는 상당히 충격을 받기는 했다. 20달러에서 5달러로 추락했으니. 아이구 아파! 수익은 물론 매출도 한 동안 떨어졌고, 주가는 곤두박질쳤다. 스타벅스의 주식은 한시적으로 싸졌는데, 이 말은 매수할 타이밍이 정말 좋다는 말이다! 그래프를 보면 알 수 있듯이, 이후에 주가는 다시 올라갔다.

매출이 늘고 수익이 늘게 되면 주가는 오른다

그 사이 주가가 자체적으로도 올라갈 뿐 아니라, 매출과 수익도 증가했다. 배당금 역시 늘어났다. 이것은 기업이 자신의 주주들에게 나눠주는 수익의 일부에 해당한다. 만일 내가 배당금으로 다시 주식에 투자하면, 나의 수익은 차트에서 보는 것보다 훨씬 많아진다. 스타벅스는 매년 배당금을 늘이고 있다. 2010년에는 한 주 당 0.18달러를 배당했지만, 지금은 1.48달러나 된다. 이는 720퍼센트 증가한 것이다. 애플 역시 지난 몇 십 년 동안 배당금을 올렸고(840퍼센트), 디즈니도 인색하게 굴지 않고 있다. 이 기업의 배당금도 530퍼센트가 늘어났다.

당신은 이제 이해하는가? 왜 주식 보유자들이 스타벅스, 애플과 디즈니의 주식을 보유하는지? 0퍼센트의 이자율을 받고 있는 세상에는 아주 낯설게 보이는 이런 주식들을. 항상 올라가는 기업의 배당금만으로도 이 기업의 주식을 사고 싶게 만드는 것이다.

나는 지금도 컴퓨터를 바라보고 앉아 있으며 애플, 스타벅스와 디즈니의 주가를 주시하고 있다. 만일 내가 주식을 매수했다면, 나의 아내에게 알려야 하는 시간이다.

나는 아내에게 "자기야, 나 주식 샀어."라고 말한다. 그녀는 이미 잘 알고 있다. 우리는 지난 수 년 동안 그렇게 해왔으니 말이다. 주식의 가격이 구입하기에 적절할 때도 있었고, 주가가 너무 올랐을 때 주식을 구입하기도 했다. 물론 그 전에 우리는 어느 정도의 돈을 주식시장에 투자할 것인지에 대해 항상 의논을 했다.

"자기야, 나 주식 샀어."라고 나는 아내에게 말한다.

"아, 그래?" 그녀는 그렇게 말하고, 내 삶에서 진정으로 중요한 일을 하는데, 바로 나에게 키스해주는 일이다. 그러면 나도 아내에게 키스를 해준다.

인덱스 구매하기

애플, 스타벅스, 디즈니. 이들 주식 가운데 나는 어떤 것을 매수해야 할까? 나는 이 세 회사 주식을 오래 전부터 보유하고 있다. 회사의 현재 상황과 회사들이 어떻게 발전했는지도 잘 알고 있다. 그리고 나는 이 회사들의 미래도 어떻게 될지 추측하고 있다. 예를 들어, 어떤 회사가 증자를 할 것인지를 예측하고는 한다. 나는 결정을 내려야 하지만, 꼭 결정을 해야 할까?

나는 단 한 가지 주식을 보유할 가능성을 가질 뿐 아니라, 또한 인덱스를 살 수도 있다. 예를 들어 MSCI World(일명 선진국 지수), S&P500, MDAX처럼 말이다. 모든 주식을 하나의 인덱스에 담아두는 일종의 ETF*의 형태로.

이런 펀드를 구매하면 분명한 장점들이 있다. 전체 인덱스에 투자하는 사람은 자신이 소유하고 있는 개별 주식으로 말미암아 더 이상 걱정할 필요가 없어진다. 미국인들이 스타벅스에서 비싼 커피를 마시는 즐거움을 잃게 될까? 애플은 더 이상 자신의 아이폰을 판매하지 않을 수 있을까? 디즈니는 흥행 성적이 좋지 못한 영화, 소위 말해서 박스오피스 봄브(box office bomb)만을 생산해낼까? 사실 이 모든 일이 일어날 가능성은 거의 없지만, 그

---

* exchange traded fund, 상장 지수 펀드라고 하며 10종목 이상의 자산으로 구성되어 있다 - 옮긴이 주

래도 완전히 없다고 할 수는 없다. 한때 유럽의 가장 가치 있는 기업 중 하나였으며 핸드폰을 생산했던 노키아는 몰락하고 말았다. 칼슈타트Karstad*도 수 년 동안 매출이 떨어지면서 손실을 본 끝에 단 1유로에 팔렸다. 그리고 한때 그토록 자부심 강했던 독일 전기제품 회사 아에게AEG**에 대해서는 이미 오래 전부터 아무 소식도 전해들을 수 없다.

개별 주식은 리스크가 매우 높다. 하나의 기업은 비틀거릴 수도 있으며, 많은 경우에 비틀거리는데 그치지 않고 결국 망해버린다. 최근에는 레스토랑 체인이었던 바피아노Vapiano***가 파산을 신청했다. 주가는 코로나가 터지기 전에 이미 상당히 떨어졌다. 사업은 제대로 되지 않았고, 경영자들은 자주 바뀌었다. 위기에는 경영을 잘 하지 못하는 사람은 매우 신속하게 드러나기 마련이다. 세계에서 가장 부자 투자자인 워런 버핏Warren Buffett은 이렇게 말하기를 좋아한다.

"썰물이 빠져나가야만 누가 벌거벗고 수영을 했는지 당신은 배우게 된다. You only learn who has been swimming naked when the tide goes out."

● 독일의 백화점 체인으로 2019년 3월 25일 해체됨 - 옮긴이 주
●● 아에게는 1996년 10월 2일 세계적 기업인 다임러 벤츠에 합병되었다. - 옮긴이 주
●●● 2002년에 설립된 레스토랑으로 주식시장에 상장되었고, 이탈리아 음식을 빠르고도 간단하게 제공한다. - 옮긴이 주

바피아노를 추가로 매수하라고 알리는 경보

바피아노는 이른바 벌거벗고 수영을 했다. 바닷물이 빠져나가고 나자 바로 드러났다. 즉, 바피아노 주식을 보유한 사람에게 이 기업의 파산은 뼈아픈 일이었을 것이다. 바피아노에서 일을 했고, 이 기업의 주식을 보유했던 사람에게는 이중으로 고통일 것이다. 직장도 잃고 돈도 잃어버리는 결과이니까.

주식관련 언론매체에서 얼마나 많은 "증권전문가들"이 주가가 최초로 떨어졌지만 여전히 부드러운 말투로 투자자들에게 매수를 추천했는지 나는 잘 기억하고 있다. 특히 확신에 차 있던 인터넷 사이트는 이후에 바피아노처럼 파산할 위기에 처했던 미국의 대기업 제너럴 일렉트릭의 주식이 좋은 가격으로 나왔으니 추가로 매수하라고 알리는 내용을 올렸다.

추가매수를 알리는 경보! 이것이야말로 모험과 다를 바 없다.

그렇지만 인덱스를 구매하면 개별 기업들의 파산은 아무런 문제가 되지 않는다. MDAX는 항상 중간 규모의 독일 회사들 50개를 포함하고 있다. S&P500의 목록은 상장되어 있는 가장 큰 미국 기업들 500개를 담고 있다. 인덱스를 구입하는 사람은, 자신이 투자한 업계에 아주 다양하게 분산해서 투자하고 있다. 물론 이 사람이 MDAX를 보관하면 오로지 독일 주식만 보유하고 있는 셈이 된다. S&P500의 경우에는 미국 주식만 보유하게 된다. 지리적으로 보면 이런 인덱스는 전혀 분산되어 있지 않기는 하다.

이와 달리 선진국 지수라 부르는 MSCI World는 20개국 이상에 속하는 1,600개 회사들에 투자한다. 만일 독일이 경제적으로 심각한 위기에 빠진다면, 가령 1990년 이후 일본의 경제, 부동산과 주식시장에서 일어났던 일을 생각해보자. 그러면 자신의 돈을 세계주식시장에 투자한 사람은, 23개국의 경제적 성공을 보관하고 있다. 단 하나의 ETF(상장지수펀드)를 가지고 말이다.

개별 주식을 구입할까, 아니면 인덱스 전체를 구입하는 게 더 나을까?

애플, 디즈니와 스타벅스가 지금 싼 가격이라면, 대체로 S&P500과 MSCI World도 마찬가지이다. 나는 이제 싼 가격으로 이 인덱스를 구입할 수 있는데, 바로 ETF를 통해서이다. S&P500을 추종하는 어떤 ETF는 가장 최근의 고점에 비해서 지금은 12퍼센트 떨어졌다. 정말 싸게 살수 있는 것이다. 하지만 누가 알겠는가, 이 모든 것들이 며칠이 지나면 가격이 더 떨어지고 그래서 내가 인덱스 전체를 18퍼센트 또는 20퍼센트 더 떨어진 가격으로 살 수 있을지?

애플, 디즈니, 스타벅스, 결국 나는 이 세 회사 주식을 모두 매수했다. 나는 이 회사들의 사업모델을 신뢰하며, 이 주식들로 인덱스보다 더 나은 수익을 올리게 될 것이라 확신한다. 몇 년 전에 성공했듯이 말이다. 인덱스를 구매하면 안전한데, 나의 수익이

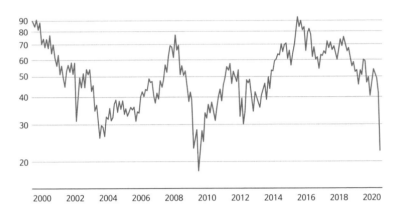

[그림 2] 20년 동안 다임러 - 공포. 계속 올랐다 내렸다 함. 주가가 90유로에서 30유로까지 떨어지기도 했다.

전체 주식시장보다 적지 않게 해준다. 유감스럽지만 많은 투자자들은 시장보다 적은 수익을 얻고는 한다. 이들은 다임러 주식이나 제너럴 일렉트릭 주식을 보유하고 있다가, 인덱스보다 수익이 덜 나면 버럭 화를 낸다.

다임러 주식으로 지수보다 수익을 덜 내는 일은 매우 쉽다. 차트를 보면 잘 알 수 있다. 스타벅스 주식이 오르고 또 오르는데 반해서, 독일인들이 사랑하는 주식은 그렇지 않다. 지난 20년 동안 다임러 주식은 심하게 요동을 쳤고, 이 기간 동안 수익을 더 올리지 못했다. 대신 다임러 주식은 한때 90유로였지만 거의 30유로까지 떨어지고 말았다. 정말 분통이 터지는 일이다.

흔히 인덱스 전체를 구매하는 사람이 더 잘 된다

MSCI World처럼 폭넓게 분산된 인덱스를 구입한 사람은, 그와 같은 문제는 겪지 않는다. 이런 사람은 시장 전체가 올린 수익을 얻기 때문이다. 그런데 어떤 이는 내게 이렇게 말한다. "하지만 다임러가 배당은 했잖아요!" 이 말은 맞다. 그러나 MSCI World에 속해 있는 1600개의 기업이나 S&P500에 포함되어 있는 500개의 회사들도 배당을 했다. 이런 배당금도 인덱스의 수익에 속하는 것이다.

ETF의 개발자 존 보글John C. Bogle은 뱅가드Vanguard 그룹®을 창설한 사람이며, 이 그룹은 전 세계에서 두 번째로 큰 자산운용회사가 되었다. 보글은 1970년대에 인덱스 제품을 시장에 내놓기 시작했다. 이렇게 한 이유는 간단했다. 즉, 펀드는 비싼 운용비용 때문에 인덱스보다 수익을 더 많이 내는 게 불가능했기 때문이다. 투자자들이 펀드에서 수익을 얻기도 전에 이미 운용비를 지불해야만 한다. 이런 비용은 대부분의 펀드의 경우 대략 1.5퍼센트이다. 하나의 펀드가 인덱스만큼 좋다면, 예를 들어 8퍼센트의 수익을 올린다면, 비용을 지불하고 나면 유감스럽지만 6.5퍼센트만 남게 된다.

● 미국의 전문투자자문회사로 2020년 12월에 애플 주식을 7.48% 보유함으로써 최대주주가 되었다. - 옮긴이 주

마르크와 페니히까지, 철저하게 따져보자

우리가 투자를 결정하고 나면 그 결과가 실제로 금액으로 어떻게 나타나는지를 앞으로 계속해서 보게 될 것이다. 사실 독일에서 마르크Mark와 페니히Pfennig(1마르크는 100페니히)를 사용했던 시절은 이미 오래 전에 지나갔지만, 잔돈까지 철저하게 계산해보자고 말할 때 현재 사용하는 "유로와 센트"까지 라고 말하는 사람은 거의 없다. 그러니 앞으로도 철저하게 계산하자고 말할 때 마르크와 페니히 라는 표현을 사용할까 한다.

마르크와 페니히로 계산하면 8퍼센트와 6.5퍼센트는 어떤 의미일까? 만일 당신이 1만 유로를 저축해서 그것을 주식시장에 투자한다면, 6.5퍼센트(펀드수익률)인지 아니면 8퍼센트(시장수익률)인지에 따라서 수익은 매우 큰 차이가 난다. 첫해에 얼마나 큰 차이가 나는지는 대부분의 사람들이 쉽게 계산할 수 있다. 8퍼센트의 경우 수익은 800유로이다. 6.5퍼센트일 때 650유로 밖에 못얻는다. 나머지 150유로는 펀드운용사의 주머니로 사라지는 것이다.

이와 같은 차이는 투자한 첫 해에 이미 느낄 수 있다. 물론 시간이 지나면 이런 차이는 더 분명해진다. 펀드운용사를 기쁘게 해주고 또한 부자로 만들어 주는 150유로는 당신의 재산을 늘어나게 해주지 않는다. 당신의 입장에서 이 돈은 잃어버린 셈이 된다. 만일 당신이 800유로를 받아서 이 금액을 다시 주식시장에 투자한다고 가정하면 사정은 완전히 달라진다. 2년째가 되면 이 150유로(650유로와 마찬가지로)는 수익을 내게 된다. 복리 말이다. 따라서 두 가지 방식의 투자가 보여주는 차이는 시간이 가면 점점 더 벌어지게 된다. 장기적으로 볼 때 차이는 점점 더 커지게 되는 것이다.

마르크와 페니히

- 주식시장이 30년 동안 평균 8퍼센트의 수익을 가져다주면, 당신은 마지막에 대략 100,000 유로라는 금액을 손에 쥐게 된다. 이 액수는 당신에게 9만 유로의 수익을 안겨준다는 의미이다.

- 하지만 펀드운영회사에 수수료를 지불하면 6.5퍼센트의 수익만 얻게 되고, 따라서 30년 후에 당신은 56,000 유로라는 수익만 얻게 된다. 이것은 지극히 긍정적으로 가정했을 경우인데, 왜냐하면 많은 펀드들은 수익률에 있어서 인덱스보다 현저하게 낮기 때문이다. 더 나은 수익을 얻는 경우는 지극히 드물다.

자금운용 비용은 수익률을 줄어들게 한다

자금운용을 위해 들어가는 비용은 투자자들의 수익을 줄어들게 만든다. 이런 비용은 부가가치를 창출하지 못한다. 바로 이와 같은 이유로 존 보글은 그런 비용을 간단하게 줄이는 아이디어를 내게 되었다. 운용을 하지 않으면, 비용도 들지 않는다는 아이디어다. 이는 투자자들의 돈을 관리하는 분야에서 혁명적인 아이디어다. 이와 같은 방식으로 상당한 수익이 주주들의 손에 머물게 된다. 싼 ETF들은 하나의 펀드에서 나오게 되는 비용의 아주 미미한 금액일 수도 있는데, 운이 좋으면 0.07퍼센트가 될 경우도 있다. 심지어 미국에서 거래되는 많은 ETF들은 비용이 전혀 들지 않기도 한다. 자금을 운용하는데 돈을 전혀 지불하지 않아도 된다니, 이것 참 멋지지 않은가.

존 보글 덕분에 오늘날 많은 투자자들은 간단하게 인덱스를 구매한다. 펀드산업은 당연히 그것을 용납하지 않고 있다. 나아가 욕을 퍼붓고 있다. 그렇게 할테면 하라지. 투자자들은 비용이 많이 들어가는 펀드운용이 좋은 결과를 내지 못하고 오히려 자신들의 수익을 잘 못 올린다는 사실을 많이 알면 알수록, 그들은 ETF로 옮겨 타게 된다. 그러면 펀드매니저들의 수입도 줄어들게 된다. 헨드릭 레버Hendrik Leber 박사도 펀드매니저이다. 그는 펀드회사 Acatis를 설립했다. 국제적인 주식을 가지고 그가 어떤 펀드를 제공하는지 살펴보면, 투자자들의 재산에 주식펀드가 얼마나 해로운지를 이해할 수 있다(그림 3).

파란색 선에서 당신은 Acatis의 주식 글로벌 펀드 A가 어떻게 발전하는지를 볼 수 있다. 그 위에 나타난 검은색 선에서는 MSCI 월드 주가(배당금을 포함하여 유로를 바탕으로 하는 ETF)의 변화를 볼 수 있다. 두 개의 투자는 지난 10년 동안 긍정적인 수익을 가져다주었다. 차트의 오른쪽에서 보여지듯 코로나 위기가 덮친 후에도 마찬가지이다. 펀드는 현재 대략 88퍼센트 성장했고, ETF는 150퍼센트 성장했다. 정확하게 얼마의 차이가 나는지 살펴보자.

마르크와 페니히

- 🪙 1만 유로를 투자했을 때 당신은 10년 동안 펀드에 넣어두었을 경우에는 8,800유로의 수익을 올린다.
- 🪙 같은 경우 MSCI World를 통해 ETF에 넣었다면 15,000유로의 수익을 얻게 된다.

우리는 두 가지 투자 방법의 차이에 따라 1년에 얼마나 다른 수익을 올릴 수 있는지 볼 수 있다. 그러면 MSCI World에 투자할 경우에는 1년에 평균 9.56퍼센트의 수익이 난다. Acatis 펀드의 경우 1년에 평균 6.5퍼센트의 수익이 발생함으로 3퍼센트 더 적다.

[그림 3] 인덱스(MSCI World, 검은색)가 훨씬 더 영리하며 아카티스 주식 글로벌 펀드 A(파란색)보다 더 많은 수익을 냈다. 이 둘은 상당한 차이가 나고 있다.

이로부터 두 가지 결론을 내릴 수 있다. 우선 당신은 매년 상당한 금액을 헨드릭 레버 박사가 설립한 펀드에 지불해야 하는데, 펀드운용을 위한 수수료가 1.35퍼센트에 달하기 때문이다. 두 번째로 투자 자금으로 운영(대부분의 펀드매니저가 그렇듯)하는 체제는 다른 인덱스와 비교할 때 눈에 띄게 낮은 수익률을 낸다. 다른 인덱스에 비해서 매년 수익률이 대략 1.65퍼센트 낮으니까 말이다.

그런데 여기에서 여러분들은, 내가 인덱스와 비교할 대상을 의도적으로 실적이 나쁜 펀드를 선택했다고 오해할 수도 있다. 하지만 오히려 정반대이다. Acatis 펀드는 독일어를 사용하는 지역에서 전 세계적인 주식으로 최고의 펀드를 제공하는 회사들의 펀드들 가운데 하나이다. 이 펀드보다 훨씬 뒤떨어진 펀드는 더 많다.

당신이 이 책에서 기대해도 좋은 것들

앞으로 나는 많은 펀드들이 올리는 끔찍한 수익률과 재정을 관리하는 조직이 가차 없이 판매에만 열을 올리는 전략들에 대해서 얘기할 것이다(2장). 그리고 "재정 관리 조직"이라는 단어를 듣고 현재 끔찍한 명성을 날리고 있는 도이치 뱅크만 떠올리지 않기를 바란다. 코메르츠 뱅크Commerzbank나 저축은행Sparkasse도 고려해야만 하는데, 당신의 돈은 이들 은행에도 흘러 들어간다.

우리는 또한 독일에서 가장 유명한 금융 블로거와도 만나게 될 것이다(3장). 이 사람은 알베르트 바르네케Albert Warnecke라고 하며 그의 웹사이트인 finanzwesir.com으로 유명하다. 그 밖에 우리는 독일에서 ETF들에 넣은 자금을 유명하게 만든 남자와도 얘기할 것이다. 바로 게르트 콤머Gerd Kommer 박사이다(4장). 우리는 이 콤머 박사에게, 장기적인 관점에서 볼 때 주가는 올라가지만 대부분의 사람들이 주식에 대해서 공포심을 가지는 이유가 무엇인지에 대해서 물어볼 것이다.

당연히 장기 투자에 대해서 다루고 있는 이 책에서 세계적으로 가장 성공을 거둔 투자자에 대해 언급하지 않을 수 없다. 워런 버핏Warren Buffett은 대략 80년 전부터 주식시장에 뛰어들었으며, 벌써 열한 살에 최초로 주식을 구매했다. 버핏은(5장), 우리 모두가 주식시장에서 어마어마하게 부자가 될 수 있다는 환상에서 깨어나게 해준다. 그리고 버핏은, 언론에서 "미래에 부상하게 될 것들"이라고 떠들어대는 새로운 분야의 주식을 구매하는 것이 얼마나 형편없는 생각인지 설명해줄 것이다. 또한 지난 100년 동안 주식시장은 어떤 결과를 가져왔는지에 대한 의문도 이 장에서 다루게 될 것이다. 주가는 30년 동안 아무런 위기 없이 계속 오를 경우도 많다. 그런가 하면 주식은 수 년 동안 정체된 상태일 경우도 많다. 그리고 매번 주식은 투자자들 대부분이 전혀 기대하지 않았던 결과를 만들어낸다.

6장에서는 자신의 돈을 주식시장에서 잃게 될 가능성에 대해서 살펴볼 것이다. 왜냐하면 그럴 가능성은 매우 많은데, 다임러 벤츠의 주가변동 차트에서 이미 살펴본 바도 있다. 7장에서는 어떻게 하면 우리가 인덱스를 이길 수 있는지를 다루게 된다. 물론 나의 첫 번째 저서인 《자기야, 내가 시장을 이겼어》를 읽어본 독자라면 이미 알고 있을지 모른다.

우리가 이 책에서 지속적으로 다루게 될 내용이 있다. 즉, 주식은 왜 성공적인 투자처인지에 대해서 얘기할 것이다(인간의 정신은 항상 새로운 것을 발명해낸다). 때문에 8장에서 우리는 지난 수 십년간 주식시장에 어떤 변화가 있었는지 살펴보고, 앞으로 10년을 어떻게 전망할지에 대해서 다루어 보고자 한다. 주식이란 기업에 참여하는 행위이다. 주주들은 기업이 과거에 이뤄냈던 성공에 참여하는 게 아니라, 미래에 참여하는 것이다. 이로 인해 개별 주식에 투자하는 일은 매우 위험한데, 주식시장에서 개별 기업의 과거를 관찰한 결과는 언제라도 너무 분명하기 때문이다. 우리는 애플, 스타벅스 또는 아디다스와 같은 기업이 과거에 어떤 발전을 했는지 잘 알고 있다. 이와 반대로 기업의 미래를 예측하는 것은 매우 불분명하다. 우리들 가운데 그 누구도, 앞으로 몇 년 또는 몇 십 년 후에 애플, 아디다스나 스타벅스와 같은 기업에 무슨 일이 닥칠지 알 수 없다.

마지막 장(9장)에서는 2008/09년에 발생했던 금융위기로 주식시장이 붕괴했을 때의 차트를 보면, 주식을 매수하는 일이 정말 간단해 보이는데 그 이유를 한번 따져보기로 하겠다. 주가가 곤두박질 칠 때 투자자들 대부분은 왜 주식을 매수하지 않는지도 살펴보게 된다.

주식에 관해 보도하는 언론매체를 멀리하라

우리는 시장에서 잘 작동되지 않는 것을 다룰 것이다. 주식관련 언론매체들이 최고라며 과장해서 보도하는 주식에 당신의 돈을 투자하면, 인덱스의 수익률보다 더 나은 수익률을 내지 못한다. 오히려 당신은 상당한 돈을 잃고 말 것이다. 많은 주식관련 언론매체들이 2016년과 2017년 알칼리성 금속인 리튬 주식에 투자하는 일이야말로 최고로 현명한 일이라는 말을 믿고 투자했을 때처럼 말이다. 만일 당신이 그때 돈을 투자했다면, 파란만장한 과정을 겪어야만 했을 것이다. 예를 들어 58달러에서 140달러(그림 4)로 폭발적인 성장을 이뤄냈던 리튬 생산회사 알베마를레Albemarle가 좋은 본보기가 된다. 이 주식은 이후에 55달러까지 폭락했다. 이런, 망했어!

어쩌면 당신은 대마초를 생산하는 회사를 대대적으로 광고한 것에 빠진 것은 아닌지 모르겠다. 이 회사의 주가는 단기간 믿을 수 없을 정도로 상승했으나, 주가가 내려갈 때는 그야말로 바닥을 치고 말았다. 유명한 대마초기업 틸레이Tilray®가 좋은 본보기

● 2013년에 설립된 캐나다 제약회사이자 대마초 생산회사로, 본사는 캐나다 브리티시컬럼비아주 너나이모에 있다. - 옮긴이 주

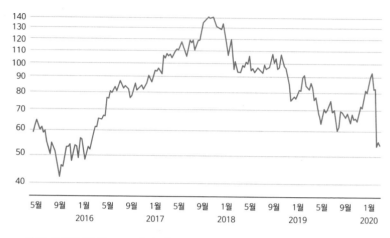

[그림 4] 알베마를레는 2016년 리튬을 과도하게 광고했다. 하지만 화학기업인 이 회사의 주가가 놀라울 정도로 올라갔을 때 투자를 했던 투자자들에게는 전혀 달갑지 않은 일이었다.

가 될 수 있다(그림 5).

독일의 주식관련 언론매체에 출연한 "주식 전문가들"이 해주는 충고를 따르는 사람들은, 지난 몇 년 동안 유감스럽게도 설탕을 제조하는 기업인 쥐트추커Südzucker(지난 20년간 주가는 0퍼센트 상승)의 주식을 보유하고 있거나 바피아노Vapiano(지난 3년간 주가는 마이너스 99퍼센트)를 보유하고 있을 수 있다.

다가올 붕괴에 대한 두려움

주식은 심리이다. 따라서 두려움이 항상 이 책의 중심에 있다.

손실에 대한 투자자들의 두려움과 공포 말이다. 이런 두려움은 군이 독일에만 있는 게 아니다. 당연히 미국인들도 자신들의 돈을 잃어버릴 지도 모른다는 두려움이 어떤 것인지 잘 알고 있을 것이다. 또한 미국인들도 동시대인들의 입에서 나오는 비관주의에 기꺼이 전염되고는 한다. 25년 동안 주가가 상승했으며 앞으로 어떤 붕괴도 내다보지 못하는 상태인데도 말이다.

예를 들어 1948년이 있다. 이때 월스트리트에는 두려움이 팽배했다. 주식시장은 주가가 곤두박질치게 될 것이라 확신했으나, 6년 뒤에 주식은 70퍼센트 이상 상승했다. 끔찍한 세계대전 이후에 유럽은 여전히 굶주리며 헤매고 있는 동안에, 미국인들

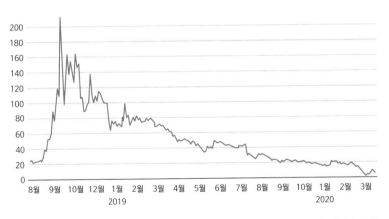

[그림 5] 대마초를 과도하게 광고했을 때 주식을 구매한 사람은 비참하게 손실을 입었다. 주식시장이 좋아했던 기업 틸레이의 주가는 200달러가 넘었으나 6달러로 곤두박질쳤다. 세상에, 97퍼센트의 손실이라니!

은 유례가 없을 정도의 복지수준을 이뤄냈다. 투자자들이 낙관주의를 믿을 원인은 차고 넘쳤다. 하지만 이 모든 것들도 도움이 되지 않았고, 월스트리트는 지극히 무서운 공포심에 휩싸였다. 과거로부터 얻은 경험이 좋지 않았을 뿐이다.

주식은 1929년부터 1932년까지 주식역사상 가장 끔찍한 붕괴들 가운데 하나로 볼 수 있을 만큼 거의 무너져버렸다. 그런 뒤에 2차 세계대전의 전초라 할 수 있는 1937년에 다시 한 번 강력하게 무너졌다. 또한 1939년부터 1941년까지 주가가 눈에 띄게 다시 하락했다. 투자자들은 1948년에 다음 번 주식시장의 붕괴가 곧 도래할 것이라 확신했다. 주가가 6년 이상 연달아 상승했던 시기를 기억하는 투자자는 한 명도 없었다. 그런데 왜 지금 이 시점에서 달라야 한다는 건가?

두려움은 형편없는 컨설턴트

오늘날의 시각에서 보면 미국인들이 느꼈던 두려움은 그야말로 기이하고 낯설게 여겨진다. 그들은 25년 동안 상승하는 주가를 경험했다. 그런데도 미국인들은 자신들의 머리 위로 하늘이 무너질지도 모른다고 두려워했다. 당신은 두려움이야말로 실력이 형편없는 조언자라는 사실을 보게 된 것이다.

이 모든 것은 오늘날과 약간 비슷해 보인다. 2000년부터 2002년까지 주식시장이 강력하게 붕괴한 뒤에, 그리고 2008년 금융위기에 의한 주식시장의 위축 이후에 개인투자자들은 거의 매일 주식시장에 다음 번 붕괴가 일어날 것이라고 기대한다. 붕괴라고? 그런 것은 오지 않았다. 왜? 투자자들이 주식시장이 무너질지 모른다고 기대하고 있으므로 주식시장은 붕괴하지 않는다. 오히려 근거 없는 낙관주의가 주식시장에 팽배하고 있을 때 대체적으로 주식시장은 붕괴한다. 주식시장에 낙관주의가 팽배하는가? 아니, 오래 전부터 그렇지 않다. 20여 년 동안 말이다. 코로나 위기도 이런 현상을 바꾸지 못했다. 주식시장은 신속하게 하락장으로 돌입했다. 주가가 최근의 최고점에서 20퍼센트 이상 떨어지면 그렇게 부른다. 이런 일은 주식시장에서 드문 일이 아니다. 평균 5년에서 10년마다 그런 일이 발생한다고 볼 수 있다. 어쨌거나 주가는 처음에 조금 더 떨어졌다가 다시금 상승세로 바뀌었다.

두려움으로 인해 치르는 비용

두려움은 실력이 형편없는 조언자라 할 수 있다. 1948년에 주식을 매도한 사람은 엄청난 수익을 얻을 기회를 놓쳤다. 이어진 10년 동안에만 하더라도 S&P500은 260퍼센트(배당금도 플러스해야 함)나 올랐으니 말이다. 여기에서 끝나지 않았다. 25년 동안 주가는 계속 올랐다. 중간에 아주 잠시 동안 불경기를 겪기는 했다. 미국 경제는 최고의 기간을 체험했으니 바로 50년대였고, 이어서 60년대도 역시 좋았다.

이때 개인투자자들은 무엇을 했던가? 많은 사람들은 주식시장에 적극적으로 뛰어들지 못했고 소문으로 떠돌던 시장붕괴가 일어날 것을 우려했다. 1960년대 중반에야 비로소 사람들은 지속적으로 주식이 호황기를 맞는 상황을 신뢰하기 시작했다. 그들은 낙관적이 되었다. 그리고 마침내 지나치게 낙관적이 되고 말았다.

주식시장에 과도한 낙관주의가 팽배하면 잘 풀리는 경우가 드물었다. 60년대의 낙관주의는 1973년에 주식시장 붕괴로 끝났다. 90년대의 낙관주의를 뒤따라 온 결과도 좋지 않는데, 2000년부터 2002년까지 주가는 장기간 하락장을 이어갔다. 그럼에도 불구하고 낙관주의자들은 이 시기에도 장기적인 안목을 가지고 주식으로 이익을 볼 수 있었다.

침체기를 맞이한 독일인들의 재산

불확실성에 따른 결과는 많은 독일 사람들의 재산에서 볼 수 있는데, 0퍼센트의 이자율 또는 마이너스 이자율을 고려해보면 이들의 재산은 침체기에 빠졌다. 독일인들은 주식시장에 투자하는 것을 두려워했다. 그들에게 안전하지 않게 보였으니까. 대신에 그들은 에너지조합인 프로콘Prokon의 참여권participation rights*

---

* 주식과 채권의 중간 형태 - 옮긴이 주

을 구입하거나, 아니면 수마트라에 있는 티크 재(材) 농장이 다양한 물건을 제공하는데 참여하거나, 그렇지 않으면 이자가 떨어지는 것을 막아보려고 보다 의심스러운 '후 순위채권'을 구입한다.

그러는 사이에 역사적으로 보기 드물 정도의 낮은 이자는 주가를 지속적으로 상승하게 만들고 있다. 그럼에도 불구하고 많은 투자자들은 자신들의 돈을 선뜻 주식에 투자하지 못하는 것이다. 그들은 머뭇거리면서 기다리는데, 도대체 무엇을 기다리는가?

어쩌면 다음 번 붕괴를 기다리는지도 모른다. 하지만 투자자들의 공포감에도 불구하고 그런 붕괴는 오지 않는다. 만일 당신이 상승세를 타는 주식으로 이득을 보고자 한다면, 당신의 두려움을 잘 소화시켜야 하며 현실적으로 그럴 가능성이 있는지를 체크해야 한다. 장기적으로 주식시장에서 돈을 잃게 될 정도로 정말 붕괴가 일어날 가능성이 있는가?

주식시장의 심리

주식시장은 심리이다. 이 말은 주식시장의 전설로 남아있는 앙드레 코스톨라니André Kostolany(1906-1999, 헝가리 태생)가 거듭 말해왔다. 주가가 올라가면 투자자들은 두려움을 갖는다. 그들이 최고가에 주식을 매수하고 얼마 후 주가가 하향곡선을 그릴 가능성이 있으니까 말이다.

반대로 만일 주가가 떨어지면, 투자자들은 또 두려워한다. 이번에는 물론 주가가 점점 더 떨어지는 게 아닐까라는 공포심이다. 2018년 주가가 두 번이나 조정될 때 봤듯이 주가가 20퍼센트 정도 떨어지면, 30퍼센트로 떨어질 수도 있다. 또는 40퍼센트도 가능하다. 과연 누가 그렇게 될 가능성을 정확하게 알 수 있겠는가?

주식시장에 현재 어떤 일이 일어나든 상관없이, 두려워할 이유는 늘 있다. 손실에 대한 두려움은 자신의 돈을 주식시장에 투자하는 것을 멈추게 한다. 주식시장은 심리이다. 늘 주식시장에 참여한 투자자들의 감정이 중요하다. 이를 이해하지 못하는 사람은 주식시장에서 매우 힘들어진다.

투자자나 언론의 두려움에 대한 언급은 늘 존재하고, 주식 전문가들은 이를 두고 "걱정의 벽Wall of Worries"이라는 개념으로 부르게 되었다. 만일 투자자들이 주식시장에 대하여 두려움을 가지고 있다면, 모든 것은 가장 잘 작동되고 있다고 볼 수 있다. 왜냐하면 비록 주식시장을 바라보는 관중들이 걱정을 하더라도, 장기적인 관점에서 보면 주가는 오른다는 사실을 경험이 가르쳐주기 때문이다. 이와 반대로 투자자들이 아무런 걱정 없이 주가는 중단하지 않고 항상 올라갈 것이라고 믿는다면("이번에는 전혀 달라"), 주가는 위험에 처할 것이다.

금융관리자들의 손아귀로 들어가기

만일 투자자들이 용기를 내어 자신의 돈을 불리고자 투자를 하면, 유감스럽게도 대부분 금융관리자의 손아귀에 들어가고 만다. 이들은 고객의 돈으로 꽤나 잘 벌수 있다. 그것도 아주 잘. 이들은 고객들에게 수지가 맞지 않는 보험을 팔거나, 수수료를 많이 물어야 하는 펀드를 판매한다. 또한 컨테이너 배를 소유하는 지분을 팔기도 한다. 왜 이렇게 하는 것일까? 수수료를 벌기 때문이다. 정치가들이 수 십 년 전부터 이런 행태를 보면서도 간섭하지 않고 먼 곳에서 바라보기만 함으로써 생겨난 비극이 아닐 수 없다. 바로 여기에서 당신은 속고 있다.

반드시 기억하자

첫 번째. 주식은 장기적으로 적은 재산을 일구고 노후를 준비하는데 매우 적합하다. 이럴 경우에 누구도 인덱스의 수익을 넘을 필요가 없다. 또한 투자자들은 간단하게 인덱스를 구매하면 되는데, MSCI World나 MDAX(이것은 독일주가지수 DAX보다 수익률이 더 낫다), 아니면 S&P500을 구매하면 된다. 물론 우리에게는 약간의 용기가 필요하다. 왜냐하면 그야말로 무적함대 같은 예언자들이 주식 시장이 붕괴될 것이라고 겁을 주고 부정적인 언론의 보도들이 우리 시야를 흐리게 만들기 때문이다. 그들은 우리에게 위험을 보여주고 거침없이 경고를 한다. 하지만 그들은 우리가 주식으로 벌 수 있는 높은 수익에 대해 - 투자자들이 흔히 이를 두고 미국식 리턴(수익률)이라고 부르고는 한다. - 침묵한다.

두 번째. 붕괴(-40퍼센트 또는 그 이상의 손실)는 주식시장에서 일어나기는 하지만, 매우 드물게 일어난다. 우리는 지난 100년 동안 네 번의 붕괴를 경험했다. 주가가 20퍼센트에서 35퍼센트까지 떨어지는 하락장이 더 많았다. 이렇게 하락하는 장세는 5년에서 10년마다 일어난다고 봐야 한다. 이 보다 더 자주 발생하는 상황은 10~20퍼센트 하락할 때이다. 이런 조정은 대략 18개월마다 일어난다. 따라서 이런 경우는 주식시장에서는 일상에 속한다고 볼 수 있다.

그와 같은 등락에 두려움을 갖는 사람은 주식시장에 잘못 들어간 셈이 된다. 이런 사람이 주가가 너무 올랐을 때 매수하고, 너무 내려갔을 때나 하락장의 바닥에서 매도하면 위험이 커진다. 이렇게 하여 큰 재산을 잃고 고통스러워하게 된다.

세 번째. 여자들은 주식시장에 투자를 할 경우 흔히 매우 차분하게 행동한다. 이들은 매도와 매수를 자주 하지 않는다. 주가가 내려가더라도 쉽게 공포에 빠지지도 않는다. 때문에 남자 투자자들에 비해서 더 많은 수익을 가져갈 때가 많다.

네 번째. 주식시장에서 시세 하락일 때 이를 잘 극복하는 일은 그렇게 어렵지 않다. 노르웨이 국부펀드인 "오일펀드"*처럼 규칙적으로 계속 주식을 구매하는 게 가장 성공을 거둘 수 있다. 물론 누구에게나 최선의 해결책이 아님은 인정한다. 하지만 다른 가능성도 있다. 예를 들어 당신은 아무 일도 하지 않으면 된다. 그리고 2년마다 보유한 주식을 살펴보라. 그 사이 주가는 올라있을 가능성이 매우 높다.

● 노르웨이는 자국에서 나는 오일을 판매한 돈을 국민을 위해 모두 투자하고 있다. 우리나라에서도 《노르웨이처럼 투자하라》라는 제목으로 출간되었다. - 옮긴이 주

2장 신뢰하기

투자자들이 자신의 돈을 은행에 맡기지 않고 직접 투자하면 왜 더 많은 수익을 얻나

당신이 당신의 돈을 금융기관에 맡기는 것은 바로 신뢰를 기반으로 한다. 이와 같은 신뢰에 당신은 그야말로 철저하게 이용당하고 있다. 당신이 수익을 추구하든 그렇지 않든, 금융기관은 전혀 관심이 없다. 적은 이자와 이자율 0인 아름다운 세계로 온 것을 환영하나니. 이런 결과는 많은 사람들이 믿고 있듯이 과거 유럽중앙은행의 회장이었던 마리오 드라기Mario Draghi의 발명품이 아니며, 은행, 저축은행과 투자 상담가들의 발명품이다. 이들은 우리의 돈으로 잘 살고자 한다. 그렇지만 우리는 이런 현상을 바꿔야만 한다. 왜냐하면 여기에 우리는 속고 있는 까닭이다.

벤자민은 에르푸르트의 구 시가지를 어슬렁거리며 걷고 있었다. 올해 들어 처음으로 맞는 따뜻한 봄날이었다. 그는 아이스크림 가게 마우리치오를 지나다가 이곳에서 아이스크림을 샀는데, 저축은행과 약속한 시간이 아직 남아 있기 때문이다. 그 전에 벤자민은 뭔가 즐기고 싶었다. 그런 뒤에 자신의 돈이 맞이하게 될 미래에 대해 고민할 생각이었다. 바로 오늘. 참으로 오랫동안 그는 이 과제를 미루기만 했다.

마우리치오에는 정말 여러 가지 종류의 아이스크림들이 있었다. 에프트 에이트, 티라미슈, 쓴맛의 초콜릿. 벤자민은 파스타치오와 마르치판을 넣어 만든 아이스크림을 각각 한 볼씩 달라고 주문했다. 특히 이 가게에서 맛있는 종류였다. 그는 약속 시간까지 아직 15분 정도 여유가 있었고, 이 시간은 따뜻한 봄날에 커피숍에 앉아 자신의 돈에 대해 생각해 보기에 충분한 시간이다.

돈을 가진다는 것, 많은 돈을 가진다는 것은 벤자민에게 지극히 새로운 경험이다. 대략 5만 유로인데, 할아버지가 돌아가신 뒤에 상속받은 돈이다. 이 가운데 일부로 아우디 A3 자동차를 구입할 예정이다. 이 차는 아주 좋은 가격으로 출시되었다. 나머지 4만 유로는 투자할 예정이었다. 한 가지 분명한 것은, 0퍼센트의 이자로는 절대 만족할 수 없다는 사실이다. 돈을 주식시장에 넣고, 이로부터 수익을 올려야만 한다.

돈 - 확실하게 - 투자하기

벤자민은 잠시 새로 구입한 자신의 아이폰을 들여다봤다. 이 스마트폰 역시 상속받은 돈 덕분에 구입했다. 토요일에 축구팀 로트바이스 에르푸르트*가 로코모티브 라이프치히**를 상대로 경기가 치러졌다. 이 경기에서 세 명의 선수가 부상을 입었다고 튀링거 알게마이너 신문이 보도했다. 자신의 클럽에는 좋지 않은 소식이었다. 그리고 왓츠앱WhatsApp에 새로운 소식도 들어왔다. 스테파니가 그에게 소식을 전했다. 그렇다면 그가 주말에 그녀와 데이트를 한 게 전혀 효과가 없었던 게 아니었다는 의미였다. 벤자민은 신속하게 그녀에게 답신을 보내고 자신의 모습을 찍은 사진도 보냈다. 이때 좋은 생각이 또 떠올랐다. 스테파니를 이 아이스크림 가게에 초대하면 좋을 것 같았다. 즉시 그는 소식을 전했다.

  벤자민은 아직 몇 분간의 여유가 있었다. 그는 자신에게 돈을 상속해준 할아버지 하인리히를 생각했다. 아홉 명의 손주들 모두에게 상속을 해 준, 정말 통이 크고 관대한 분이었다. 벤자민의 형제자매들, 사촌들도 상속을 받아서 이런 저런 호사를 누렸다. 그렇지만 남은 돈은 이자 한 푼 주지 않는 통장에 넣어두었다. 벤자민은 절대 그렇게 할 수 없다. 그는 반드시 이자를 받고 싶었다. 어느 정도? 현 시점에서 특별히 욕심을 내지는 않는다. 5퍼센트만 되어도 좋을 듯했다. 그는 세계 주식시장(MSCI World를 기준으로 하면)이 지난 40년 동안 평균 8퍼센트 이상의 수익을 냈다는 사실을 몰랐다. 그리고 지난 10년 동안에는, 2009년 폭락했던 것

●　　독일 튀링겐주의 도시 에르푸르트를 연고로 하는 팀으로, 현재 3부 리그에서 활동중이다. - 옮긴이 주
●●　1893년 창단된 독일 작센주의 라이프치히를 연고로 하는 축구클럽 - 옮긴이 주

도 계산해도, 12퍼센트의 수익을 냈다는 사실 역시 모르고 있었다. 그런 내용은 신문 기사에 실리지 않았다. 유투브에서도 얘기해주는 사람이 없다. 튀링어 알게마이너 신문에도 그런 정보는 실리지 않았다.

벤자민은 자신의 아이폰을 다시 넣어두고 저축은행으로 걸어간다. 돈-확실하게-투자하기. 저축은행의 입구에는 그와 같은 문구가 있었다. 그는 저축은행의 직원이 자신에게 어떤 제안을 하게 될지 궁금했다. 그는 IT기업에 관심이 많았다. 이 분야에 기꺼이 투자하고 싶었다. 직접 투자를 결정할 -예를 들어 틴더Tinder, 페이스북이나 애플과 같은 개별 주식을 구매하는 것- 자신은 없었다. ETF에 대해서는 더더욱 들어본 적도 없다. 학교에서도 배우지 못했다. 때문에 벤자민에게는 저축은행에서 해줄 조언이 필요했다.

축구팀 바이에른 뮌헨 대(對) 로트바이스 에르푸르트처럼

사비네 니쳐는 재빨리 서류를 살펴봤다. 그녀는 자신의 다음번 고객이 돈을 상속받았다는 것을 알게 되었다. 많지는 않고, 4만 유로이지만 그래도 적지는 않았다. 겨우 스무 살 정도 된 청년이 그만한 금액을 상속받아서 투자를 하려는 것이었다. 그리고 그는 그녀의 고객이며, 이미 몇 년 전에도 고객이었다. 그녀는 고객 벤자민에게 새로운 저축은행펀드를 판매할 계획이었다. **보다**

더 확실한 수익률. 저축은행의 뛰어난 능력. 특별히 고객을 위해 개발함. 주식과 채권, 이 두 가지 세계에서 최상의 제품. 그녀는 이렇게 펀드에 대한 교육을 받았다. 그녀는 노련하게 금융상품을 판매하는 직원이며, 그것도 이미 몇 십 년 전부터 그러했다. 벤자민과의 미팅은 그녀에게 아주 쉬운 게임이나 마찬가지이며 나아가 공평하지도 못했다. 비유하자면, 1부 리그 축구팀 바이에른 뮌헨과 3부 리그에서 활동하는 로트바이스 에르푸르트 팀과의 경기와 비슷하다고 할까. 이 두 팀이 경기를 한다면 승자는 이미 정해진 상태에서 시작한 것과 다름이 없었다. 다만 몇골이나 넣을지 모를 뿐.

벤자민은 사비네 니취가 투자전문 상담사가 결코 아니며 산전수전 모두 겪은 상품 판매원이라는 사실을 꿈에도 알지 못했다. 저축은행 건물 입구에는 이런 문구가 붙어있다. **돈-안전하게-투자하기.** 이와 같은 문구는 신뢰감을 준다. 벤자민처럼 에어푸르트에 살고 있는 시민들 가운데 수천 명은, 자신들의 돈을 투자하고자 할 때 이 저축은행에서 상담을 하면 될 것이라고 믿고 있다. 물론 저축은행은 에어푸르트에서는 물론 다른 곳에서도 상담을 제공하지 않다. 다만 다른 모든 은행과 저축은행들이 그러하듯 금융 상품을 판매하는 곳이다.

왜 맥도날드 직원은 영양섭취에 관한 조언을 해주지 못할까

사비네 니취는 저축은행에서 일하는 직원이며, 따라서 고용주의 이익을 대변한다고 할 수 있다. 그녀는 금융상품을 판매하는 사람이다. 이것은 20여 년 전부터 그녀가 해왔던 일이었다. 벤자민과 면담할 때는 물론(은행과 저축은행에서 일하는 모든 판매원들이 그러하듯) 상당한 거짓말로 시작한다. 왜냐하면 저축은행에서 고객을 상대로 하는 판매는 전혀 다르게 불리니까 말이다. 이를테면 컨설팅 한다고 말한다.

은행과 저축은행만 이런 방식으로 일하는 게 아니다. 소위 말해 금융상품 판매와 재산관리를 담당하는 사람들을 비롯해서 금융에 관한 컨설팅을 직업으로 가진 온갖 무리들이 있다. 이들 모두는 오로지 한 가지를 원하는데, 바로 우리 돈이다. 우리에게 비싼 금융상품을 판매함으로써 말이다.

금융상품을 판매한다 함은 컨설팅을 의미하며, 이때 판매자는 가능하면 많은 수익을 내야 한다. 구매자에게 어떤 결과를 가져올 지와 무관하게. 이것이 바로 지극히 합법적인 "투자 상담"이라고 불리는 원칙이다. 사실 이런 컨설팅은 중개 또는 금융상품의 판매와 전혀 다르지 않다. 맥도날드가 햄버거를 판매하는 것과 다르지 않다. 치킨 윙이나 감자튀김을 파는 것과도 역시 다르지 않다. H&M이 옷이나 자켓, 티셔츠와 스웨터를 판매하는 것과 다르지 않은 것이다.

패스트푸드 체인인 맥도날드가, 만일 점원들이 고객들에게 자신들은 영양섭취에 관해 충고를 해주는 사람이라고 칭한다면, 얼마나 기절초풍할 노릇이겠는가? 정말 상상할 수조차 없다.

맥도날드는 햄버거와 감자튀김을 파는 점원들이 자신들을 영양사로 부르고자 하는 생각을 절대 용납하지 않을 것이다. 이 세계적인 대기업은, 그렇게 하면 회사의 이미지와 사업에 얼마나 해가 될지 너무나 잘 안다. 고객과 대중의 신뢰를 그렇듯 공공연하게 악용하는 게 기업에 얼마나 심각한 해를 끼칠지 말이다.

왜 에어푸르트 저축은행은 고객에게 저축은행펀드를 판매할까

사비네 니취는 벤자민에게 중부 튀링겐Türingen 저축은행 소속의 저축은행 펀드를 판매했다. 그녀의 상관은 이 펀드를 판매하는 것을 좋아했다. 그리하여 사비네 니취처럼 에어푸르트, 바이마르, 아폴다(Apolda, 튀링겐에 있는 도시)와 죔머다(Sömmerda, 튀링겐에 있는 도시)에서 일하는 직원들은 사근사근한 말투와, 확고한 목소리로 배웠던 대로 펀드의 장점을 강조했다. **확실한 수익. 매년 배당금 지급. 저축은행이 탁월한 관리.** 이런 말들을 강조하면서 유창한 말투를 사용하여 고객으로부터 신뢰를 얻는 것이다. 이런 대화의 목표는 바로 고객들을 기만하는 데 있다. 고객들은 자신들에게 결코 이득이 되지 않는 뭔가를 구매해야 한다. 돈은 저축은행의 금고 안으로 들어가야 하고, 벤자민의 금고에 들어가서는 안 된다.

벤자민은 연수익률 또는 이자를 원한다. 5퍼센트라면 만족할 만 하다. 그는 할아버지 하인리히도 비슷하게 운영했으리라 알고 있다. 할아버지는 타고난 사업가였다. 돈을 은행계좌에 넣어 두는 어리석은 짓을 절대로 하지 않았다! 시장에 대한 벤자민의 기대치는 낮다. 그는 국제적 주식거래, 주가정보, 금융 및 경제소식을 알려주는 금융 포털 사이트가 있는지조차 모른다. 그리고 방금 저축은행에서 구매한 펀드가 얼마나 좋은지도 모르고 있다. 금융 포털을 이용할 줄 아는 사람이라면, 세 번만 클릭해도 저축은행 펀드의 실적이 어떤지 잘 알 수 있다. 실적은 그야말로 끔찍하다.

이런! 완전히 내려가고 있는 게 아닌가. 처음에 탁월한 경영솜씨를 자랑한다던 저축은행은 대략 15퍼센트의 손실을 입었다. 그런 뒤 펀드는 약간 회복하는 모습을 보였다.

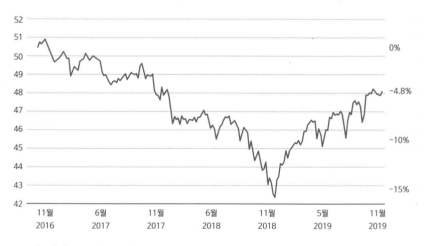

[그림 6] 중부 튀링겐 저축은행의 저축은행 펀드. 이런 펀드로 저축은행은 돈을 벌지만, 투자자는 손실을 본다.

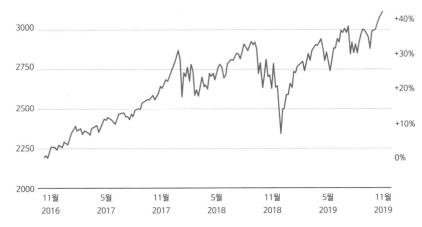

[그림 7] 동일한 기간 동안 S&P500은 대략 42퍼센트 성장했다. 주식을 하기 위해서는 참으로 좋은 시기였다. 물론 조정을 거치기는 했다.

3년 후에 저축은행 펀드는 물론 여전히 마이너스의 실적을 올리고 있을 따름이다. 벤자민의 투자금 40,000 유로는 그 사이 38,080유로가 되었다. 물론 중간에 배당금을 받기는 했지만 결국 벤자민이 얻은 전체 수익은 투자가 수익을 넘지 않는 0일 뿐이다.

어떻게 이런 일이 있을 수 있나? 주식은 그 사이 정말 많이 올랐다. 미국의 인덱스 S&P500의 수익은 42퍼센트 상승했다.

사비네 니취는 왜 고객에게 저축은행 펀드를 판매하고, 이보다 더 간단하고 싸면서 수익을 더 내는 ETF, 예를 들어 S&P500을 팔지 않았나? 대답은 아주 간단하다. 즉, 저축은행은 펀드를 판매해서 많은 돈을 벌기 때문이다. ETF로는 그렇게 하지 못한다. 여기에서 중요한 것은 저축은행의 수익률이며, 고객의 수익률이 결코 아니다. 저축은행은 '도이치 자산컨설팅사', AWD와 그밖에도 다른 많은 금융상품 판매처에서처럼 기업의 이익과 수익이 중요할 뿐이다. 투자 자문을 해주는 프리랜서 자문가들의 경우도 마찬가지이다.

어떤 금융상품의 실적이 어떠한지 보기 위해 인터넷을 이용하는 고객은 거의 없다. 만일 실적이 나쁘면, 저축은행은 이 상품의 실적을 보여주지 않는다. 저축은행 직원 사비네 니취는 고객 벤자민에게 차트를 보여줄 의무가 없는 것이다. 그렇게 하면 사업을 망치게 될 것이 확연하니 말이다. 만일 직원이 고객에게 금융상품의 실적에 관한 그래프를 보여준다면, 이들은 어떻게 은행에서 정해둔 판매목표를 달성할 수 있겠는가? 따라서 직원은 고객에게 펀드에 무엇이 들어있는지를 말해 주지 않는다. 그리고 고객이 어떤 금융상품에 투자를 했는지도 말해줄 의무가 없다. 이를 밝혀내는 일은 평범한 사람들에게만 어려운 게 아니라 전문가들 역시 알아내기 어렵다.

저축은행의 펀드는 투자자의 돈으로 무엇을 하는가?

"이건 최악의 종류를 섞어서 만든 혼합펀드입니다." 은행원이었으며 지금은 금융에 관해 컨설팅을 담당하고 있는 마틴 리디거가 말했다. 우리는 아이스크림 가게인 마우리치오에서 만나

카푸치노를 마셨다. 서른아홉 살인 이 남자는 프리랜스로 투자 자문을 해주는 일을 시작하기 전, 은행에서 다양한 업무를 맡아 했다. 현재는 상품을 판매하지도 않고 수수료를 받지도 않으며 순전히 컨설팅만 해준다. 마틴 리디거는 나에게, 펀드가 무엇을 포함하고 있으며 늘 올라가는 주식시장에서 자신의 고객들을 위해 손실을 어떻게 보전하는지를 설명해주기로 했다. 한 사람쯤은 이런 일을 할 수 있어야 하는 거지!

아이스크림 주문을 받으러 직원이 왔고 마틴 리디거는 리큐르 술이 들어가 있지 않은 아몬드 아이스크림 마르치판을 주문했다. 메뉴판에서 마르치판 아이스크림에 들어가는 성분을 볼 수 있고, 그밖에도 마우리치오에서 아이스크림을 만들 때 들어가는 성분을 모두 볼 수 있다. 그처럼 아몬드 아이스크림에 무엇이 들어가는지 아주 간단하게 들여다볼 수 있다! 마우리치오 아이스크림 메뉴판에서는 많은 사람들이 겪는 중요한 알레르기가 모두 표시되어 있다. 혹시 당신은 땅콩에 알레르기가 있는가? 전혀 문제가 되지 않는다. 그러면 메뉴판에서 14번만 주의하면 된다. 이 번호가 붙어 있는 메뉴에는 모두 땅콩이 들어가 있다. 젖당이나 견과류와 계란에 대한 알레르기도 마찬가지이다. 이 모든 성분에 번호가 붙어 있고, 메뉴판에 표시되어 있다. 법령으로 그렇게 정해두었다. 그러니 메뉴판을 한 번 보면 모두 확인할 수 있다. 그러나 금융상품은 전혀 다르다. 완전히 다르다.

혼합펀드란 무엇인가?

"혼합펀드란 말이죠, 채권과 같은 금융상품을 포함하고 있는 펀드를 말합니다." 마틴 리디거의 설명이었다. 주식은 많은 투자자들에게 위험한 것으로 간주되지만 채권은 그렇지 않다. "혼합펀드는 두 가지가 일체가 되어있어요. 두 가지 세계로부터 최상의 것을 취하기. 이런 방식으로 업계는 광고를 한답니다." 하지만 저축은행 펀드는 뭐가 잘못되었나?

"혼합펀드의 경우 펀드운영자는 거의 모든 것을 구매합니다. 지극히 위험한 금융상품들을 말하는데, 옵션이나 또는 선물(先物)과 같은 파생상품들을 사는 것이지요." 마틴 리디거의 설명이었다. 고객들은 상담을 하는 과정에서 옵션이라든가 선물에 대해서는 전혀 정보를 받지 못한다. 당연히 그럴 것이다. 이런 단어들이 등장하면, 고객들은 기겁을 해서 주머니를 닫아 버릴 테니까 말이다. 대부분의 투자자들은 이런 단어를 들으면 깜짝 놀라서 자리를 떠나고는 한다. 이들은 2008/09년에 발생했던 심각한 금융위기를 기억하기 때문이다.

투자자들은 위험한 금융상품에 대해서 일종의 알레르기를 앓고 있다. 나는 충분히 이해할 수 있다. 만일 누군가가 금 옵션이라든가 또는 보편적으로 모든 파생상품 형태를 반대한다면, 문제는 상당히 복잡해진다. 마우리치오 메뉴판에는 내용물은 물론 모든 알레르기에 대한 정보가 다 들어있다. 하지만 아이스크림을 파는 커피숍 마우리치오와 달리 저축은행은, 자신들의 펀드가 정확하게 무엇을 담고 있는지에 대해서 고객에게 언급하면 안 되는 것이다.

저축은행 펀드는 지극히 위험한 상품

인터넷에서도 저축은행 펀드를 광고하고 있는데, 여기에서도 펀드가 담고있는 구체적인 투자 상품에 대해서 고객에게 정보를 주지 않는다. 선물(先物)이니 옵션이니 하는 말을 전혀 하지 않는다. 그 대신 저축은행은 자신들의 제품으로 인해 돈더미가 점점 쌓이는 모습을 매우 인상적으로 광고할 뿐이다. 이로써 저축은행은 자신들이 매우 보수적인 투자를 하고 있는 것 같은 모습을 연출하고 있는 것이다.

"만약에 그들이 보유하고 있는 펀드가 주식으로만 구성되어 있다면 가능한 일입니다." 마틴 리디거는 그렇게 말했다. 이 펀드는 물론 그런 경우에 해당되지는 않는다. 그 대신에 펀드를 만든 사람은 지극히 위험한 금융상품들로 도박을 하고 있으며 그리하여 수백만 유로를 잃어버리게 되는 것이다. 주식시장이 호황을 맞이하는 동안에 말이다. 어떻게 이런 일이 생길 수 있을까?

"좋은 질문입니다. 바로 그 점을 설명해줄 수 있는 사람은 아무도 없어요." 주문한 아이스크림이 도착했을 때 금융전문가는 그렇게 말했다. 그가 주문한대로 알코올은 빠져 있었다. 생크림이 산을 이루고 있었고 그 위에 아몬드와 설탕이 버무려진 마지팬Marzipan 가루들이 뿌려져 있었다. 마지팬 아이스크림을 주문한 사람은 달달한 아몬드가 뿌려진 아이스크림을 받게 된다. 우리가 지금 앉아있는 곳은 금융업계와 그들의 습관이 작동되는 장소가 아니니까. "나는 마지팬을 진짜 좋아해요." 마틴 리디거는 그렇게 말하며 숟가락을 들었다. 그리고는 생크림이 잔뜩 들어 있는 아이스크림을 맛있게 입에 넣었다. 그 밑에는 얼음이 있었다. 아이스크림 컵은 항상 깊이 파고 들어가면 갈수록 새로운 것을 제공한다. 이런 점에서는 금융세계와 비슷한 면이 있다.

저축은행의 경영비밀

저축은행은 저축은행 펀드를 판매한 후 고객에게, 자신들이 고객의 돈으로 무엇을 하는지에 대한 정보를 제공할 필요가 없다. 다만 저축은행은, 매년 대차대조표를 게시해야 하는 의무만 있을 뿐이다. 물론 일반 시민들은 찾을 수조차 없는데, 왜냐하면 은행의 결산은 로그인이라는 장애를 넘어야 볼 수 있기 때문이다. 마틴 루디거는 노트북의 화면을 나에게 보여주었다. 거기에는 저축은행 펀드가 수백만 유로를 잃었다는 정보가 나와 있었다. 아주 잘 숨겨져 있었다. 하지만 이곳에서도 저축은행이 옵션과 선물(先物)을 통해서 많은 돈을 잃었다는 소식이 등장하지만,

어떤 옵션과 어떤 선물로 그런 일이 발생했는지에 대한 정보는 없었다.

저축은행은 자신들의 고객에게, 어떤 파생상품으로 손실을 입었는지에 대해서 설명할 필요가 없다. 수백만 유로의 손실을 봤지만 말이다. 어떻게 이런 게 가능할까? 아무도 모른다. 마틴 리디거 역시 알 수 없다. 나는 저축은행에 메일을 보내봤지만 전혀 답장도 없었다. "수백 만 유로는 도대체 어디로 갔지?"라는 물음은 중부 튀링겐 저축은행의 경영비밀로 남아있을 뿐이다.

마틴 리디거는 다만 주가가 계속 올라가던 시기에 그처럼 이상한 손실을 거둔 이유를 추측하고는 이렇게 설명했다. "교활한 사람이라면 그런 생각을 할 수는 있을 것입니다. 주식시장이 곧 하락장이 올 것이라고 말이죠. 그러면 그런 이들은 떨어지는 독일 주가지수인 DAX 선물을 구매하는 것이지요."

그런데 만일 DAX가 오른다면, 엄청난 손실을 입는다는 말씀? "바로 그런 거죠."라고 마틴 리디거가 대답했다.

마틴 리디거가 설명했듯이, 형식적으로 보면 혼합펀드는 그와 같은 선물들을 구매한 주식을 가지고 있는 셈이 된다. **주식과 채권, 두 가지 세계에서 최상의 상품.** 실제로는 이런 펀드는 주식을 담고 있는 게 아니라 주식시장의 발전 방향에 대해서 지극히 위험한 내기를 담고 있다고 할 수 있다. 그와 같은 내기는 좋거나 나쁘거나 두 가지 중 하나이다. 저축은행 펀드의 경우는 그야말로 나쁜 결과로 끝이 났던 것이다. 투자자들의 자금인 수백만 유

로가 휴지조각이 되어 날아가 버렸으니 말이다. 도박을 한 것이
다. 파생상품 거래라는 도박장에서.

고객을 기만하기

"기본적으로 그들이 하는 일은 고객을 두 번 속이는 일이지
요." 마틴 리디거는 이렇게 말하며 생크림이 가득 올라가 있는
마지막 한 숟갈을 입에 넣었다. 곧 그는 컵에 가라앉아 있는 마지
팬 아이스크림을 맛보게 될 것이다.

"그들은 매우 위험하기 짝이 없는 펀드를 개발한 것이지요."
내가 이렇게 말하자 그는 다음과 같이 덧붙였다. "이런 상품을
개발할 직원도 없었을 겁니다."

나는 이 말의 뜻이 궁금해서 그를 물끄러미 쳐다보았다. "선물
과 옵션에 관해 진정한 전문가들이라고 할 수 있는 사람들은 스
위스 은행 UBS*에서 일하죠." 그리고 이렇게 말했다. "그러니 독
일에서도 중부 튀링겐 같은 소도시에 있는 저축은행이 개발할
수 있는 상품이 아니라는 말이죠. 그래도 저축은행 소속 직원들
이 이런 상품을 개발할 수 있다고 믿는다면, 그것은 은행직원들
이 자신들을 과대평가한 결과일 것입니다."

● 스위스 글로벌 금융으로, 취리히에 본사가 있으며 세계에서 가장 큰 규모로 자산관리를 하는 은
행들 중 하나에 속한다. - 옮긴이 주

"그리고 이렇듯 지극히 위험한 상품을 눈썹 하나 깜빡이지 않고서 고객들에게 판 것이고요. 마치 지극히 보수적인 투자인 것처럼 해서 말입니다." 이번에는 내가 그의 말을 이어갔다.

"그렇죠. 이어서 저축은행은 자신들의 수수료도 챙기지요. 그들에게는 가장 중요하거든요. 고객들의 수익률은 사실 그 사람들에게 전혀 중요하지도 않죠." 마틴 리디거는 달콤한 아몬드가 들어가 있는 아이스크림을 맛보았다. 나는 그가 조금 부럽기는 했다. 앞으로 5킬로그램을 감량하기로 결심했기에 나는 그렇게 맛있고 달콤한 아이스크림은 포기해야한다. 어쨌거나 나는 벌써 4킬로그램 감량하는데 성공했다.

상담 비용은 어느 정도일까?

마틴 리디거는 프리랜스로 고객에게 상담을 해주기 전에는 평범한 은행직원이었다. 그러니까 금융상품을 판매하거나 중개하는 사람이었다. 처음에 그는 도이치 뱅크에서 일했고, 나중에는 도이치 뱅크에서 자산가들을 담당했다. 그 이후에 그는 BB뱅크*로 옮겼다. 요즘 그는 수수료를 받지 않고 상담을 해주며 금융정보를 전해주는 웹사이트blackwater.live.를 운영하고 있다. 상담료를

• 독일 칼스루에Karlsruhe에 본사를 둔 신용조합은행

지불하면 그는 진짜 컨설팅을 해주며, 절대 금융상품을 팔지는 않는다. 고객들은 상담이 끝나면 계산서도 받는데, 마치 맥도널드와 H&M에서처럼 말이다. 마틴 리디거에게 상담을 받으면 수수료는 800유로이다. 비싼 걸까? 어떻게 계산하는지에 따라서 다른 답을 할 수 있다.

자신의 기탁금을 자산관리사의 손에 맡기는 사람은, 매년 3퍼센트의 수수료는 예상해야 한다. 이것은 매우 많은 돈이다. 백만 유로라는 재산을 맡겼다면 고객은 수수료, 성과급 수수료와 금융상품의 매도와 매수에 들어가는 비용으로 1년에 3만 유로를 지불해야 한다. 10년이 지나면 이 금액은 30만 유로가 된다. 의심할 바 없이 이렇게 많은 돈을 벌이들이는 자산관리인은 부자가 된다.

내가 보기에 자산관리사는 고객들에게 전혀 가치가 없고 오히려 고객들의 자산을 줄어들게 한다. 그들은 비싼 금융상품(펀드)을 운영하는 높은 비용뿐 아니라 자산에 관한 컨설팅을 해주는 비용도 받기 때문이다. 이때 부자가 되는 것은 펀드관리자와 자산관리인 뿐이다.

벤자민이 지불해야 하는 비용

저축은행의 경우도 많이 다르지 않다. 이곳은 물론 성과에 대해 다만 1.2퍼센트를 요구하지만 말이다. 벤자민처럼 4만 유로로 저축은행 펀드를 구매한 사람은, 매년 480유로를 지불하게 된다. 이것은 저축은행 펀드에게 아주 흥미로운 금액이다. 저축은행은 펀드 가입자들로부터 총 4천 5백만 유로를 모았다. 이것으로 그들은 매년 70만 유로를 챙길 수 있으며, 이 금액을 독자적으로 가져가는 게 아니라 펀드를 담당하는 전국 저축은행 연맹과 서로 나누게 된다.

고객들은 자신들이 이와 같은 비용을 감당하게 된다는 사실을 듣게 될까? 경우에 따라서 다르다는 대답을 할 수 있다. 저축은행은 벤자민에게 영수증을 주지는 않는다. 이는 정치가들이 법으로 그렇게 정해놓았기 때문이다.

고객들은 구매한 상품이 실제로 얼마나 비싼지에 대해서 알아차리면 안 되는 것이다. 맥도널드는 계산대에서 내가 지불해야 하는 가격을 보여준다. 로열 TS 햄버거 하나와 감자튀김 작은 사이즈는 합계 6.68유로이다. H&M은 내가 구매한 옷들의 가격을 보여준다. 티셔츠 두 장과 스웨터를 합해서 총 가격은 37.80유로이다. 심지어 부가가치세도 나와 있다. 그러나 저축은행은 다르다. 벤자민이 저축은행 펀드를 구매할 때 계약서에 서명한 후에도 가격은 나오지 않는다.

저축은행은 바로 이 480유로를 비밀스럽고도 조용하게 펀드의 재산으로부터 가져간다. 펀드에서 벤자민의 지분은 매달 소리없이 줄어드는 것이다. 이와 같은 과정은 벤자민에게 결코 들키지 않게 된다. 많은 고객들은 이런 사실에 대해 전혀 모르며,

자신들의 펀드나 혹은 투자증권은 무료라고 생각한다.

"대부분의 투자자들은 매년 이런 펀드에 돈을 지불해야한다는 사실을 이해하지 못합니다. 그들은 다만 펀드판매 시에 교부되는 비용계산서만 알고 있으며, 부차적으로 매년 들어가는 비용이 얼마인지는 전혀 모르는 것이지요. 돈이 그렇게 점점 줄어들어가는 것입니다." 마틴 리디거는 금융업계를 그처럼 비판했다.

계약서에 기록된 작은 글씨에서 살펴본 비용들

자신이 서명한 계약서의 점 같은 작은 글씨를 읽으려고 노력해본 사람은, 혹은 금융 포털사이트를 이용해본 사람이라면 바로 그런 비용을 알게 된다. 어떤 방식으로 이런 돈이 자신의 주머니에서 저축은행의 주머니로 흘러들어가는 지 지극히 상세하게 알 수 있다. Finanzen.net에는 이렇게 나와 있다. 즉, 전체 보상금 1.20퍼센트.

따라서 저축은행이 벤자민에게 청구한 계산서는 다음과 같아야 한다.

- 첫 해의 비용   480 유로
- 5년 비용   대략 2,400 유로
- 10년 비용   대략 4,800 유로

10년 동안 저축은행의 펀드를 가지고 있을 경우 벤자민은 대략 5,000유로를 지불해야 하는 것이다. 그것도 최소한. 만일 그 사이 펀드의 가치가 늘어난다면 지불 금액은 더 늘어나게 된다.

마틴 리디거는 상담을 해주면 800유로를 받는다. 이 금액은 많은 것일까? 자산이 많은 사람에게 이 금액은 잔돈에 불과하다. 그러니까 자산전문가나 은행 소속의 상담가에게 의뢰하는 경우와 비교했을 때 말이다. 벤자민도 프리랜스 금융 전문가에게 상담하는 편이 더 유리할 수 있다. 저축은행 펀드를 구입한지 3년이 지나고 벤자민이 사비네 니취와 면담을 할 경우 이미 1,440유로를 지불한 셈이다. 이처럼 마틴 리디거와 같은 프리랜스 금융 자문이 벤자민과 그의 돈에게 훨씬 더 유리하다. 분명 비용을 아낄 수 있다.

금융 상담을 받고 그 비용을 지불하는 편이 훨씬 더 나은 이유

"독일인들은 금융전문가에게 상담을 받고 비용을 내는 것을 좋아하지 않아요. 그리고 그에 따르는 대가도 톡톡히 치르고 있습니다." 마틴 리디거의 말이었다. 자신이 은행에서 일할 때는 저축은행 펀드와 같은 볼품없는 상품을 고객들에게 권장하지 않았다. 대체로 은행이 많은 수익률을 거둘 수 있는, 이른바 많은 비용이 들어가는 펀드에 대하여 고객과 충분히 대화를 나누었던 것이다. 반드시 ETF를 원하는 사람은 ETF를 구매할 수 있었지만, 그 댓가로 은행에 높은 은행수수료를 지불해야 했다.

"은행들은 ETF를 좋아하지 않으며 이것을 두고 불투명하다고 말하지요." 마틴 리디거는 웃으면서 저축은행 펀드가 입은 수백만의 손실이 그래프로 나타나 있는 노트북 화면을 보여주었다. "저축은행 펀드를 구매한 구매자조차도, 자신이 매수한 상품에 무엇이 들어있는지는 알 수 없어요. 그러니 은행은 기꺼이 말하죠. ETF들은 불투명하다고 말이지요."

너의 돈이 나의 돈

벤자민은 저축은행 펀드를 구매함으로써 10년 동안 대략 5천 유로의 비용을 지불해야 하며, 그는 이런 사실을 전혀 알지 못한다. 벤자민과 달리 저축은행의 직원 사비네 니취는 이 숫자를 머릿속에 넣어두고 있다. 그녀는 저축은행이 벤자민과 같은 고객으로부터 얻을 수 있는 수익이 어느 정도인지 잘 알고 있다. 비용에 대한 이야기를 하지 않고 그와 대화를 나누지만 실은 이런 대화로 인해 바로 5천 유로라는 비용이 생겨나는 것이다. 이 돈은 그녀가 고용주를 위해 벌어야만 한다. 사비네 니취는 저축은행이 가능하면 가장 많은 돈을 벌 수 있는 상품을 벤자민에게 파는 것이다. 그것도 매년. 그녀의 일자리는 바로 이 일을 위해 주어지며 연봉도 받는다. 때문에 그녀는 이런 게임을 저축은행과 같이 하는 것이고, 아무 것도 모르는 벤자민은 그녀의 미소와 판매 기교에 그만 당하고 마는 것이다.

우리 고객들을 위해 특별히 개발된. 확실한 수익 보장. 저축은행의 탁월한 능력.

그의 돈이 그녀의 돈이 된 것이다. 그렇게 간단하게 게임이 진행된다. 벤자민이 저축은행을 신뢰하는 동안 그들은 이런 슬로건을 내세운다. **돈-확실하게-투자하기.**

"그런 펀드는 마치 저축은행을 위한 '공짜 점심'이랑 비슷하죠." 은행전문가 마틴 리디거의 생각이었다. "돈은 항상 흘러가요. 그들은 더 이상 그것을 위해 아무것도 할 필요가 없습니다." 만일 펀드가 잘 안 되면, 다른 펀드와 합병될 것이다. 마틴 리디거는 계속 설명했다. "이런 것들은 오랫동안 지속되지 않아요. 고객들의 돈은 새로운 펀드에 투자됩니다. 이때 항의하는 사람만이 자신의 돈을 돌려받을 수 있습니다." 고객의 돈으로 하는 게임은 계속 진행된다. 어쩌면 새로운 펀드는 더 잘 될 수 있다. 이와 같은 방식으로 끔찍한 펀드는 매년 시장에서 사라지는 것이다. 그 누구도 이에 관해서 보고하지 않는다. 언론들은 그로부터 살아남은 소수의 펀드만 알고 있다. 실적이 좋은 펀드 말이다.

벤자민을 위한 조언

나는 마틴 리디거와 함께, 만일 사비네 니취가 고객에게 진정으로 상담을 해준다면, 그러니까 의도적인 미소를 지으면서 의심스러운 주장으로 상대를 무장해제 시키지 않는다면, 무슨 일이 일어날 수 있는지를 알아내고 싶었다. 만일 그녀가 벤자민에게 유익한 조언을 해주는 대신 저축은행에 불리한 충고를 한다면, 그는 얼마의 자산을 가지게 될까?

마틴 리디거의 대답은 이러했다. "만일 그랬다면 그녀는 벤자민에게 비용을 절약할 수 있는 ETF인 MSCI World를 추천했으리라 봅니다. 그의 돈 절반을 여기에 넣으면, 2만 유로가 되죠." MSCI World는 세계주식 시장에서 가장 많은 주식을 포함하고 있다. 그러니까 23개국으로부터 1600가지의 다양한 주식을 담고 있는 것이다.

이 시기에 MSCI World는 대략 40퍼센트 이윤을 올렸다. 그러

[그림 8] 3년 동안 MSCI World(배당금 포함하여 유로로 계산), 코로나 이전 비축한 ETF(Share Core MSCI World UCITS ETF)에 따라.

니 2만 유로를 이 선진국 지수에 투자를 했다면 28,000 유로가 된다. 나쁘지 않다. ETF들은 지극히 낮은 수수료만 지불하면 된다. 그래서 가격에 대한 수수료는 0,07퍼센트이며, 1만 유로를 투자하면 7유로의 수수료를 지불하게 된다. 이 선진국 지수에 투자를 했다면 벤자민은 매년 0.2퍼센트를 비용으로 내면 되므로, 매년 자신의 투자금에 대해 40유로의 비용만 든다.

"벤자민은 기술주에 관심이 많으니 정보와 기술주 중심의 투자가 매우 적합하겠지요. 여기 ETF에 나머지 2만 유로를 투자하는 것입니다." 마틴 리디거는 이렇게 말하고 뒤로 몸을 기댔다. 아이스크림도 다 먹었고, 카푸치노 역시 다 마신 상태였다. 마틴 리디거는 자신의 손목시계를 쳐다보았다. 반시간 후면 기차는 출발한다. 그는 하이델베르크로 돌아갈 예정이었다.

두 번째 ETF는 벤자민에게 더욱 큰 기쁨을 줄 수 있다. 정보와 기술주에 집중한 MSCI World로 이루어진 펀드는 3년 동안 80퍼센트 성장했다. 이 펀드에 들어가는 비용은 역시 1년에 0.2퍼센트에 불과한데, 계산하면 40유로이다. 두 가지 펀드를 합해도 벤자민은 1년에 80유로의 비용만 지불하면 되는 것이다.

저축은행 펀드의 비용은 480유로였다. 지극히 낮은 비용만으로도 투자자들은 대체적으로 ETF에 투자할 때 더 많은 이득을 올릴 수 있다. 1년에 400유로라는 비용을 이 기간 동안 합산해보면, 투자자금 4만 유로를 고려할 때 너무 많은 비용이 아닐 수 없다.

[그림 9] 정보 기술 주(ETF)에 3년간 투자했을 때. 보다시피 ETF로 사람들은 주가지수(MSCI World)의 수익보다 더 나은 수익을 올릴 수 있다.

결론을 내보면

정보 기술관련 선진국 지수의 펀드에 2만 유로를 투자했다면 3년 후 36,000유로가 되었을 것이다. 이를 계산해보면:

28,000 유로

+ 36,000 유로

= 64,000 유로

원래 시작했던 자본 4만 유로가 3년 후에 64,000유로가 되었으니, 3년 만에 60퍼센트의 수익을 올린 것이다. 매년 17퍼센트 증가했다. 이것은 매우 높은 수치이다. 하지만 마틴과 만났을 때 (2019년 12월) 주식세계는 아직 코로나에 대해서 예감하지 못한 상태였다. 주식시장은 그야말로 낙관적이었다. 그러니 상대적으로 높은 수익을 기대할 수 있었다.

다른 선택

주식전문가 마틴은 이런 말을 했다. "투자 자금의 절반은 기술 주에 넣고 다른 절반은 폭넓은 시장에 넣는 것은 이미 60세가 된 사람에게는 어쩌면 매우 위험한 투자 전략일 수 있어요." 하지만 벤자민은 젊다. 만일 시장이 좋게 흘러가지 않더라도, 그는 돈을 벌고 저축할 수 있는 시간이 많다는 얘기이다. 그런데 그는 기술 주들을 좋아한다. 그의 할아버지가 손자의 대담한 투자 전략에 열광했을까? 누가 알겠는가! 그러나 중요한 건 이제 벤자민의 돈이라는 사실이다. 그 스스로 어떤 것을 선택할지 결정해야만 한다.

만일 벤자민이 조심스러운 타입이라면, 마틴 리디거는 다른 전략을 소개할 것이다. "자금의 절반은 선진국 지수에 투자하고, 나머지 절반은 채권 ETF에 투자하는 방법인데, 꽤 괜찮은 전략입니다." 전문가는 그렇게 말했다. 이와 같은 투자 방식은, 주식 시장이 제대로 돌아가지 않을 때 자금 전체를 주식시장에 투자했을 때에 비해서 자금이 조금 더 안정적이 될 수 있도록 해준다. 마틴 리디거는 이 두 가지 가능성을 고객에게 설명해줄 것이고, 그러면 벤자민은 직접 결정해야만 한다. 자신의 돈이기 때문에 말이다.

주식은 왜 투자할만한 가치가 있을까

벤자민은 마틴 리디거의 충고에 따라 두 가지 ETF를 담았다. 그는 23개국 소속 5,200여 개의 기업에 참여한 셈이 된다. 그리하여 벤자민은 정보기술 분야에 중점을 둠으로써 이런 기업들로부터 나오는 모든 새로운 아이디어에 참여하며, 애플, 아마존, 페이스북 또는 틴더Tinder가 개발한 새로운 상품과 서비스에 참여하게 된다. 선진국 지수로 벤자민은 보다 덜 토착적이고 잘 알려지지 않은 기업에 참여한다. 예를 들어 쓰레기를 관리하는 회사들이나, 아메리칸 타워(American Tower, 전 세계적인 통신용 타워를 임대하는 기업이다.)와 존 디어(John Deere, 세계적인 중장비 및 농기계를 제조하는 기업) 같은 기업이다.

이 모든 기업들의 매출이 늘어나면 벤자민에게도 혜택이 돌아간다. 그리고 수익이 늘어나도 마찬가지이다. 이런 기업은 그가 투자할 만한 가치가 있게 되는 것이다. 만일 그가 앞으로 47년 동안, 그러니까 퇴직을 하고 연금을 받을 때까지 이 두 가지 ETF를 가지고 있다면, 그야말로 한 재산을 챙길 수 있게 된다. 어느 정도의 재산일까? 누구도 알 수 없다! 하지만 우리는 어느 정도 계산을 해볼 수 있으며 이와 같은 방식으로 무슨 일이 가능한지에 대해서 구체적인 예측을 할 수 있다.

마르크와 페니히

과거를 기준으로(이것은 항상 좋은 생각이기는 하지만, 그렇게 된다고 확실하게 보증할 수는 없다) 잡아보면, 그는 7-9퍼센트의 이윤 실현이 가능하다.

- 그가 연금을 받을 때 7퍼센트의 수익이 난다고 보면 자신의 투자 자금은 대략 96만 유로가 된다.
- 8퍼센트이면 150만 유로가 된다. 벤자민은 할아버지로부터 받은 돈으로 백만 장자가 되는 것이다.
- 만일 벤자민이 운이 좋다면, 시장은 더 잘 되고 그러면 앞으로 47년 동안 매년 평균 9퍼센트의 수익을 올린다. 그러면 그는 마지막에 230만 유로를 갖게 된다.

얼마나 놀라운 금액인가! 이런 결과는 복리라는 마법에서 나온다. 지불한 이자(배당금)는 또 다시 투자되고, 이것은 더 많은 수익으로 연결되는 것이다. 이와 같은 계산은 물론, 벤자민이 다음에 아이폰이나 자동차를 자신의 재산으로 구매하지 않는다는 것을 전제로 한다. 그가 내야하는 세금도 이 계산에 포함되지 않는다. 자본 수익에 대한 세금 말이다. 47년 후에는 어느 정도일까? 그걸 누가 알겠는가!

인플레이션을 고려한 수익

그리고 또 인플레이션도 있다. 이로써 당신은, 인플레이션 한 가지만으로 벤자민의 수익이 어떻게 줄어드는지 알 수 있다. 매년 2퍼센트의 인플레이션이라고 가정하면, 벤자민은 은퇴하게 되는 47년 후 매년 8퍼센트의 수익을 주식으로 올릴 때 여전히 초기 자금으로부터 150만 유로를 손에 넣을 수 있다. 물론 이 금액은 오늘날 구매할 수 있는 것보다 훨씬 구매력이 줄어들 것이다. 요즘 1천 유로에 구매할 수 있는 아이폰은 2,500유로가 될 수도 있다. 인플레이션을 고려해서 계산하면 벤자민에게 남은 자금은 62만 유로가 된다. 그는 할아버지로부터 상속받은 돈으로 백만장자는 될 수 없다!

그리고 세금도 잊으면 안 된다

이제 벤자민은 수익에 대한 세금을 내야 한다. 자본 수익에 대하여 세금을 내는 일에 대해서 고통을 호소하는 사람이 있다. 하지만 나는 이런 사람들을 보면 항상 놀라고는 한다. 창문을 닦아서 돈을 버는 사람, 치과 의사나 책을 집필하는 저자들도 세금을 내야만 한다. 사회분담금 역시. 그들 모두는 많은 기여를 하는 것이다. 그런데 왜 주식투자자들만 국가의 재정에 기여를 하지 않아야 한단 말인가? 나는 이와 같은 호소는 앞으로도 이해하지 못할 것이다.

물론 나는 벤자민에게 수익에 대하여 적절한 세금공제액을 제공할 것이다. 어쨌거나 그는 스스로 노후를 대비했으니 말이다. 독일의 경우 부동산은 10년 살고 판매했을 때 세금을 내지 않는다. 47년 후 벤자민의 수익 가운데 10만 유로가 세금 공제되는데 (법 제정자들이 이런 규칙을 만들다니 너무나 현명하다), 그래도 여전히 45만 유로가 남는다. 벤자민의 연금이다.

계산하기

마틴 리디거는 다시 한 번 손목시계를 쳐다보았다. 이제 떠날 시간이 된 것이다. 그는 나에게 작별을 고했다. 나는 저축은행 펀드에 대한 정보를 얻기 위해 잠시 저축은행에 들러야만 했다. 건물로 들어가자 대단한 광경이 펼쳐졌다. 왼편에는 폭포수가 떨어지고 있었고, 오른편에는 고객들과 상품 판매를 위해 대화를 나눌 수 있는 공간이 마련되어 있었다.

카운터 뒤에 여직원이 미소를 지으며 서 있었고 나에게 환한 표정을 지어보였다. 나는 그녀에게, 저축은행 펀드에 관한 자료들을 제공해줄 수 있느냐고 물어봤다. 친구 한 명이 나를 이곳에 미리 소개해두었다. "아뇨"라고 그녀는 대답했다. 나는 이해할 수 없는 시선으로 그녀를 빤히 쳐다보았다. "그 펀드는 더 이상 판매하지 않는답니다." 그녀는 그렇게 설명해주었다. 나는 그야말로 황당함을 감출 수 없었다. 여직원은 나를 위로하려고 노력했고, 그 펀드는 나와 나의 돈에는 전혀 이득이 되지 않는다고 설명했다. 이런!

마틴 리디거가 설명한 대로였던 것이다. 형편없는 펀드들은 몇 년 뒤에 사라지거나 아니면 다른 펀드에 흘러들어가 버리는 것이다.

나도 어쩔 수 없이 기차를 타고 베를린으로 돌아갔다. 역에서 맥도날드에 잠시 들렀다. 이곳에서 일하는 영양사라면 나에게 빅 맥과 감자튀김을 각각 추천할지 모른다. 하지만 아니다. 그 음식을 주문하면 나의 체중과 건강관리에 전혀 도움이 안 될 테니까.

간략한 소개: 마틴 리디거

- 나이: 39세
- 직업: 금융 컨설턴트
- 웹사이트: blackwater.live
- 책: Peter L. Bernstein: 신에게 반(反)하여. 리스크에 관한 놀라운 이야기 (Against the Gods. The Remarkable Story of Risk.)
- 인생의 슬로건: "A different point of view is simply the view from a place where yor're not.(다른 시각은 다만 당신이 존재하지 않는 장소에서 나온 시각일 뿐이다.)"
- 투자전략: Buy and hold mit einem MSCI World ETF
- 시간 소비: 하루 10분

반드시 기억하자

첫 번째. 고객의 신뢰는 금융상품을 판매할 때 가장 중요한 핵심이다. 이것은 은행이나 저축은행 그리고 독일 자산관리, AWS나 Tecis*처럼 거대 금융판매 기업들이 직원들을 상대로 교육시킬 때 주입시키는 요점이다.

두 번째. 자신의 돈은 스스로 투자하자. 예를 들어 간단하고도 확실하게 MSCI World ETF에 투자하면 된다. 이는 대부분의 투자자들에게 너무 용감한 행위로 보일 수 있다. 스스로 생각하고 결정하는 대신에, 그들은 다른 사람으로 하여금 자신을 위해 결정하게 한다. 예를 들어 저축은행 직원들에게 말이다.

세 번째. 은행이나 저축은행의 직원들, 그리고 금융상품(대략 3만 5천 종)을 프리랜스로 중개하는 수많은 사람들은 고객을 대할 때 무엇보다 신뢰라는 감정을 얻으려고 한다. 판매하는 상품으로부터 높은 이윤을 얻고자 말이다. 그래서는 안 된다. 고객들은, 만일 자신들이 스스로 결정하면 얻게 될 이윤은 훨씬 높다는 사실을 배워야 한다.

• 1991년에 설립된 주식회사로 본사는 독일 함부르크에 있으며 금융서비스를 하고 있다.

"사람들은 자주 은행에 속아 넘어간다."

카르스텐 레프랑 박사(42세, 하일브론)

당신은 가족들과 함께 2006년 상속재산을 투자하기 위해서 은행을 방문했습니다. 은행은 가족들에게 무엇을 추천하던가요?

은행 직원은 다양한 투자 상품을 소개했습니다. 그 가운데 하나가 세 척의 작은 화물선에 투자하는 선박 펀드였어요. 아주 유리한 투자가 될 거라면서 5~7퍼센트의 수익을 얻을 수 있다고 했습니다. 주로 세금 상 혜택을 받을 수 있다고 했어요. 우리 귀에는 진정성 있게 들렸습니다.

우리는 세세한 사항에 대해서는 제대로 알지 못했고, 상품 전체가 지닌 법적인 형태에 대해서도 전혀 아는 게 없었습니다. 각각의 배는 자체의 주식회사를 가지고 있었어요. 그러니까 합자회사의 형태를 지니고 있었던 것이지요. 투자자로서 우리는 법적으로 보면 유한 책임 사원, 즉 주주였던 것입니다.

펀드 계약을 체결할 때 지불해야 하는 수수료에 대해서는 아무런 말도 하지 않았나요?

없었어요. 은행 측에서는 어떤 비용도 요구하지 않았거든요. 우리는 투자를 하면서 결국 은행을 믿게 되었습니다. 그리고 그들이 추천하는 대로 했어요. 하나는 높은 수수료를 지불해야만 하는 여러 가지 주식으로 이루어진 펀드였고, 다른 하나는 바로 앞에서 말한 선박 펀드였습니다.

2만 5천 달러가 흘러 들어갔죠. 투자를 한 첫 해에는 그나마 만족할 만했습니다. 회사에서 제공하는 정보를 받아보기도 했고 매년 배당금도 받았어요. 그런데 2009년부터 힘들어졌습니다.

전혀 놀랍지 않은 일이군요. 2008년에 경제위기이자 금융위기가 닥쳤으니까요. 선박을 보유한 사람들에게 결코 쉽지 않은 시기였고요.

세 척의 배는 빌려줄 수 없었습니다. 대형 선박들만 원했지 작은 배들은 수요가 없었어요. 우리가 투자했던 선박은 작은 배였기 때문에, 수요가 정말 조금밖에 없었던 것이지요.

선박에서의 문제점은, 빌려주지도 않지만 비용은 또 고스란히 들어간다는 것이지요.

우리도 그랬습니다. 그런 뒤에 우리가 돈을 추가로 더 내야 한다는 편지들이 당도했습니다. 우리는 거절했지요. 그러자 첫 번째 배가 파산했습니다. 당시에 우리는 은행을 상대로 보상금을 받아주겠다는 변호사들로부터 광고 편지를 받았어요.

이후에 나는 법적으로 조처를 취해야겠다고 결정했습니다. 나는 경제법과 카르텔 관련법 분야에서 활동하는 변호사였거든요. 나는 자본투자법에 관해서는 아는 게 없었습니다. 그러니 나도 공부를 해야만 했어요.

그로부터 어떤 결과가 나왔나요?

나는 법원에서 내렸던 판결 몇 건을 발견했습니다. 은행이 금융상품을 판매할 때 얻게 되는 수익에 대해서 고객들에게 공개했는지의 여부에 관한 재판이었어요. 재판부는 은행이 이와 같은 수익을 고객에게 밝히지 않는다는 사실 하나 만으로도 금융상품을 취소할 수 있는 요소라고 보더군요.

따라서 당신은 2만 5천 달러라는 많은 금액을 선박펀드에 지불한 게 아니라, 실제로는 은행에 지불한 것입니다. 그리고 당신은 그 사실을 전혀 몰랐고 말이지요.

맞습니다. 돈이 은행으로 직접 흘러들어가지 않을 때가 많습니다. 그 대신에 은행이 공급자에게 돈을 보내고, 그런 뒤에 다시 돈을 돌려받지요. 이런 것을 두고 킥 백(kick back, 불법적인 사례금)이라고 부릅니다. 그러니까 공급자로부터 은행은 10퍼센트의 킥 백에 해당하는 2,500달러를 받는 것이지요. 그런데 은행이 바로 이와 같은 수입에 대해서 우리에게 말하지 않았기 때문에, 은행은 법을 어긴 행동을 했다고 볼 수 있답니다. 나는 은행과 약속을 잡았고 그곳에 가서 직원들에게 분명하게 법적인 상황을 설명했습니다. 다른 은행에 대한 판결을 보면, 재판부가 심지어 은행의 이사진들에게 실형을 선고했다고 말해주었죠. 부정(不正)과 사기죄로 말입니다. 게다가 은행은 분명히 큰 수익을 올렸지요.

그 순간에 은행은 자신들의 행동을 바로 잡았겠군요.

그렇죠, 은행은 자신들의 영업을 완전히 취소했습니다. 투자했던 돈을 돌려주었고, 이로써 우리는 파산집행관으로부터 더 이상의 요구를 받을 필요도 없었어요. 당시 배 세 척 모두가 파산한 상태였습니다. 그래서 파산업무를 맡고 있던 집행관은 처음에 지불되었던 수익을 모두 환수하고자 했어요.

그것이 어떤 은행이었는지 말씀해주실 수 있는지요?

그건 곤란합니다. 그 사건은 종결되었고, 내가 중요하게 생각하는 점은 어떤 금융상품과 판매방법에 대해서 경고를 해주는데 있으며, 특정 은행을 조심하라고 경고하는데 있지 않답니다. 어쨌든 언론에서 자주 언급되는 도이치 뱅크는 아니고 훨씬 소규모의 은행입니다. 나는 절대 그 은행에 발을 들이지 않을 것입니다.

마지막에 나는 은행으로부터 전화를 받았는데, 요양원 시설에 있는 원룸을 구매하라고 제안하더군요. 돈을 투자하는 의미에서 말입니다. 아마 이런 사업으로도 수익을 많이 올리고 있었겠지요. 이때도 은행은 수익을 많이 낼 수 있는 좋은 기회라고 고객들을 설득하겠지요. 수익이 확실하지도 않은데 말입니다. 어떤 위험이 있는지에 대해서는 함구할 것이고요. 그렇듯 특수 부동산에 투자한 수익은 그야말로 요양원의 경제적 상황에 좌우됩니다. 요양원이 잘 운영되지 않으면, 원룸은 아무런 가치가 없어질 것이고, 그러면 투자한 돈은 날아가 버리겠지요.

은행은 왜 그토록 리스크가 큰 상품을 고객들에게 판매할까요?

제 생각에는 영업이익 때문인 것 같습니다. 은행이 선박펀드의 발기인들에게서 받게 되는 수익은 2,500달러입니다. 그러므로 은행의 수익이 중요하지, 고객의 수익이 중요한 게 아니거든요.

당신은 이제 돈을 어떻게 투자합니까?

그 이후로 나는 내 돈을 직접 관리합니다. 나는 이제 알게 되었거든요, 그러니까 만일 당신이 은행으로 들어가면, 벌써 돈을 잃은 것과 같다는 사실이지요. 은행은 은행의 수익이 제일 소중합니다. 소위 말하는 "자산 관리인"의 경우에 실제로 알고 보면 금융상품을 판매하는 사람이거든요. 이런 상품은 예외 없이 수익에 대한 갈등을 포함하고 있습니다.

나는 한 동안 경제잡지 〈파이넌스 테스트〉를 구독했습니다.

이 잡지를 읽으며 나는 ETF라는 것을 알게 되었어요. 처음에 한 달에 40 유로를 투자했습니다. 그러다가 당신의 블로그 〈할머니의 절약양말 grossmutters-sparstrumpf.de〉을 발견했어요. 정말 논리적이더군요, 이제 나는 개별 주식에도 투자를 하는데, 1/3은 ETF에, 나머지 2/3는 대부분 당신이 블로그에서 추천하는 개별 주식에 투자하고 있습니다.

이렇게 투자해서 당신은 이제 인덱스보다 더 나은 수익을 올리는군요.

맞아요.

3장 결정하기

자신의 돈을 주식시장에 투자할 때 왜 그토록 많은 용기가 필요할까

은행, 보험회사와 금융상품 영업자들은 자신들만이 시장에서 적절하게 우리의 돈을 투자해줄 수 있다고 설득하려 한다. 그들은 전문가들이다. 우리는 아니라고 생각한다. 알베르트 바르네케Albert Warnecke 역시 다르게 생각한다. 그는 우리가 1년에 대략 45분만 들이면 스스로 돈을 투자할 수 있다는 것을 보여준다. 게다가 자산관리인, 은행 또는 보험회사들을 믿고 맡길 때보다 더 많은 수익을 낼 수 있다. 이렇게 하려면 당신이 물론 뭔가를 해야 한다. 즉, 결정해야 한다. 당신의 돈에 대해서.

finanzwesir.com이라는 블로그를 운영하는 알베르트 바르네케에게 모든 것은 결국 단 하나의 장면을 목표로 삼는다.

율리우스 카이사르가 이끄는 군대는 강의 한 편에 주둔하고 있다. 그런데 로마의 원로원은 그가 강을 건너오는 것을 거절했다. 유명해진 루비콘 강은 이탈리아 북부에 위치한 작은 강으로, 오늘날 리미니 근처에 있으며 아드리아 해로 흘러들어간다. 이 강은 스스로-결정하는 행동을 잘 이해할 수 있게 도와주는데, 바로 루비콘 강을 건너는 것이다.

카이사르는 군대를 이끌고 이 루비콘 강을 건너야 할지 말지를 결정해야만 했다. 이 강은 로마의 변방에 속해있는 갈리아 키살피나Gallia cisalpina*를 본토와 분리시킨다. 로마에 있던 원로원들은 만일 카이사르가 강을 건너오면 공화국이 위협을 받게 될 것이라는 사실을 알고 있었다. 카이사르는 위험이 적으며 보다 안전한 편에 머물고 싶었다. 그러나 만일 그가 루비콘 강을 건넌다면, 위대한 기회가 그를 기다리고 있을 것이다. 만일 그가 도시를 손에 넣기 위해 로마까지 행진해나가면, 제국 전체를 획득할 수 있다는 말이다.

알베르트 바르네케 - Finanzwesir**

알베르트 바르네케는 6년 전부터 금융이나 재정이라는 주제로 블로그를 운영하는 블로거이다. 그는 이 시기에 수백 번 글을 썼고, 독일에서 가장 성공한 금융 블로그를 구축했으며, 금융에 관한 세미나도 했고, 책도 한 권 썼으며 많은 투자자들과 개인적

---

* 공화정 로마의 속주로 현재 이탈리아 북부의 에밀리아와 롬바르디에 해당하는 지역이다. - 옮긴이 주
** 금융장관, 여기에서 wesir는 이슬람국가에서 재상이나 장관을 의미

으로 상담도 했다. 금융코치로서 말이다. 만일 당신이 시장에서 수익을 얻고자 원한다면, 직접 결정을 해야 한다. 당신이 루비콘 강을 건너야만 한다는 의미이다. 그가 코치로서 당신에게 도움을 제공할 수 있다. 정보를 제공하니까. 또는 좋은 질문을 통해서. 그는 당신이 전혀 생각해보지 못했던 점에 대해서 주의를 환기시킬 수 있다. 물론 그가 당신을 위해서 결정을 내려줄 수는 없다. 당신 스스로 직접 루비콘 강을 건너야만 한다.

루비콘 강 건너기

루비콘 강 건너기, 바로 이와 같은 결정을 내리는 것을 많은 투자자들이 두려워한다. 그래도 이들은 자신들의 돈을 시장에 투자해야만 할까? 주식시장은 위험하기도 하지만 그곳에는 지난 10여년처럼 놀라운 수익을 안겨다주는 기회도 있다. 투자자들은 이러한 위험도 감수해야 하는가?

많은 투자자들은 이와 같은 상황에서 타인이 자신들을 위해 결정하게 한다. 은행 직원이 좋은 제안을 해주기를! 그는 무슨 일을 해야 할지 이미 알고 있을 것이다. 천만에 말씀! 은행직원은 자신의 복지와 고용주의 만족에만 관심 있지 고객의 수익에 대해서는 전혀 관심이 없다.

알베르트 바르네케는 블로거로서 은행이나 저축은행에서 제안하는 내용이 지나치게 품질이 떨어진다고 화를 내는 투자자들의 투고를 규칙적으로 받고 있다. 바르네케는 그들이 해주는 상담이나 컨설팅이라는 단어를 인정해줄 수 없다. "그들은 금융상품을 판매하는 것이지요, 그것이 바로 그들의 직업입니다." 이렇게 말하는 바르네케의 직업은 금융장관으로 그들과 다른 직업을 가지고 있다. "나는 사람들이 스스로 결정을 내릴 수 있게 해주고자 합니다." 사람들은 자신의 돈 혹은 돈의 일부를 가지고 루비콘 강을 건널 준비가 되어 있는지를 반드시 알아야 한다. 어떤 위험이나 위기가 닥쳐도 직접 책임을 지며, 제대로 된 수익을 얻을 가능성도 가지고 말이다.

투자자들 모두가 굳이 루비콘 강을 건너지 않아도 된다. 루비콘 강의 북쪽에 위치해있던 지역 갈리아 키살피나는 아름다운 지역으로, 이곳에서 풍족한 삶을 영위해도 된다. 그 누구도 위험한 모험을 감행해야 한다는 강요를 받지 않는다. 만일 카이사르가 자신의 지역에서 즐겁고 행복하게 살수 있다면, 그러면 루비콘 강을 건너는 것이 그다지 도움이 되지 않는다.

맥주 한 잔과 카레소시지 하나

우리는 함부르크 시의 북쪽에 위치한 멋진 커피숍에서 만났다. 이곳에서는 음료뿐 아니라 간단하게 먹을 수 있는 요리도 제공하고 있었다. 이 커피숍에서는 부유하게 누릴 수는 없지만, 만족할 만큼은 누릴 수 있다. 주식이 있든 없든 말이다. 세 가지 샐러드가 있고, 국수요리, 수프 한 가지와 감자샐러드를 곁들인 카레소시지가 있다. 옆 테이블에는 은퇴한 부부가 자리를 잡았다. 남편은 맥주와 카레소시지를 주문했다. 아내는 안경을 위로 올리더니 메뉴판을 유심히 살폈고, 그런 뒤에 생수와 샐러드를 주문했다.

마치 두 사람은 정말 중요한 결정을 내리는 것 같아 보였다. 이 부부는 이곳에 와서 식사를 할 때면, 아마도 매번 동일한 메뉴를 주문할 텐데 말이다. 맥주와 생수가 왔다. 남편은 맥주를 한 모금 거나하게 들이키더니 만족한 표정으로 노란색 스웨터를 벗었다. 그러자 불룩하게 튀어나온 배가 눈에 띄었다. 두 사람은 아무 말 없이 밖을 쳐다보았다. 맞은 편 길가에 있는 함부르크 저축은행의 빨간색 깃발을 바라봤다.

만일 우리가 무엇을 할지 매번 결정해야만 한다면, 삶은 얼마나 긴장될까. 오늘 아침으로 빵을 먹을까, 아니면 간단하게 시리얼을 먹을까? 어렵구만 어려워. 때문에 우리는 많은 결정들을 자동적으로 내리고는 한다. 매일 아침 새로운 것을 먹는 게 아니라, 그냥 항상 먹던 시리얼을 먹는 것이다. 자동적인 결정은 우리의 삶을 간편하게 해준다. 항상 동일한 것을 하는 사람은, 시간과 에너지를 절약할 수 있다. 돈을 투자할 때도 마찬가지이다. 자신의 투자 전략을 발견한 사람은, 약간만 노력해도 될 때가 많다.

평균수익으로 누리는 복지

알베르트 바르네케는 그렇게 결정했다. 그는 자신의 블로그에서 매수 후에 보유하는 buy-and-hold 전략을 추천하고 있다. ETF로 인덱스의 평균수익을 내고, 보유하는 전략을 취한다. 그는 일 년에 한 번 아내와 함께 가족의 투자를 점검한다. "크리스마스와 신년 사이에 우리는, 다양한 ETF들을 재조정하는 일을 합니다." 이런 일을 두고 리밸런싱rebalancing 이라고 부른다. "우리는 일 년에 투자 상황을 재편성하는데 45분을 들이고, 그 이상의 시간을 소비하지 않아요."

다른 투자자들은 하나의 종목을 결정하기 위해서도 세 시간을 필요로 하며, 그 후에도 자신들의 포트폴리오 결과가 어떠한지 점검해야만 한다. 그들은 또한 옳은 중개인을 선택하느라 3일을 소요하며, 그런 뒤에도 여전히 단 하나의 ETF도 매수하지 못한다. 투자하는 일을 전업으로 하는 것은 알베르트 바르네케에게 낯설다. 그의 목표는 최소의 비용을 들여 시장의 평균수익을 얻는데 있다. 이를 통해 어떤 유투버나 블로거의 말처럼, 갑자기 벼락부자가 되지는 않는다. 7년 안에 백만 유로를 만들어 준다는 허무맹랑한 약속 따위는 믿지 않는다. 하지만 장기적인 관점에서 보면 시장이 가져다주는 이자는 강력한 힘을 가지고 있다. 만일 이자로부터 또 이자가 발생하면 말이다. 알베르트 아인슈타인은 이런 복리를 "여덟 번째 세계기적"이라고 칭한 바 있다.

다고베르 삼촌*의 금고

"10년 뒤 자신의 증권계좌 상태를 확인한 사람은 물론 대단한 인상을 받지는 못할 것입니다." 알베르트 바르네케의 말이다. "그러나 20년 뒤에는 '와우'라는 탄성을 지를 것입니다. 맞아요, 30년 뒤에는 제대로 환호할 것입니다. 그러면 다고베르의 금고를 보는 것 같은 느낌이 들 것입니다."

간단하게 계산을 해봐도 바르네케의 말이 무슨 뜻인지 이해할 수 있다. 예를 들어 2만 유로를 모아서 시장에 투자한 사람이 있다면, 그는 9퍼센트 수익(세금과 인플레이션 이전에)을 얻을 때 다음과 같은 금액을 갖게 될 것이다.

10년	47,300 유로	(그렇게 인상적인 액수는 아님)
20년	112,000 유로	(와우!)
30년	265,000 유로	(더 좋아!)
40년	638,000 유로	(다고베르의 금고)

곡선이 가파르게 상승한다는 것은 의문의 여지가 없다. 투자 자금이 가져다주는 이자가 지속적으로 재투자되기 때문이다. 그

● 도널드 덕의 삼촌으로 스크루지 맥덕이라고 불림

리하여 또 새로운 이자를 생성해낸다. 이른 바 복리. 30년 뒤에는 알베르트 바르네케가 예언했듯이 그야말로 자부심을 가져도 되는 재산으로 발전한다. 40년 뒤에는 더 낫다. 곡선이 더 높게 올라갈 것이다.

40년 뒤에는 최초로 백만 유로로

투자자가 매달 자신의 투자자금 2만 유로에 부차적으로 200 유로를 더 투자한다면, 모든 것은 더욱 더 다고베르 아저씨의 금고처럼 보인다.

10년	85,600 유로
20년	240,000 유로
30년	608,000 유로
40년	1,478,600 유로

마지막 액수는 정말 폭발적으로 들리기는 하지만 현실에서는 그렇지 못하다. 너무 오랜 세월이 흘러야 하고 또 이 기간 동안 일어나는 인플레이션 때문이다. 40년 뒤 147만 유로는 오늘날의 가치에 비교되지 않는다. 게다가 우리나라의 재무부는 손을 뻗어서 규칙적으로 세금을 거둬가고자 한다. 여기에 세금은 일반적인 이론상의 계산에서 흔히 그러하듯 고려되지 않았다.

실제의 상황은 분명히 다를 것이다. 때문에 알베르트 바르네케는 5퍼센트 이자로 계산한다. 그러면 147만 유로에서 금액은 눈에 띄게 줄어 44만 유로가 되는데, 인플레이션도 고려한 결과이다. 그래도 큰 금액이기는 하다. 30년 뒤에 인플레이션도 고려하고 세금을 제하고 나면 여전히 25만 유로인데, 9만 2천 유로를 투자해서 말이다.

운용 소모

이 모든 것은 전체 시장에서 얻은 수익에서 나온 금액이다. 그 누구도 이런 금액을 벌기 위해 인덱스를 이겨야할 할 필요는 없다. 누구도 매일 자신의 증권계좌를 확인하거나, 상승과 하락을 반복하는 시장을 주시해야 하는 것은 아니다. 과거에는 금융장관Finanzwesir도 그렇게 했다. 그는 오랫동안 차트를 사용했는데, 이를 통해 최고의 기업을 찾아서 가족의 돈을 이 기업에 투자하기 위해서였다. 주식을 자주 매수하고 또 신속하게 매도했는데, 이로써 비용이 많이 발생했다. 이를 두고 알베르트 바르네케는 "운용 소모"라고 부른다. 하지만 오늘날에는 그렇게 하지 않는다. 자신이 돈을 투자하는 형태가 평균수익보다 적다는 사실을 확인한 뒤부터 말이다. 인덱스는 그의 투자형태보다 더 많은 수익을 올렸던 것이다. 매년 말이다.

"나는 아무리 노력해도 시장을 이길 수 없었어요." 그리하여 바르네케는 모든 것을 결정하는 질문을 스스로에게 했다. 정말 그렇게 할 가치가 있을까? 혼자서 시간과 노력을 들여 주식을 선별하는 일은 그렇게 재미있지도 않았고, ETF보다 수익도 더 낮았으니 말이다. 알베르트 바르네케는 그런 결정을 고독하게 혼자서 내리는 유형이 아니었다. 마침내 아내와 함께 그는 모든 돈을 ETF에 옮겨버렸다. 이때부터 그는 편히 쉴 수 있었다. 일 년 가운데 크리스마스와 신년 사이 45분 동안 그와 아내는 자신들의 돈을 주식시장에 투자했다는 사실을 기억하면 되었다.

우리의 삶은 결정으로 이루어져 있다.

결정을 내리고, 행동을 하기로 결정하고, 이런 것들이 바로 우리 삶의 핵심을 이루고 있다. 결정은 삶에 방향과 구조를 부여한다. 직업교육을 받고, 대학 공부를 하고, 어떤 일을 하고, 이사를 하고, 애인을 만들고, 결혼을 하고, 아이를 낳거나 낳지 않으려고 하는 결정들이 있다. 이 모든 것들을 스스로 결정하는 것으로 보이지만, 그렇게 간단하지는 않다. 한 편으로 어떤 결정은, 우리가 믿기 다른 것을 결정할 수 없다는 깃을 의미힐 때가 많다. 실제로 삶의 대부분은 하나를 선택하면 다른 것들이 제외되는 대안들로 이루어져 있다. 바로 이런 점들로 인해 많은 사람들은 스스로 결정을 내릴 때 주저하고 지체하게 된다. 게다가 내리기 힘든 결정들도 참으로 많다. 게르다나 마틸데라는 두 여자 가운데, 어떤 여자가 나에게 더 잘 어울리는지 어떻게 알 수 있겠는가? 20년 후 게르다와 여전히 행복하게 살고 있을지를 알 수 있으려면 미래를 읽어야 하는데, 나는 미래를 내다볼 수 없다. 하나의 결정을 내리는 일은 항상 용기 있는 시도이다. 게다가 만일 우리가 결정을 내려야 한다면, 그 결정에 따른 결과들도 책임져야 한다. 우리 자신에 대해서는 물론이거니와 다른 사람들에 대해서도 말이다.

내가 내린 결정의 결과들은 무엇일까?

카이사르는 여전히 루비콘의 다른 편에 주둔하고 있다. 그는 부하들을 많이 거느리고 있다. 또한 그는 주둔지, 자체 병력과 적의 숫자에 대해서도 많은 정보를 가지고 있다. 하지만 이 모든 것들은 머리로만 치르는 게임이며, 논쟁이고 설명에 불과하다. 카이사르는 안마사에게 몸을 맡기고서 자신의 미래에 대해 깊이 생각해볼 수도 있다. 그렇게 한다고 해도 손해를 보는 게 아니니까. 하지만 이런 식으로는 충분하지 않다. 결국 그가 해야 하는 것은 행동이다. 그는 루비콘 강을 건너야 한다. 그렇게 해야 주사위가 던져지는 것이다. 그런 뒤에야 그는 자신이 내린 결정의 결과들과 함께 살아가게 된다. 그는 이렇게 말할 수는 없다. "코르

● Lucius Cornelius Balbus, 로마의 집정관으로 카이사르로부터 총애를 받고자 했다. - 옮긴이 주

넬리우스 말부스®가 나에게 그렇게 하라고 충고를 했지."

순전히 자신만의 힘으로 결정을 내려야 하는 것이다. 그리고 책임도 져야한다. 그는 루비콘 강 북쪽에 위치한 갈리아 키잘피나에서 조용한 삶을 영위하고자 원치 않는다. 그는 명예욕이 강한 사람이고, 따라서 모든 권력을 손에 쥐어야 만족하는 사람이니 말이다.

감정이 함께 결정한다

결정을 내리고 행복하려면 우리는 이성적으로 정당하다고 보이는 결정만 내리지는 않는다. 갈리아 키잘피나에서 맞고 틀린 결정이란 무엇일까? 분명한 사실은, 이 지역은 율리우스 카이사르의 권력욕을 채워줄 수 없다는 것이다. 만일 그가 루비콘 강을 건너지 않으면, 그는 불행해질 수 있다. 그렇듯 결정의 핵심에는 바로 우리의 감정적 만족감이 있다. 수많은 과학적 연구들이 그와 같은 결론을 내린 바 있다. 두 가지 보상 가운데 하나를 선택해야 한다면, 자신의 직감에 따라 선택한 사람이 결국 더 행복하다고 말이다. 하지만 두 가지 선택이 지닌 장점과 단점의 목록을 보면서 오랫동안 고민한 사람은, 이성적으로 의미 있고 옳다고 여겨지는 것을 선택하는 경우가 더 많다. 그리고 자신이 내린 결정에 대해서 만족하거나 행복해하지 않으면서 말이다.

익숙한 것을 결정하기

직업을 선택하든, 주거지나 파트너를 선택하든 결정을 할 때 우선적으로 우리는 감정적으로 행복하고 만족해야만 한다. 직업은 우리에게 기쁨을 주어야 하고, 주거지는 우리를 받아들여야 하고 파트너도 마찬가지이다. 오늘날 감정에 따라 결혼할 상대방을 선택하는 일은 매우 당연하게 받아들여진다. 이와 반대로 카이사르는 이런 일을 이해하지 못할 수도 있다. 그에게 있어 결혼이란 연대이자 권력에 의한 선택이었다. 앞으로 더 나아가기 위해 잘 계산된 결단이었던 것이다.

또한 사람들은 감정적인 이유로 결정하는 경우도 상당히 많다. 돈에 관한 결정도 그러하다. 물론 우리는 돈을 투자하는 다양한 형태에 대한 정보를 얻을 수 있다. 이런 정보를 통해서 우리는 우리의 이성에 집중한다. 만일 우리의 이성이 결정을 내린다면, 그것만으로 이미 충분할 수는 있지만 이성은 그렇게 하지 않는다.

돈을 투자할 때의 문제는, 사람들은 익숙한 것을 선택하기를 좋아한다는 사실이다. 사람들은 자신들이 이미 알고 있는 것을 좋아한다. 옆 테이블 손님들처럼 한 번 카레소시지를 선택하면 항상 카레소시지를 선택한다. 보통 사람들은 건축자금 적립예금과 생명보험은 부모님으로부터 배워서 안다. 하지만 주식과 ETF는 그들이 잘 모르는 것이다. 루비콘 강의 건너편이다. 이곳에는 불확실성이 존재한다. 주식은 올라갈 뿐 아니라 떨어지기도 한다. 그리고 시장은 떨어질 뿐 아니라, 규칙적으로 떨어지기도 한다.

시장은 무엇을 하는가?

주식시장이 또 다시 조정을 받을 때 알베르트 바르네케는 무엇을 할까? "솔직히 아무 것도 안 해요. 나는 주가를 안 봅니다. 시장이 요동치는 것보다 더 좋은 것을 하죠." 더 좋은 것? "최근에 우리 딸아이들 중 한 명이 이사를 갔어요. 정말 흥미진진한 일이었습니다. 그리고 도와줄 일들이 많더라고요." 다른 사람들은 매일 자신의 자본을 지켜볼지 모르지만, 그는 그렇게 하지 않는다. 아니, 뭣 때문에 그렇게 한다는 말인가! 그가 보든 그렇지 않든, 시장은 시장이 원하는 방향으로 움직일 텐데.

알베르트 바르네케는 최소한의 비용을 들인다는 전략을 잘 실천하고 있다. 챠트를 주의깊게 살필 필요 없고, 규칙적으로 주가를 확인할 필요도 없다. 그는 더 나은 일에 시간을 투자하면 되는 것이다. 자신의 투자자금을 위해 챠트가 필요한 사람은 알베르트 바르네케의 눈에 뭔가 잘못 행동하는 셈이 된다. 이런 사람은 어쩌면 시간이 남아 돌거나, 지루하거나 아니면 친구가 한 명도 없을 수 있다. 아니면 루비콘 강을 건너는 것을 지나치게 두려워하는 사람일 수 있다.

"세금과 인플레이션을 고려하더라도 시장에는 5.x 퍼센트의 수익이 들어가 있어요. 만일 내가 투자자금에 너무 많은 시간을 소비하면, 모든 ETF들 가운데 최고의 수익을 내는 중개인을 발견하고 이것을 적절한 시간에 매수한다면, 그렇다면 아마 0.2퍼센트 수익이 더 날 수 있겠지요." 여기에서 그는 자신은 물론이거니와 고객들에게도 자주 던졌을 질문을 했다. "그렇게 하는 게 정말 가치가 있을까요?" 그 자신은 시간낭비라고 간주하는 것이었다.

불확실성 방지하기

그의 고객들은 흔히 다르게 행동했다. 많은 사람들은 하루에도 서너 번씩 증권계좌의 변화를 확인하고는 했다. 스마트폰이 있으니 그렇게 하기는 쉬운 일이다. "왜 그렇게 해야 좋은 거죠?" 알베르트 바르네케가 의문을 던졌다. "그렇게 하면 신경이 예민해져요. 은행이나 중개인들에게 좋은 일이죠. 왜냐하면 필요 이상으로 행동하게 만들어버리니까요. 그러면 수익은 은행에 들어갑니다. 게다가 정작 직장에서 일에 집중하지 못하게 합니다." 일을 못하게 해서 시간만 낭비하게 하는 것으로 그치지 않는다. 지속적으로 투자자금에 눈길을 주면 투자자들의 생각도 지배하고 만다. 그들의 주의력은 확연히 떨어지게 되는 것이다.

금융장관이 돈에 대해 세워둔 세 가지 규칙

- 당신의 일에 집중을 하고 잘 하라.
- 이혼보다 비용이 더 많이 들어가는 일은 없다.
- 당신의 능력을 유지하기 위해 운동을 하라.

알베르트 바르네케는 금융 코치로서 신경이 예민한 투자자들이 보다 더 안정적인 자세를 취할 수 있도록 만들고자 한다. "만일 누군가 치과의사라면, 세계에서 가장 뛰어난 치과의사가 되려는데 총력을 기울여야 합니다. 게임하듯 주식에 매달려 있거나 하루에 서너 번씩 주가를 확인하는 대신에 말이지요." 그의 눈에는 전혀 의미가 없는 행동이라는 것이다.

어쩌면 한 가지 의미는 있을지 모른다. 투자자가 생각하는 것과 전혀 다른 의미랄까. 그들은 주식시장에서 추락할지 모른다는 자신들의 공포감을 막아보고자 노력한다. 루비콘 강의 저편에서 자신들을 기다리고 있을지 모를 모든 것들에 대한 공포 말이다. 강의 북쪽에, 갈리아 키잘피나가 놓여있는 곳에는 안전과 안정이 지배한다. 2만 유로는 내일도 역시 2만 유로이다. 하지만 강의 남쪽에는 변동성과 예측할 수 없는 상황이 지배하고 있다.

도와 줘 - 나의 돈이 줄어들고 있어!

자신의 돈을 주식시장에 넣어두면 사람들은 그 돈을 관리할 수 없어서 애를 먹는다. 가령 도널드 트럼프가 그 악명 높은 트윗을 통해서 무슨 말을 전하는지에 따라 시장이 요동치더라도 그 어떤 영향을 미칠 수 없는 것이다. 하물며 코로나 위기는 두말 하면 잔소리이다. 코로나는 도널드 트럼프의 트윗보다 주가를 더 요란하게 흔들어놓았다. 많은 사람들은 바로 이와 같은 현상을 수용할 수 없다. 그리하여 자주 시장의 상황을 들여다봄으로써 자신들의 증권계좌가 들어가 있는 시장을 통제하고자 하는 것이다.

물론 통제하고자 하는 마음은 상상의 세계에서나 가능하다. 현재 시장이 완전히 몰락의 길을 가고 있다면, 도대체 시골에서 치과의사를 하는 양반이 어떻게 자신의 자본을 통제할 수 있다는 말인가? 시장이 마이너스 20퍼센트로 곤두박질치고 있는 경

[그림 10] 2018년 말 S&P500의 조정. 폭락장에서 구매한 사람은 손실을 입고 힘들지만, 나중에 주가가 다시 올라간다.

우가 바로 그런 상태이다. 증권계좌의 상태를 살펴본다한들 아무 것도 바뀌지 않는 것이다. 치과의사는 이런 상태를 수용하는 것을 좋아하지 않는다. 이들은 사물을 통제하는 것에 익숙해있다. 엔지니어도 마찬가지이다. 결국 대부분의 사람들이 그러하다. 이들은 확실하고 안전한 것을 원한다. 그런데 루비콘 강의 건너편에는 바로 그런 게 없다. 수익도 마찬가지이다.

스톱 - 로스*로 손실 보기

당신도 자주 오르락내리락 하는 주가를 매일 확인할지 모른다. 이런 행동은 앞에서 알베르트 바르네케가 말했듯이, 우리의 신경을 곤두서게 만든다. 때문에 잘못된 순간에 매도할 위험이 아주 큰 것이다. 투자자들은 공포심으로 말미암아 저점에서 주식을 던져버리고는 한다. 더 이상의 손실을 방지하기 위해서 말이다. "나의 증권계좌를 스톱-로스를 통해서 확실하게 지켜둬야 하는 게 아닌가요?" 그들은 그런 질문을 하고는 한다. 스톱-로스는 투자자 스스로 지정해둔 지점으로, 이 지점에 달하면 주식은 자동적으로 판매되어 버린다. 예를 들어 애플 주식이 110유로라면, 투자자는 주가가 100유로 이하가 될 때 팔아달라는 요

● Stop-Loss, 사용자가 미리 설정한 가격 조건에 도달하거나 당일 거래량이 급변동할 때 강제 청산 주문

구를 할 수 있는 것이다.

　이와 같은 방식으로 많은 돈을 잃을 수 있는 경우가 아주 흔하다. 애플 주식의 주가가 99.90유로로 떨어지더라도, 프로그래밍되어 있는 매도점 이하로 내려간 셈이 된다. 그리고 주가가 단 몇 분이라도 그만큼 떨어지고 이어서 다시 올라가게 되더라도, 주식은 매도되어버린다. 이로 인해 주식은 사라져버린다. 투자자는 다시 올라가는 주가를 물끄러미 쳐다보고만 있어야 한다. 많은 투자자들이 이와 같은 덫에 걸리고는 한다. 주식시장은 조정을 거치다가 마지막에 또 한 번 숨이 멎을 것 같은 속도로 떨어질 때도 많다. 차트를 보면 잘 이해할 수 있다. 2018년 12월 24일, 독일의 주식시장은 조용했다. 하지만 미국에서는 주식 거래가 이루어지고 있었다. 주가는 떨어졌고, 단 하루 만에 대략 4퍼센

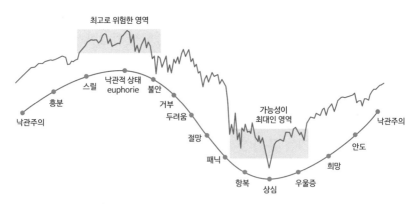

[그림 11] 매수와 매도결정은 감정에 의해서 결정된다. 많은 투자자들은 낙관적인 상태에서 매수를 하고 패닉 상태에서 매도를 한다.

트 하락했다. 스톱-로스 주문을 한 많은 투자자들의 주식은 이 순간에 팔렸다. 이로부터 이틀이 지난 뒤 주식시장은 다시 좋아지는 것 같았다. 주가는 대략 5퍼센트 올라갔다. 이때 며칠 더 기다렸던 사람들은, 주가가 저점에 비해서 10퍼센트 올랐을 때 다시 주식시장에 들어갈 수 있었다. 이처럼 자신의 돈 가운데 10퍼센트를 주식시장에서 잃어버리는 일은 너무나도 쉽다. 있지도 않은 손실을 미리 방지하려는 목적으로 걸어둔 스톱-로스 주문 때문에 말이다.

4퍼센트 하락, 5퍼센트 상승처럼 주식시장에서 강력하게 변동이 생기는 이유는 오늘날 사람들의 결정에 의한 게 아니라, 자동적으로 실행되는 컴퓨터 거래 때문이다. 만일 급속하게 하향하는 경향이 한 번 멈추게 되면, 컴퓨터의 알고리즘은 동시에 모든 버턴을 바꿔버리는 것이다. 그리고 시장에서 오르는 주식을 구매를 한다. 물론 이 모든 것은 결국 인간이 만든 작품이기는 하다. 컴퓨터 알고리즘을 프로그램한 주인공은 바로 사람이니까.

작은 금액으로 시장에 들어가기

알베르트 바르네케의 경험에 따르면 주식을 시작하기 가장 좋은 방법은 저축계획으로 시작하는 것이다. 그는 이렇게 말한다. "나는 매달 25유로로 시작하라고 충고하고 싶습니다." 그러면 매달 이 금액을 하나의 ETF에 넣는데, 예를 들어 MSCI World에 투자할 수 있다. 저축계획을 마련해두면 투자자는 매번 결정할 필요가 없고 자동적으로 결정된다. 이것은 매일 마침에 시리얼을 먹겠다고 결정을 내리는 것과 비슷하다. 이런 결정을 일단 한 번 내리면, 다른 결정을 내릴 필요가 없다. 지금부터 매달 25유로를 주식시장에 넣는다. 끝.

알베르트 바르네케가 달랑 25유로만 매달 투자하라고 권장하자 많은 자본을 투자하고자 하는 고객들이 당황했다고 한다. 하지만 주식시장에서 겪을 수 있는 가장 큰 위험부담은 바로 고점에서 매수하고, 저점에서 매도buy high-sell low하는 일이다. 이것은 그림 11에서 잘 볼 수 있다. 투자자들은 주식시장이 막 잘 되고 있는 상황, 그러니까 주가가 높을 때 매수를 한다. 그들은 낙관주의적인데, 시장에 참여하는 많은 사람들이 바로 그렇다. 그런데 만일 주가가 떨어지면, 이런 일은 주식시장에서 다반사인데, 투자자들은 그야말로 안절부절 못하고서 마침내 주식을 매도해버리는 것이다.

"어떤 고객은 300유로를 투자했어요. 어느 날 이 돈이 295유로가 되었다는 사실을 알고는 정말 충격을 받더라고요." 고작 5유로 때문에 혼란한 상태가 된다고? 그렇다! 돈을 투자할 때는 그런 경우도 있다. "5유로면 레스토랑에서 맥주 한 잔을 마실 수도 있지요." 맞는 말이다. 내 옆 테이블에 앉았던 남자는 이 5유로를 정말 잘 사용했다. 그는 만족스럽게 보일 정도였다. 맥주도 마시고, 카레 쏘시지도 먹고 말이다. 5유로를 소비하는 것과 5유로를 상실하는 것은 심리적으로 보면 완전히 다르다.

손실버전은 투자자를 괴롭힌다

심리학은 이런 현상을 손실버전이라 부른다. 자신의 돈을 은행계좌에 넣어두는 사람은, 매년 인플레이션으로 인해 돈을 잃어버리고 있다는 사실을 전혀 알아차리지 못한다. 액수는 그냥 그대로 있으니 말이다. 2만 유로를 은행계좌에 넣어두면 다음해에는 2만 유로이지만, 이 금액의 구매력은 1년 전에 비해서 이미 떨어져 있는데 말이다. 인플레이션을 고려하면 이 금액은 19,600유로의 가치밖에 안 된다. 400유로만큼 구매력을 잃어버린 것이다. 하지만 투자자들은 이와 같은 손실을 잘 감당하고는 한다. 이런 손실은 실제로 잘 보이지 않으니 말이다.

그런데 동일한 금액 2만 유로를 주식시장에 투자하게 되면 전혀 달라진다. 다음 날 주가가 2퍼센트 떨어지면, 역시 400유로가 사라진다. 일시적으로 말이다. 그래도 많은 사람들은 너무나 충격을 받게 된다. 비록 일시적인 변동임에도 불구하고. 다음 주가 되면 시장은 다시 잘 돌아갈 수 있다. 1년이 지나면 주식시장은 대략 9퍼센트 성장할 수 있는데, 지난 50년 동안 매년 평균 9퍼센트 올라갔듯이. 물론 세금과 인플레이션을 고려하기 전의 수치이다. 이것은 루비콘 강의 경제적 상황이다. 투자자들이 시장의 변동성을 수용할 수 있다면, 그들은 9퍼센트의 수익을 올릴 수 있다. MSCI World가 매년 올리는 수익이다. 그리고 그들이 자신들의 심리를 잘 관리해 조정장의 저점에서 매도하지 않는다면 말이다.

저축계획의 매력

알베르트 바르네케의 추천대로 매월 25유로를 투자하면 이로써 투자자들의 강단을 테스트할 수 있다. 만일 루비콘 강을 건너면 실제로 무슨 일이 일어나게 될까? 그러니까 강의 저편으로 건너가서 주식시장의 변동을 겪게 된다면?

작은 금액으로 시작하는 사람은, 이와 같은 변동성에 대처할 수 있는 가능성을 발견하게 된다. 어느 정도 냉정하게 머물 수 있을까? 아니면 한 번도 차트를 쳐다보지 않을 정도로 느긋하게 대처할 수 있을까? 투자자들이 매달 규칙적으로 정해진 돈을 투자한다면, 차트를 보지 않기란 매우 쉬운 일이다. "한 달에 25유로로 시작해도 충분합니다. 사람들은 1년 뒤 투자금액을 매달 100유로로 높이면 되거든요. 아니면 200유로로." 이와 같은 방식으로 투자자들은 규칙적인 납입금에 익숙해진다. 그리고 더 불어난 금액에 말이다.

위기로부터 수익을 얻기

알베르트 바르네케는 경제위기와 금융위기를 겪었던 암울한 시기에 저축계획을 애호하게 된 경위를 얘기해주었다. 당시에 저축계획을 실행했던 사람은 아주 낮은 주가일 때 주식과 ETF들을 추가로 매수했다. "저축계획을 변경하려면 비용이 소모됩니다. 많은 비용은 아니더라도 그래도 뭔가를 해야 바꿀 수 있는 것입니다. 그런데 당시에 많은 사람들은 그렇게 하지 않았어요." 다른 사람들, 그러니까 저축계획도 없었고 직접 나서서 주식시장에서 매수해야만 했던 사람들도 위기일 때 능동적으로 대응해야만 했다. 그런데 그렇지 않았다. 이 두 그룹은 위기로 인해 처음에는 아무 것도 하지 않았다. 그 결과는 어마어마한 차이로 드러났다. 결국 저축계획을 꾸준히 실천했던 자들이 승자로 등장하게 되었던 것이다. "많은 사람들은 위기가 발생한지 2년 뒤 자신들의 자본을 체크해봤고, 입이 귀에 걸릴 정도로 미소를 짓고 말았지요. 자신의 계좌가 엄청나게 불어나 있었거든요." 시장은 다시 올라갔고 저축계획 덕분에 자동적으로 유리한 가격에서 매수할 수 있었다. 어떤 비용도 들이지 않고서. 다만 아무 일도 안했을 뿐.

큰돈으로 시장에 들어가기

만일 투자자가 많은 자금을 반드시 주식시장에 투자하기를 원한다면, 어떻게 해야만 할까? 예를 들어 20만 유로를 상속으로 받았다면. 알베르트 바르네케는 잠시 생각하더니 이렇게 대답했다. "4만 유로로 시작하는 게 쉬울 것입니다. 나라면 2만 유로로도 충분해요. 먼저 이 금액을 투자하고, 그런 뒤에 매달 시장에 1천 유로씩 투자하는 저축계획을 잡는 거죠." 시장에 조정이 들어오면, 투자자는 저축계획을 통해서 좋은 가격에 주식을 매수할 수 있다. 조정이 생기지 않는다면, 주식시장에 넣어둔 금액이 천천히 지속적으로 늘어난다. 그리고 투자자는 서서히 그것에 익숙해질 수 있다.

주식시장이라고 해서 모두에게 적합하지는 않다

알베르트 바르네케는 자신의 전문적인 충고를 듣기 위해 방문하는 모든 사람들이 예외 없이 주식시장에 투자하기에 적합하다고 생각하지는 않는다. 가령 관리업무를 하는 45세의 여자 고객 같은 경우이다. 그녀는 그때까지 15만 유로를 저축했고 자신의 저축금액을 투자해야 하는 게 아닐까라는 느낌을 가지고 있었다. 일단 이 여자의 이름을 리쉔 뮐러라고 부르자. "그녀는 여러 종류의 언론매체를 통해서 마땅히 그렇게 해야 한다고 생각했던 거죠." 보통 신문은 물론 경제전문 신문을 읽어봐도 주식에 관한 뉴스가 많으니까 말이다.

알베르트 바르네케는 그녀와 대화를 하자, 이 고객은 이러한 위험을 감수할 필요가 전혀 없다는 결론을 신속하게 내릴 수 있었다. 그녀는 매우 절약하는 삶을 살고 있었고 퇴직하고 나서도 많은 연금을 받을 수 있었다. 그리고 현재 이미 15만 유로를 저축했다. 그런데 무엇 때문에 그녀의 돈을 주식시장에 투자를 해야 한다는 것일까? "그녀는 내가 이런 질문을 던졌을 때, 매우 행복해했습니다." 알베르트 바르네케는 그렇게 얘기해주었다. 그녀는 루비콘 강을 실제로 건너고자 하지 않았던 것이다. 갈리아 키잘피나는 그녀에게 적합한 지역이었다. 위험을 감수하고 모험을 하는 것이 모든 사람에게 좋다는 의미는 아니다.

올바른 질문하기

금융-코치는 고객들에게 정보를 제공한다. 이게 바로 자신이 해야 할 일인 것이다. 그리고 고객들에게 질문을 하지만 충고를 하지는 않는다. 그럼에도 불구하고 질문과 대답은 어떤 경향을 띠게 된다. 리쉔 뮐러의 경우도 그렇다. "우선 이 고객은 노후대비의 목적으로 시장에서 수익을 얻어야 할 필요가 없었어요. 두 번째로, 주식시장에서 손실을 입을 때마다 그녀는 상당한 상처를 입을 사람으로 느껴졌습니다." 아마 그녀는 손실을 입는다면 밤잠을 이루지 못하는 그런 사람이었을 것이다. 이렇게 되면 돈을 투자하는 의미가 없다. 차라리 그녀는 자신의 돈을 지금껏 저축해왔던 은행 두 곳에 묻어두는 편이 낫다. 이자는 없지만.

잠 못 이루는 밤은 금융 코치가 내미는 리트머스 시험지이다. 비록 주식시장에서는 강력한 조정이 이루어지고 있더라도, 투자자는 잠을 잘 잘 수 있어야만 한다. 시장이 붕괴하면 1년 안에 주가가 40퍼센트 이상 떨어지는 경우도 심각한 편이 아니다. 지난 20년에서 30년 동안 주식시장이 그러했다.

"나는 고객들에게 이런 계산을 해주고는 합니다. 만일 그들이 8만 유로를 투자했는데 붕괴가 일어날 경우, 일시적으로 3만에서 4만 유로의 손실도 입을 가능성이 있다고 말입니다." 알베르트 바르네케는 계속 말을 했다. "이 금액은 BMW 3시리즈에서 나온 자동차의 가격과 비슷하다고 보면 됩니다." 이렇게 말하고 잠시 생각을 했다. 만일 시장에 투자한 자본이 늘어나면, 알베르트 바르네케가 비유한 것처럼 BMW 자동차의 급이 중형에서 세단으로 변하는 것과 같다. 3시리즈가 5시리즈가 되고, 7시리즈 또는 8시리즈가 되는 것이다. 오랫동안 주식시장에 투자하는 사람은 8시리즈 한 대보다 더 많은 변동을 겪을 수 있다. 페라리도 마찬가지이다. 이렇게 생각하는 것은 논리적인데, 주식시장에 넣어둔 자금은 점점 많아진다. 150만 유로를 주식시장에 넣어둔 사람은, 지극히 정상적인 조정을 통해서 15만 유로의 변동을 겪을 수 있는 것이다. 우리가 앞에서 2만 유로를 투자했을 때 40년 뒤에 얼마나 되는지 계산해봤듯이 말이다. 4퍼센트 하락, 5퍼센트 상승한다는 것은, 단 하루에 6만 유로가 사라질 수 있다는 의미이다. 또는 그 만큼의 액수가 더 생겨날 수 있다는 뜻이 된다.

돈 투자는 매우 간단하다

옆 테이블에 앉은 부부는 매우 만족하는 것처럼 보였다. 샐러드를 다 먹자 자리에서 일어나 계산을 하고 나갔다. 우리도 계산을 했다. 우리는 커피숍 앞에 서서 맞은편에 있는 저축은행 건물을 바라봤다. 혹시 그도 함부르크 저축은행에 가본 적은 있을까? 알베르트 바르네케는 나의 질문에 웃으며 대답했다. "아뇨." 저축은행에 갈 생각은 한 번도 해본 적이 없었다고 한다. 그는 이곳을 방문했을 때 자신이 알지도 못한 채 얼마나 많은 비용을 지불해야 하는지를 잘 알고 있었던 것이다. "돈을 투자하는 일은 간단합니다." 그는 나와 작별하면서 그렇게 말했다.

그렇다. 돈을 투자하는 일은 간단하다. 만일 투자자들이 자신의 결정을 너무 두려워하지 않는다면.

간략한 소개: 알베르트 바르네케

- 나이: 54세
- 직업: 프리랜스 언론인
- 웹사이트: finanzwesir.com
- 저서: 금융장관 - 자본을 조성할 때 당신이 알아야 할 것들
- 인생의 좌우명: 지금까지 잘 지냈잖아.
- 투자전략: 장기간
- 시간소비: 최소한

반드시 기억하자

첫 번째. 주식시장에 들어가고자 하는 사람은 루비콘 강을 건너야만 한다. 이런 사람은 안전하게 있던 자신의 돈을 불확실한 곳으로 가져간다. 그는 결정을 해야만 한다. 그 누구도 대신 결정을 내릴 수 없다.

두 번째. 만일 우리가 자산관리인이나 은행에 결정을 위임하면, 우리는 대체로 매우 비싼 대가를 지불해야만 한다. 금융계에 종사하는 사람들에게 우리가 얻은 수익의 절반가량이 사라지고 만다. 이보다 더 많을 때도 흔히 있다.

세 번째. 금융관련 블로거나 또는 코치들은 투자자들에게 직접 결정하라고 격려해준다. 매우 좋은 일이다. 과학적인 연구를 실시해보니, 은행에서 컨설팅을 받은 고객들이 올리는 수익은 그런 충고를 듣지 않고서 올리는 수익보다 낮다는 결과가 나왔다. 투자자가 직접 결정을 내리니까 말이다.

"나는 은행을 믿었어요, 그리고 주식시장에 관한 소식지도 믿었지요. 그게 바로 실수였던 것 같습니다."

마르셀 나이들(72세, 뒤셀도르프에서 일하는 사업가)

언제 당신은 주식에 투자하기 시작하셨나요?

20년 전입니다. 당시에 나는 주식시장에 관한 소식Börsenbrief●지를 믿었어요. 이들은 형편없는 독일 주식들, 예를 들어 코메르츠 은행이나 티센크룹ThyssenKrupp, 그리고 이와 동시에 지극히 리스크가 큰 미국 주식을 권유했지요. 수소 관련주인 발라드 파워Ballard Power 같은 것이었어요. 이들은 연료전지를 생산합니다. 나는 이 발라드 파워 주식으로 90퍼센트 손실을 봤어요. 10년 후에도 나는 여전히 내 주식으로 수익을 내지 못하고 있지요.

그러니까 당신은 인덱스보다 훨씬 못한 성적을 올렸군요.

그렇지요. 그뿐만이 아닙니다. 나는 이 기간 동안 돈을 많이 잃었어요. 내 주식 때문만이 아니고, 도이치 뱅크가 나에게 판매했던 펀드로도 말이지요. 그것은 아시아 펀드였습니다. 당시에 이 펀드는 우리의 미래라고 칭송을 받았으나, 나에게 안겨준 것은 손실밖에 없지요. 10년 후 이

● 재정분석이나 개별 채권의 매도와 매수를 권유하는 내용을 담은 간행물이다. - 옮긴이 주

펀드에서 절반의 돈이 사라져버렸습니다.

많은 투자자들이 그 자리에서 포기하겠군요.

나는 포기하고 싶지 않았어요. 그래서 나는 기초를 튼튼하게 해줄 주식에 관한 책들을 읽기 시작했습니다. 그리고 우연히 필 타운Phil Town(규칙 1)의 책을 읽게 되었고요. 이때부터 나의 투자 자금은 많은 수익을 올렸어요. 이때부터 나는 시장보다 더 많은 수익을 올렸지요.

어떤 주식이었나요?

우선 나는 애플을 매수했습니다. 나중에 페이스북도요. 그런 뒤에 마스타카드와 인튜이티브 서지컬Intuitive Surgical® 역시 샀어요. 10년 전부터 나의 증권계좌를 살펴보면, 9년 동안 500퍼센트의 수익을 올렸습니다. 매년 22퍼센트 늘어났다는 뜻입니다. 그 사이 유로로 가지고 있는 자산의 변동이 매우 심했어요. 무엇보다 내가 펀드 계약을 해지하고 개별 주식을 구매했기 때문에 엄청나게 올랐던 것입니다. 그런 뒤에 나는 두 가지 생명보험을 해지해서 돈을 더 절약할 수 있었지요. 만일 10만 유로 규모로 증권계좌를 운영하게 되면, 운이 따르는 날에는 하루에 3천 유로가 더 늘어나고, 운이 없는 날에는 3천 유로가 줄어들게 되지요. 이런 것에 익숙해져야 합니다.

● 의료기술을 제공하는 미국의 기업으로 실리콘밸리에 본사를 두고 있다. - 옮긴이 주

많은 투자 전문가들은 3개월마다 자신의 증권계좌를 확인해보라고 충고를 합니다. 그래야 신경이 덜 예민해진다고 말이죠.

무슨 뜻인지 충분히 상상은 됩니다. 하지만 나의 방식은 아니에요. 나의 예민함은 세월이 흐르면서 둔해졌고, 도널드 트럼프가 트윗을 날려도 더 이상 상관하지 않습니다. 미국의 경제가 잘 돌아가느냐 아니냐가 결국 중요하다는 사실을 그 사이에 알게 되었지요. 오바마 때도 그랬고, 트럼프 때도 마찬가지입니다.

22퍼센트라는 수치는 정말 훌륭한 결과라 할 수 있습니다. 인덱스보다 더 낫군요.

그렇게 보이지요. 하지만 만일 누군가 어떻게 투자해야 할지 묻는다면, 나는 ETF를 하라고 추천합니다. 대부분의 사람들에게는 수익을 내기 위해서 개별 주식이 최선의 방법은 아니거든요. 개별 주식에 투자하면서 사람들은 너무 많은 실수를 합니다. 나도 처음에 그랬지요. 나는 은행을 믿었고 주식보고서를 믿었는데, 그것은 정말 큰 실수였던 겁니다.

4장 두려워하기

왜 비관주의자들은 언론의 대서특필에 숨을 죽이고 낙관주의자들은 주식시장에서 승승장구할까

돈이 없는 사람은 미래를 두려워할까? 그럴 수 있다. 하지만 돈을 가진 사람들이 갖지 않은 사람들에 비해서 걱정할 게 훨씬 더 많다. 돈을 가진 사람은 그것을 잃게 될 지도 모른다는 두려움을 가질 수 있다. 비단 이런 사람만 두려워하는 게 아니라 많은 사람들이 두려워한다. 이들은 하늘이 무너질까 두려워하기도 한다. 여기에서 다시금 크날 박사가 등장하며, 그가 목청껏 외치는 세계멸망도 등장하게 된다.

우리는 하나의 장을 할애하여, 두려움과 우리가 두려워할 수 있는 것, 또는 우리가 소유하고 있는 것을 잃어버릴 수 있을지 모른다는 두려움을 다뤄야 할 것 같다. 크날 박사가 주장하고 있듯이 말이다. 크날 박사는 가령 "두려워 말아라!"처럼 성경에서 천사가 말하는 내용 가운데 일부를 인용하지는 않는다. 오히려 그는 세계멸망을 강조하고 베드로의 말을 인용하는 편이다. 종말이 다가오고 있다!

내가 이 글을 쓰고 있는 시점은 2019년 11월이다. 이 기간 동안 팰릭스 크날 박사Dr. Felix, Knall*는 2020년 초에 독일 은행시스템이 대대적으로 붕괴할 것이라는, 일명 메가-붕괴론을 예언했다. 도이치뱅크는 파산하고, 이자는 치솟고, 많은 저당권자들은 계약을 해약하겠다고 알리게 된다는 것이다. 이렇게 되면 독일 부동산, 독일 주식과 뭔가 독일이라고 붙어 있는 모든 것들은 어마어마한 손실을 입게 된다. 그러니 제발 안전벨트를 착용하도록! 내리막길만 있을 것이고, 그것도 80퍼센트 이상의 손실이 기다린다는 것이다.

크날 박사는 왜 독일에 등을 돌리는 행동을 할까?

보다시피 크날 박사는 뭔가 독일을 지지하지 않으며, 어쩌면 독일 정부가 못마땅한지도 모른다. 그러니까 독일 정부는 그에게 너무 자유주의적이고 너무 사회·민주적이고 그리고 극우적인 요소가 너무 부족한지도 모른다. 자유주의적이고 사회·민주적인 정부는 국가를 멸망으로 인도하고, 이와 반대로 극우적인 정부는 축복일지 모른다. 크날 박사의 눈에 그렇게 보이는지도 모른다.

이렇듯 암울한 예언은 크날 박사의 이름 팰릭스*와는 매우 대

● 내가 인위적으로 만든 인물로, 세계멸망을 예언하는 주도적 인물이라고 보면 된다.

조적이다. 물론 '행복한 사람'이라는 뜻을 지닌 그의 이름 팰릭스는 그가 벌어들이는 수입과 연관시켜보면 적절하다고도 할 수 있다. 왜냐하면 세계멸망을 예언하는 자들은 매년 수백만 씩 벌어들이니까 말이다. 예를 들어, 컨설팅 계약, 저서 판매, 강연료를 통해서.

크날 박사는 그렇듯 자신만만한 예언과 상상을 펼쳐놓았다. 그야말로 진짜처럼 종말을 예언하는 것이다. 종말이 다가온다!

당신은 이렇게 말할 수도 있다. 즉, 그 남자야말로 폭발하고 붕괴하고 말 것이라고, 이를테면 그의 이름이 이미 암시하고 있듯이 말이다. 당신이 그렇게 생각한다면 지극히 옳다. 문제는 소위 자칭 전문가라는 사람들이 그야말로 비슷한 예언을 하고 있다는 것이다. 엄청난 규모로 권력의 변동이 일어날 것이라는 둥, 지금껏 볼 수 없었던 규모로 붕괴가 일어난다는 둥. 이들 모두는 투자자들에게 극도의 공포를 일으킨다. 자신의 돈을 잃어버릴 수 있다는 두려움 말이다. 이런 두려움은 주식시장의 주가를 몇 주 동안 잠잠하게 만들어 버리는 일종의 바이러스라 할 수 있으며, 그 누구도 이런 바이러스를 저지하지 못했다. 이어서 주가가 회복되는 현상도 알아차리지 못했다. 주가는 세계멸망을 예언하는 자들의 눈에는 결코 회복되어서는 안 되고, 오히려 끝없이 폭락해야만 한다. 종말이 다가온다!

● Felix는 행복한 사람이라는 뜻이며 Knall은 폭음이라는 뜻이다.

붕괴 예언자는 어떻게 붕괴 예언자가 되는가

붕괴 예언자들의 경력은 흔히, 시장에 조정이 있으리라 예측함으로써 시작한다. 이런 예측으로 우연히 성공을 거머쥐게 되는 것이다. 크날 박사도 마찬가지였다. 1987년 10월 주식시장이 심각하게 폭락하기 몇 주 전이었는데 - 뉴욕은 물론 프랑크푸르트와 다른 많은 대도시에서 전설적으로 주식이 20퍼센트나 폭락했다. - 이런 끔찍한 날이 밝기 몇 주 전에 크날 박사는 뭔가 위통 같은 것을 느꼈다. 어쩌면 그는 점심을 너무 거하게 먹었는지 모른다. 식당에 돼지고기 족발이 나왔으니까. 족발을 먹고 난 뒤 커피를 마셨지만 그의 위는 여전히 무겁기만 했다.

불편한 그의 느낌은 물론 거짓이 아니었다. 시장은 정말 무서울 정도로 떨어졌던 것이다. 게다가 컴퓨터는 이미 당시에 월 스트리트에 이런 소식을 알렸고 정해져 있던 프로그램에 따라 매도행위가 이어졌다. 여기에서 그치지 않고 재빠른 매니저들이 새로운 펀드를 고안해냈는데, 아주 적은 손실을 입을 수 있는 펀드 구성이었다. 한 가지 문제는, 주가가 떨어지면, 펀드는 자동적으로 주식을 대량으로 시장에 내다 팔아버리는 것이었다. 손실을 줄이기 위해서 말이다. 시장이 4퍼센트 폭락하자 많은 펀드들이 팔렸고, 주가는 더욱 강력하게 하락세를 탔다. 손실을 줄이려고 팔았던 펀드가 오히려 더 강력한 손실을 안겨주었다. 바로 이런 일이 1987년 10월에 일어났던 것이다.

조정

주식시장에서 10~20퍼센트의 손실을 사람들은 조정이라고 부른다. 주식시장에는 평균적으로 18개월마다 조정장이 온다. 전문가들에게 그와 같은 시장의 소용돌이는 일상적으로 보이는 반면, 주식 초보자들은 조정으로 인해 자신의 돈을 잃지 않을까 노심초사하게 된다. 보통 붕괴론자들은 6개월마다 시장이 붕괴할 것이라며 이어지는 조정장을 붕괴라고 설명하고는 한다. 그렇지 않으면 거의 붕괴상태라고 말이다. 따라서 붕괴론자들의 예언은 세 번에 한 번 꼴로 적중하는 것처럼 보이게 되는 것이다.

붕괴론자들은 붕괴를 집요하게 주장하는데, 주식시장이 아무리 상승을 하더라도 그들은 관심이 없다. 만일 이들의 경고가 일단 성공을 거두면, 그때부터 매년 붕괴를 입에 달고 산다. 크날 박사처럼 말이다. 이들은 거의 매년 시장이 붕괴할 것이라고 예측한다. 물론 1987년 이후부터 세 번 맞추기는 했다. 1987년 번개처럼 일어났던 조정장을 시장 붕괴라고 불렀지만, 하락장은 단기간 동안만 이어졌을 뿐이다. 30년이 지나는 동안 두 번 성공한 경험이 있다.

30년 동안 두 번 예측이 옳았다는 것은 성공할 확률이 그다지 높지 않다는 말이다. 여전히 수많은 세월 동안 주식시장은 상승하고 있었으니까. 10년 동안 대략 1년은 상황이 좋지 않다. 바꿔 말하면, 그 밖의 9년 동안 만족할 만 하거나, 좋거나 또는 너무 좋다는 말이다. 조정이 없는 주식시장이란 있을 수 없으며, 이런 조정장이 없이는 주식시장에서 이득도 있을 수 없다. 이런 과정에서 투자자들은 많은 고통을 호소한다. 때문에 주식시장에서 얻는 수익을 '두려움에 따른 보상금'이라 부르기도 한다. 이런 보상금은 보상금 치고는 매우 많다. 이것은 붕괴만을 전하는 크날 박사가 관중들에게 얘기해주지 않는 역사의 일부이기도 하다. 이런 역사를 알고 싶은 사람은, 게르트 콤머 박사와 이야기하는 편이 훨씬 낫다.

낙관주의자들의 승리

게르트 콤머는 자리에서 일어나 화이트보드로 성큼성큼 걸어 갔다. 그는 거기에서 낙관주의자들이 거둔 승리를 분명하게 보여주고자 했다. 그것은 다섯 가지의 숫자이며, 이 다섯 가지 가운데 장기적으로 봤을 때 주식이야말로 가장 높은 수익을 올렸다는 증거이다. 그의 숫자는 지난 120년 동안 돈을 주식, 부동산, 채권, 저축통장과 금에 투자했을 때 매년 얻을 수 있는 수익이 어느 정도인지 보여준다.

- 5.2 퍼센트   주식
- 2.5 퍼센트   부동산
- 2.0 퍼센트   채권

- 0.8 퍼센트   저축통장
- 0.6 퍼센트   금

우선 다섯 가지 투자 형태의 수익이 너무 낮은 것처럼 보이는 데, 이는 게르트 콤머 박사가 인플레이션을 고려해서 계산했기 때문이다. 게르트 콤머는 대학에서 경제학을 공부해서 박사학위를 받았고 독일에서는 가장 영향력 있는 금융관련 저서를 펴낸 저자 가운데 한 사람이다. 잘 알려진 저서를 꼽는다면, 《인덱스 펀드와 ETF들로 자주적으로 투자하기: 개인 투자자들이 어떻게 금융업계와 맞서 이길 수 있는가》를 꼽을 수 있다.

우리는 뮌헨 젠드링거Sendlinger 가(街)에 있는 그의 회사 사무실에서 만났다. 밖을 보니 가을비가 심하게 내려서인지 행인들이 서둘러 걸음을 옮기고 있었다. 당시만 해도 누구도 코로나를 예상하지 못했다. 그의 여비서가 차와 과자를 식탁 위에 내려놓았다. 나는 가끔 차를 한 모금씩 마셨고, 콤머 박사는 화이트보드 앞에 서서 숫자들을 기록했다. 그러는 사이에도 나는 과자를 먹지 않으려고 노력했다. 체중감량을 하고 있는 나로서는 과자보다는 사과를 한 조각 먹는 게 더 나으니 말이다.

게르트 콤머는 대화를 나누는 동안 마치 잘 튀어 오르는 고무공처럼 자리에서 일어나고는 했다. 입구 옆의 구석에 세워 둔 차트 쪽으로 가든가, 그렇지 않으면 창문 옆에 놓아둔 화이트보드

쪽으로 갔다. 그는 낙관주의자들이 승리한다는 자신의 이론을 입증하기 위한 숫자들이 필요했기 때문이다.

"비관주의자들은 언론의 헤드라인을 차지합니다. 매주 말이지요. 낙관주의자들은 수익을 내지요." 게르트 콤머는 그렇게 말하며 자리에 다시 앉았다. 낙관주의자들은 매수와 매도를 자주 하거나 투기적인 의도로 수익을 얻는 게 아니라, 오히려 매수하여 지니고 있으면서 목적을 달성한다.

분명 게르트 콤머는 이와 같은 숫자들을 고객들에게 보여주었을 것이다. 내가 남녀를 소개하는 일을 하면서 파트너 관계를 유지할 수 있는 기본적인 요소를 내 차트에 지속적으로 그려넣듯이 말이다. 고객들은 사실을 듣기만 하는데 그치지 않고, 눈으로 봐야 한다. 이렇게 해야 그들은 사실에 눈을 감지 않기 때문이다. 남녀가 만나 행복하고 안정적인 관계를 유지하기 위해서는 매일 다섯 번 좋은 경험과 나쁜 경험을 해야만 한다. 이렇듯 좋은 관계는 플립차트에 그려넣고는 한다. 나에게 플립 차트는 남녀 문제를 상담할 때 가장 중요한 도구가 된다. 이것을 이용하면 남녀 모두가 눈을 뜨게 되니까 말이다.

"너무 적은"

게르트 콤머 역시, 사람들이 사실 앞에서 눈을 감는 것을 원치 않았다. 투자를 위한 사실은 다음과 같다.

- 5.2 퍼센트　　주식
- 2.5 퍼센트　　부동산
- 2.0 퍼센트　　채권
- 0.8 퍼센트　　저축통장
- 0.6 퍼센트　　금

이것은 쉽게 알아볼 수 있다. 게르트 콤머도 이 숫자를 런던에서 일하는 세 명의 재정학 교수가 쓴 아주 영향력 있는 책에서 인용했다. 제목은 《낙관주의자들의 승리Triumph of the Optimist》이다. 이 숫자를 항상 볼 수 있다면 아주 깊은 인상을 심어줄 수 있다. 게르트 콤머를 찾아오는 고객들이 그러하듯 말이다. 그들은 평균 250만 유로의 재산을 가지고 있고, 이 가운데 매우 적은 금액만이 자본 시장에 있다. 얼마나 적을까?

게르트 콤머는 이 질문에 약간 엄격한 표정을 짓더니 대답했다. "너무 적지요." 그를 찾는 전형적인 고객들은 자산의 약 절반을 같은 나라에 두고 있고, 지역도 같다. "그야말로 어마어마한 리스크지요." 게르트 콤머는 그렇게 말했다. 나머지로 대략 20퍼센트는 회사에 넣어두는데, 대부분 한 회사이며, 나머지 20퍼센트는 현금(너무 많은)으로 은행에 둔다는 것이다. 그리고 나머지 10퍼센트는 금과 주식(너무 적은)에 분산해서 넣는다고 했다.

자산분산에서 부동산이 가장 지배적이다

자신의 자산을 분산하는 사람은, 낙관주의자들이 거두는 승리와는 영영 멀어진다. 가장 많은 수익을 올리는 투자형태인 주식 투자가 다양한 투자로 자산이 분산됨으로써 가장 적은 할당을 차지하게 된다. 게르트 콤머에게 이것은 탐탁하지 않게 여겨졌다. 게다가 그는 자신을 찾는 많은 고객들과는 달리 부동산의 리스크가 작다고 절대 생각하지 않았다. 그에게 부동산 투자는 주식과 마찬가지로 상당히 높은 리스크가 있는 투자로 간주되었다. 한 도시가 가지고 있는 경제적인 전망은 나빠질 수 있고, 그러면 부동산 가격은 영향을 받게 된다. 어떤 주에 있는 부동산의 가격은 장기적으로 내려갈 수 있는데, 1990년 이후의 일본을 보면 그렇다. 그리고 시장과 전혀 무관한 개별적인 리스크도 있다.

오르는 부동산 가격을 바라보는 사람은 지난 10여 년 동안 뮌헨, 슈튜트가르트, 베를린과 같은 도시들에 주로 시선을 집중한다. 하지만 보쿰Bochum이나 로스토크Rostock와 같은 도시에는 관심을 갖지 않는다. 이런 곳의 부동산 가격은 지난 30여 년 동안 떨어지거나 정체되어 있다(인플레이션을 고려하면). 베를린도 2011년부터 확실하게 올라가기 전만 하더라도 20년도 넘게 부동산 가격이 떨어졌던 곳이다.

임대하는 부동산들은 더 많은 리스크에 노출됨으로 부동산을 구매하는 사람들의 관심으로부터 점차 멀어지게 된다. 보일러가

고장 날 수도 있고 지붕에서 물이 샐 수도 있는 것이다. 세입자가 월세를 내지 않을 수도 있다. 월세를 내지 않고 도망가는 세입자들이 집을 그야말로 쓰레기장으로 만들어놓을 수도 있다. 또한 국가가 임대차 입법을 통해서 월세 상향액수와 같은 기준을 규제할 수도 있다. 이처럼 부동산은 기꺼이 사라졌으면 좋을 너무 많은 리스크와 연계되어 있다.

그렇다면 부동산으로부터 얻는 수익은? 장기적으로 봤을 때 주식으로부터 얻는 수익의 절반 정도 된다. 이런 수익은 많지 않으며 게다가 대부분의 사람들이 생각하는 것보다 두드러지게 적다.

주택담보대출로 인해 생기는 리스크에 대해서는 아직 언급도 하지 않았다. 2008/09년의 금융위기 때 독일에서는 주택소유자들은 가격이 하락한 시장에 자신들의 부동산을 내놓을 수밖에 없었다. 왜냐하면 은행에서 신용대출을 더 이상 해주지 않았기 때문이다. 또는 계약연장을 해주지 않았기 때문이다. 위기에는 리스크를 감당할 수 있거나 구매를 원하는 다른 사람을 발견할 수 없었다. 위기에는 현금이 최고다. 그리고 끝내주는 엘베강 전망을 자랑하는 집을 한 채 구매했던 사람은, 2002년 홍수 피해를 입고 곡소리를 내야만 했다. 많은 경우에 그와 같은 홍수 피해로 인해 투자한 돈은 모두 잃어버리게 되는데, 구동독에서 구입한 부동산의 경우도 비슷하다.

걱정의 벽 Wall of Worries

언론은 부동산을 구매하는 사람들이 구매행위로 어떤 끔찍한 위험을 안게 될지에 대하여 얼마나 자주 기사를 올리는 것일까? 드문 경우이거나 절대 그런 기사를 읽지 못한다. 베를리너 차이 퉁Berliner Zeitung 같은 일간신문에는 주말마다 아름다운 부동산에 관한 쾌적한 소식들이 담겨있는 다채로운 부록들이 동봉되어 있다. 부동산으로 인해 생길 수 있는 위험에 대해서는 한 마디도 찾아볼 수 없다.

그렇지만 주식은 전혀 다르다. 손실이 생길지도 모른다는 두려움은 언제 어디에서도 찾아볼 수 있으니 말이다. 크날 박사의 세계멸망 시나리오와 같은 종말 예언들만 투자자들을 불안에 떨게 하는 게 아니다. 주식시장의 소식을 전해주는 매체뿐 아니라 대중적인 언론매체에서 보도하는 소식은 거의 매일 하락하는 주가에 대한 두려움을 마구 쏟아내고 있다.

두려움에 드는 보상금은 어느 정도인가?

투자자들이 게르트 콤머가 아니라 크날 박사의 말에 귀를 기울인다면, 결과가 어떠할지 우리는 매우 자세하게 살펴보기로 하자. 30년이란 긴 세월이다. 투자한 1만 유로(예전에는 마르크였다.)는 이 시기 동안 어떻게 되었을까? 나는 독일주식지수 DAX로 독자들을 성가시게 하지 않겠다. 크날 박사는 이미 1년 전에 독일주식시장의 붕괴를 예언했을 뿐더러, 이 책이 나올 때쯤이면 그가 예언했듯 도이치뱅크가 파산해야만 한다. 하지만 그 사이 크날 박사는 분명 그럴듯한 변명거리를 발견했을 것이다. 의심스러운 경우 그는 도이치뱅크는 거의 파산할 뻔 했으나 마지막 순간에 사악한 권모술수(정부, 그리고 중앙은행)를 통해서 유감스럽게도 방지할 수 있었다고 주장할 것이다. 정부나 중앙은행이 하는 일이란, 결국 금융시장이 마찰 없이 잘 작동되게 하는 데 있다. 이런 과제를 위해 그들이 존재한다. 어쩌면 크날 박사는 아직도 그와 같은 사실을 파악하지 못하고 있을 수 있다.

붕괴-예언자들은 있지도 않은 세계멸망의 원인들을 매우 잘 찾아내고는 한다. 이 점에 있어서 그들은 세계멸망을 주장하는 몇몇 종교적인 교파들과 비슷하다.

수익은 어느 정도?

독일주식지수는 내버려두고, 대신에 세계주식시장과 MSCI World는 지난 30년 동안 어느 정도의 수익을 냈을까?

당신도 어떤 대답을 할지 잠시 생각해보라. 20세기가 21세기로 바뀌면서 등장한 붕괴론, 2008/09년 금융위기가 발생했던 이 시기에 세계주식시장에서 투자자들은 어떠했는가? 수익률이 2퍼센트, 아니면 4퍼센트나 8퍼센트였을까?

자, 이제 계산을 해보자. 다행스럽게도 이것은 간단하게 얻어낼 수 있다. 인터넷에 소위 말하는 수익 삼각형이라는 게 있다. 여기에서 시작 년도와 목표로 하는 연도를 기입하면 매년 얻을 수 있는 수익이 나타난다. 잠시만! 나도 만일 1989년 내 돈을 MSCI World에 투자를 하고 30년 뒤인 2019년 1월 1일에 매도를 했다고 가정했을 때, 어떤 결과가 나오는지 보기로 하자.

내가 검색한 결과는 6.1퍼센트이다. 이 시기에 심각한 붕괴가 일어났다는 사실을 고려하면 결과는 그리 나쁘지는 않다. 게다가 1989년 초는 단일투자를 시작하는 시기로는 좋지 않았다. 그리고 2019년 초도 자신의 돈을 시장에서 빼내는 시기로는 좋지 않았다.

그러나 뭐 어쩌겠는가. 그냥 6.1퍼센트로 계산해보자. 6.1퍼센트 수익으로 30년 후를 계산해야 하는데, 이 시기에 붕괴론을 주장하는 크날 박사는 매년 경고를 했다. 이 기간 동안 1만 유로는 얼마로 불어나 있을까? 간단하다. 계산기에 1만이라는 숫자를 넣어 1.061로 곱한다. 30배.

결과는 59,082 유로이다. 여기에서 초기 투자자금 1만 유로를 빼면 우리가 이 시기의 많은 위기와 조정을 견디면서 얻은 수익이 나온다. 우리는 2000년 모든 주식을 팔지는 않았는데, 이제 하락장임을 알고 있었기 때문이다. 그리고 2002년 저점에서 다시 상승할 것이라는 사실을 알 만큼 똑똑하지도 않았다. 우리는 그냥 돈을 시장에 넣고 내버려두었다. 그리고 기다렸다. 결과는

4만 9천 유로의 수익. 나쁘지 않다. 이 모든 것은 우리가 크날 박사의 붕괴론에 귀를 기울이지 않았기 때문에 가능한 일이다. 붕괴 예언을 듣는 것은 많은 사람들이 여가 시간에 즐기는 일이지만, 이로 인해 치러야 하는 대가는 매우 비싸다.

아직 9개월 더 인내하기

이성적인 사람이라면 2019년 1월에 MSCI World에 넣은 돈을 빼지는 않을 것이다. 조정이 끝난 뒤에 팔지, 한창 조정 중에 팔지는 않을 것이다. 따라서 이 기간 동안 올린 24퍼센트의 수익도 더해야 한다. 이를 통해 수익은 다시 한 번 더 올라간다. 이제 우리는 63,000유로의 수익을 올렸다. 우리가 낙관주의자였던 덕분에 말이다.

낙관주의자가 될 가치가 있는 것이다. 낙관주의자들은 주식시장에서 돈을 번다. 두려움에 대한 보상으로 말이다. 이것은 지난 30년 동안에만 그런 게 아니었고, 앞으로 보게 되겠지만 재난이 많이 일어났던 20세기 전반에도 마찬가지였다.

낙관주의자들의 승리

20세기는 낙관주의자들에게 힘든 시기였다. 초반에 러시아와 일본이 전쟁을 치렀고, 이 전쟁의 그늘은 유럽에까지 드리웠다.

왜냐하면 러일 전쟁은 독일 제국에게 러시아는 쉽게 이길 수 있는 적이라는 사실을 보여주었기 때문이다. 이는 유럽에서 평화가 유지되는데 방해가 되었다. 그리하여 거대한 전쟁이 두 번 발생했고, 이로 말미암아 8천 5백만 가량이 사망했다. 그리고 독일은 두 번 패배를 했다. 독일 엘리트들의 소망은 전쟁이 끝난 뒤 두 번이나 국가 파산을 몰고 왔다. 전쟁을 치른 비용은 비쌌다. 패한 전쟁은 두말 할 필요도 없다.

미국인들의 입장에서 보면 이 모든 것은 당연히 달라 보였다. 그들의 입장은 낙관주의에 더 많은 힘을 실어주었다. 미국인들도 이 전쟁들로 말미암아 많은 비용을 치러야만 했다. 물론 승리를 거두었던 두 번의 전쟁이었고, 전쟁이 끝나자 미국은 이전에 비해서 더 막강해졌다. 게다가 미국인 군인들은 유럽에서(아시아에서) 싸웠으니, 미국 땅은 전쟁으로부터 훼손당하지 않았다. 국가 파산 대신에 미국인들은 경제적 부흥과 정치적 안정을 얻게 되었다.

경제적으로 막강해졌고, 기술적으로도 더 강해졌고, 정치적으로 더욱 더 강력해졌다. 미국이 지난 120년 동안 낙관주의로 충만해 있었던 게 결코 놀랄 일이 아니다. 이와 반대로 독일은 정치 체계의 안정과 엘리트들의 현명함으로 인해 여전히 자신의 상처를 핥고 있었다. 국가 또는 은행을 믿고 맡겼던 돈을 두 번이나 잃어버렸다. 중산층들 말이다. 한 번은 1922/23년에 일어났던 초대형 인플레이션 때문이었다. 두 번째는 제국 마르크에서 독일 마르크로 교체했을 때였다. 그렇듯 독일 투자자들은 오늘날에도 여전히 미국인들보다 돈을 잃어버릴까봐 더 두려워한다.

낙관주의자들의 승리는 미국에서는 이미 오래 전에 증명되었다. 이는 영국 출신의 학자이자 저자인 엘로이 딤슨Elroy Dimson, 폴 마쉬Paul Marsh와 마이크 스턴튼Mike Staunton의 공로였다. 이들은 전 세계의 주식시장에서도 낙관주의자들이 승리했다는 사실을 증명했다. 20세기 전체와 이어진 20년 동안을 살펴보면, 놀라울 정도로 높은 수익을 올렸는데, 콤머 박사가 고객들에게 자주 보여주는 바로 5.2퍼센트이다. 인플레이션으로 인한 감소를 적용한 결과이다. 대중들이 지극히 두려워함에도 불구하고, 학문의 결과는 지극히 분명하다. 주식은 장기적으로 볼 때 가장 높은 수익을 안겨주었다.

저축계획의 승리

다시 한 번 앞에서 했던 계산으로 돌아가 보자. 1989년에 1만 유로를 딱 한 번 투자하고 30년 후에 어떻게 되는지 계산해보았다. 5만 9천 유로가 되었고 초기 자금을 빼고 나면 순 수익이 4만 9천 유로가 되었다.

내가 제시한 보기가 현실적이라고 보이는가? 나는 그렇지 않다고 본다. 어느 누가 한 번 1만 유로를 투자한 뒤에 절약하고 저축하는 것을 그만 두겠는가? 미래와 자신의 연금을 걱정하는 사람이라면 그 누구도 한 번만 투자하고 그만 두지는 않는다. 대신에 매달 저축을 할 것이다. 또는 매년. 예를 들어 매달 200유로로 적금을 들거나, 최소한의 수익을 돌려주는 연금보험에 넣거나, 또는 역시 큰 수익을 보장하지 않는 생명보험에 넣을 것이다. 만일 이런 것들은 잘못 되면, 15년 또는 20년 후에 수익이 전혀 없을 수도 있다. 또는 이 금액을 은행과 보험의 개입 없이 직접 투자할 수도 있다. MSCI World 관련 ETF에 말이다. 규칙적으로 절약하는 사람은 유리한 시기에 자신의 돈을 시장에 투자할 수 있다. 이로써 그가 얻는 수익은 더 많아진다.

투자할 때 지원하기

게르트 콤머는 고객들과 상담을 진행할 때 주식시장에 투자한 그들의 자산이 늘어날 수 있도록 노력한다. 그게 바로 그가 하는 일이다. 때문에 사람들이 그를 찾는다. 투자자들은 시장에 대한 두려움을 극복하는 것을 도와줄 누군가가 필요하다. 그래서 이들은 게르트 콤머의 사무실을 방문하게 되고, 여비서는 몇 조각 과자와 함께 커피나 차를 내어온다. 그러고 나면 이들은 엘로이 딤슨, 폴 마쉬와 마이크 스턴튼이 밝혀낸 바 있는 결과, 그러니까 다양한 투자를 통해 얻게 되는 수익에 대한 설명을 듣는다. 그들은 게르트 콤머가 한 장씩 넘기며 시각적으로 설명해주는 플립차트나 또는 화이트보드에 기록하는 내용을 주시하는 것이다.

- 5.2 퍼센트   주식
- 2.5 퍼센트   부동산
- 2.0 퍼센트   채권
- 0.8 퍼센트   저축통장
- 0.6 퍼센트   금

지극히 분명하게 볼 수 있듯이 낙관주의자들의 승리는 참으로 놀라운 역사이다. 무엇보다 20세기에 얼마나 막강한 재난들이 일어났는지를 고려해보면 말이다. 하지만 2차에 걸쳐 일어났던 세계대전도, 사람들이 새로운 제품을 발명하고 새로운 서비스를 고안해내는 것을 방해할 수는 없었다. 자신의 돈을 시장에 투자했던 사람들은 이 시기에 많은 수익을 얻었다.

자신의 돈을 주식시장에 투자하라는 말은 간단하게 할 수 있다. 하지만 실제로 하는 것은 상당히 어렵다. 여기에서 우리는 전 세계에서 가장 경험이 풍부한 투자자들 가운데 한 명인 워런 버핏의 충고를 귀담아 들을 필요가 있다. 버핏은 이미 80여 년 동안 주식에 투자를 했고 이런 투자로 어마어마한 부자가 되었다. 버핏은 주식을 구매해서 지니고 있는 것Buy-and-hold이 좋다고 봤으며, 게르트 콤머도 마찬가지이다. 하지만 콤머와 다른 점은 이런 방식으로 주식시장의 수익보다 더 나은 수익을 올릴 수 있다고 확신했다는 점이다.

그가 그토록 성공하고 부자가 될 수 있도록 무엇이 도와주었을까? 지식이다. 주식시장에 대한 지식 말이다. 아는 것이 힘이다. 돈이라는 주제에서도 말이다.

간략한 소개: 게르트 콤머 박사

- 나이: 57세

- 직업: 자산관리인, 금융관련 저자

- 웹사이트: www.gerd-kommer-invest.de

- 저서: 1. 《초보자를 위한 자립적 투자. ETF로 당신은 어떻게 재산을 마련하나.》

  2. 《인덱스 펀드와 ETF들로 자립적으로 투자하기:
     개인투자자들이 금융업계와 맞선 게임에서 어떻게 하면 이길까?》

  3. 《은퇴 전과 은퇴시기에 자립적으로 투자하기:
     ETF들로 당신의 생활수준과 자산목표를 확보하기》

  4. 《사야 하나 아니면 세를 들어 사나?:
     당신은 어떻게 옳은 결정을 내리는가?》

  5. 《직접 사용하는 사람을 위한 부동산 자본마련:
     자신의 집을 구매할 때 돈을 저축하고 실수를 막는 법》

- 책 추천: Jeremy J. Siegel: 오래 간직할 주식들: 올바른 포트폴리오 전략과 지속적인 수익을 위한 기본서(Stocks for the Long Run)

- 인생의 좌우명: "자신의 이성을 이용하는 용기를 가져라"(칸트)와 제발 좀 그렇게 사시구려!

- 투자전략: 인덱스 펀드(ETF들)로 전 세계의 주식에 골고루 투자하고 Buy-and-hold를 기본으로 한다.

반드시 기억하자

첫 번째. 붕괴를 예언하는 일은 하나의 직업이다. 그것도 별이가 되는 직업이다. 컨설팅 계약, 책 출판과 강연을 통해서 붕괴 예언자들은 수백만 유로를 벌기도 한다. 매년.

두 번째. 이 모든 것은 이런 예언자들로 인해 불안에 떨게 되는 투자자들에게 썩 재미있지는 않다. 이들은 자신의 돈을 이자도 없이 정기예금에 넣거나, 스위스 은행의 금고에 두거나 또는 침대 매트 밑에 넣어두게 한다. 이 모든 방법은 위험하며 수익을 올릴 가능성도 전혀 없다.

세 번째. 자신의 돈을 주식시장에 투자하는 사람은 낙관주의의 승리로 인해 수익을 얻을 수 있다. 여기에서 다시 한 번 20세기에 다양한 투자방식으로 얻을 수 있었던 수익을 연구한 엘로이 딤슨, 폴 마쉬와 마이크 스턴튼의 숫자를 보자.

- 5.2 퍼센트   주식
- 2.5 퍼센트   부동산
- 2.0 퍼센트   채권
- 0.8 퍼센트   저축통장
- 0.6 퍼센트   금

이 수치들을 종이에 기록해서 집안에 걸어두라. 그리고 만일 당신이 주식투자를 하고 이와 관련해서 잘 했다는 긍정적인 인정을 받고 싶을 때 읽어보면 된다. 화이트보드나 플립 차트가 있다면 이것을 이용해도 된다. 낙관주의자들이 결국 승리하게 된다는 것을 잘 볼 수 있을 테니까 말이다.

네 번째. 당신은 남녀관계에 있어서도 뭔가 하고 싶은가? 어렵지 않다. 종이 위에 작은 상자를 만들고, 중간에 마이너스를 그려 넣는다. 그리고 이 작은 상자 옆에 이제 동일한 크기의 작은 상자를 그리고 그 안에 플러스를 그려 넣는다. 파트너와 긍정적인 체험을 했을 때와 부정적인 체험을 했을 때를 각각 하나씩 체험했으므로, 이는 불행한 관계이다.

이제 이런 관계가 변할 수 있다. 왜냐하면 긍정적인 상자에는 아직 네 개가 더 있으니까 말이다. 따라서 다섯 개의 상자로 이루어진 플러스 기둥이 만들어진다. 이제 당신이 보게 되는 것은 파트너와의 행복한 관계이다.

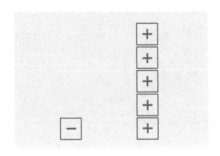

"영원히 간직할 주식"

모니카 간스호른(27세, 대학생, 부퍼탈 출신)

당신은 오랫동안 소위 말하는 레버만 전략Susan Levermann[•]에 따라 돈을 투자했습니다. 결과는 어떠했나요?

내 사촌이 소개를 해줬어요. 그가 나에게 책을 추천했답니다. 나는 그 책을 읽었고, 기업이 어떻게 작동되는지에 대해서 잘 소개되어 있다고 생각했어요.

수잔 레버만이 대중적인 투자자들과 반대로 행동하라고 추천하는 게 제 마음에 들었어요. 어떤 주식의 주가가 3개월 동안 떨어졌다면, 이제 주가의 방향이 바뀔 때가 많다는 것이지요. 그러니까 주가가 다시 올라간 다고 그녀는 말했습니다.

레버만 전략은 개별 주식에 적용하는 방식입니다. 하나의 ETF가 담고 있는 시장의 평균이면 충분할 텐데요. 그게 훨씬 쌀 수도 있고요.

사실 레버만의 전략은 많은 비용이 들었어요. 사람들은 계속해서 팔고 새로운 것을 사야 하니까요. 나는 그런 점이 단점이라고 생각했습니다. 하지만 주식에 대해서 점수를 매긴 목록은 결정할 때 기준이 되어주는 거죠. 사람들이 주식에 투자하기 시작하면 매우 불안해지거든요.

[•] 1975년 생으로 경제학자이자 저자이며, 과거 펀드매니저를 했고, 그녀의 이름을 딴 주식투자 전략을 레버만 전략이라 한다. - 옮긴이 주

2018년과 2019년에 사람들은 레버만 전략에 따라 무엇보다 독일 자동차 산업의 주식을 매수해야만 했습니다. 이렇게 한 사람은 많은 손실을 입었고요.

업계의 문제들을 레버만은 전혀 고려하지 않아요. 2주마다 사람들은 모든 주식을 체크해야만 했기 때문에 아주 많은 비용이 들어요. 나는 이런 점을 나중에야 깨닫게 되었어요.

레버만의 투자 방식을 따라서 투자한 증권계좌 가운데 대략 90퍼센트가 매우 실적이 나빴다는 사실을 나의 경우에도 알게 되었습니다. 그러니까 시장지수보다 한참 뒤떨어졌다고요. 나머지는 잘 되고 있거든요.

저도 곧 눈치 챘어요. 게다가 비용이 너무 많이 들고, 지수를 뒤쫓아 가는 이 모든 것들이 말이죠. 어떤 ETF든 이보다 훨씬 나아요. 레버만 시스템에 따라서 내가 구입했던 모든 주식들은 그렇게 좋지 않았습니다.

목록도 틀릴 수 있지 않습니까. 단순하게 점수를 매기는 시스템으로 가능하다면 세상에 있는 모든 컴퓨터들이 주식을 할 수 있잖아요.

나도 그런 경우를 겪었습니다. 아일랜드의 제약회사 주식을 매수했었어요. 말린크로트Mallinckrodt라는 회사였어요. 레버만 전략은 이 주식을 사야한다고 말했거든요. 그래서 샀어요. 그러자 주식은 지속적으로 떨어지더라고요. 지금 90퍼센트나 폭락했습니다. 시간이 지나면서 워런 버핏의 투자 전략이 더 와 닿아요. 주식을 지속적으로 보유하라는 전략이요.

영원히 보유하는 주식...

네 그렇죠. 버핏은 말하죠. 만일 사람들이 영원히 보유할 게 아니라면, 하나의 주식을 소유하기를 원하는지 10분도 고민해서는 안 된다고요. 그래서 나는 2주마다 구입한 주식들이 레버만의 점수에 따라 올바른 점수인지 아니면 팔아야 할지를 점검하는 게 좋다고 봅니다.

나는 말린크로트 제약회사의 주식을 4천 유로에 매수했는데 다행스럽게도 최고점 바로 전에 매도했어요. 27유로에 나는 빠져나왔고, 30유로로 끝이었죠. 지금은 얼마인지 모르겠는데, 잠시만 살펴보면요...

지금은 3유로네요. 5년 만에 마이너스 96퍼센트나 떨어진 거네요. 세상에. 아주 잠시 동안 올라가고 말 이런 주식을 왜 내가 매수해야 했는지. 이런 경우 손실이 어마어마해요.

내가 왜 연금을 위해 그런 주식을 매수해야 하죠? 믿을 수가 없답니다. 오히려 MSCI World를 담고 있는 ETF가 훨씬 낫죠. 인덱스가 훨씬 똘똘해요.

5장 지식

우리는 주식시장의 역사로부터
무엇을 배울 수 있나

아는 것이 힘이다. 이것은 주식시장에도 해당된다. 대부분의 사람들은 자신의 돈을 감정적으로 투자한다. 감정에 좌우되어 주식에 투자하는 것은 유감스럽지만 문제를 일으키며, 감정이란 빠르게 바뀔 수 있다. 주식시장에서는 앞으로 잘 될 것 같은 분위기가 팽배할 때가 있는가 하면, 또 어떤 때는 비관주의로 가득할 때도 있다. 그렇듯 투자자들은 주식이 비싸고 시장이 낙관주의로 충만해 있을 시점에 매수를 한다(buy high). 그리고 주식이 떨어질 때 좌절하여 매도하고는 한다(sell low). 만일 우리가 주식시장과 그것의 역사에 대한 정보를 알게 되면, 그와 같은 오류를 막을 수 있다. 우리는 이제 다들 알고 있는 주식의 전문가로부터 몇 가지 중요한 충고를 들어보기로 하자. 바로 워런 버핏으로부터.

그때는 1999년 여름, 아주 따뜻한 날이었다. 워런 버핏은 연단으로 들어섰고 청중들을 바라보았다. 그의 앞에는 미국에서 가장 영향력 있으며 경제를 이끌어가는 열 두어 명이 앉아 있었다. 이들 가운데 많은 사람들은 버핏과 그의 가족처럼 개인 비행기를 타고 선 밸리Sun Valley에 도착했다.

워런 버핏은 세계에서 가장 부유한 투자자들 가운데 한 사람이다. 만일 버핏이 경제에 대해 이야기를 하면, 많은 사람들이 그의 말에 귀를 기울인다. 버핏은 이 6월의 날에 자신의 삶에서 가장 중요한 연설 중 하나를 했다. 그는 이 날 항상 하지 않던 것을 했다. 즉, 주식시장을 예언했던 것이다. 그의 눈에 주식시장은 과도하게 높게 평가되어 있어 보였다.

하지만 투자자들은 다르게 보았다. 그들은 스타트업들, 예를 들어 boo.com, flooz.com 또는 Pets.com과 같은 기업의 주식들에 완전히 반해 있었다. 이런 기업들 대부분은 몇 년 후면 더 이상 존재하지 않을 텐데 말이다. 버핏은 이 점을 예감하고 있었다. 하지만 영향력 있는 사람들에게 그들이 돈을 창밖으로 내던지고 있다는 말을 어떻게 할 수 있었겠는가? 어떻게 유창한 IT-사업가들에게, 그들의 사업 모델은 어떤 실체도 가지고 있지 않다고 말할 수 있었겠는가? 어떻게 그들에게, 지난 시절 기술적 혁신을 경험한 사람의 눈으로 보면 그들의 기업은 얼마 지나지 않아 거의 확실하게 세상에서 사라지게 될 것이라고 말할 수 있었겠는가?

광기 - 과대 - 버블

이날 태양은 빛났고, 선 밸리는 그런 이름으로 불려도 합당할 정도였다. 아이다호 산에서 개최되었던 독특한 모임에 참여하려면, 개인적으로 초대를 받아야만 했다. 그러니까 개최자인 허브트 앨런Herbt Allen은 금융컨설팅 회사를 운영하고 있었는데, 그로부터 초대를 받아야 했다. 버핏은 자주 이곳에 왔으며, 참석자들과 토론을 했고 선 밸리의 쾌적한 환경을 매우 좋아했다.

하지만 이번은 달랐다. 버핏은 분명하게 말해야만 했다. 청중들의 의견과 정면으로 부딪혀야 했다. 밖에 있는 수백만 명의 투자자들은, 주가는 끝없이 매년 15퍼센트라는 속도로 상승할 것이라고 믿고 있었다. 그리고 더 많이 상승할 것이라고. 그들은 주식시장이 몇 년 전부터 단 하나의 방향으로 가고 있기 때문에 그렇게 믿었던 것이다. 닷컴-버블은 월스트리트를 장악하고 있었다. 많은 사람들은 인터넷과 다가올 인터넷 경제의 미래가 이미 지금 확산되었다고 확신하고 있었다. 그래서 지금 관련 주식을 구입하는 사람은 수익에 참여할 수 있다고 믿었다.

인터넷은 우리가 알고 있듯이 세상을 완전히 바꿀 것이다. 어떤 것도 과거처럼 머물지 않을 것이다. 이것은 이 시대의 신조였다. 오늘날의 시각에서 보면 이런 말들은 맞는 말이다. 하지만 1999년 투자자들은 예감하지 못했다. 즉, 인터넷 경제는 그들이 상상했던 것보다 더 많이 다가오는 시대를 바꾸게 된다는 사실 말이다. 인터넷 경제를 실행할 수 있는 기술들은 물론 아직 발명되지 않았다. 당시에는 그 누구도 모바일 인터넷이라는 믿을 수 없는 기술을 예감하지 못했다. 스마트폰을 고려한 사람은 아무도 없으며, 핸드폰과 개인 컴퓨터가 그 시대의 정신을 지배하고 있었다. 스마트폰이 화면에 등장하고 마이크로소프 회장이었던 스티브 발머Steve Ballmer가 스마트폰에 대해 공공연하게 비웃는 말을 할 때까지 거의 10년이 흘러야만 했다. 발머는 이렇게 말했던 것이다. "오직 소수만이 구입할 것입니다. 키보드도 없잖아요!"

현재 국제적인 언론환경을 근본적으로 바꿔버린 영화의 스트리밍streaming*은 기술적으로 오랫동안 가능하지 않았다.

인터넷과 모바일 인터넷 분야에서 위대한 승자들 전체는, 그러니까 구글, 페이스북, 넷플릭스와 애플은 이 시기에 존재하지도 않았다. 애플은 1999년 아주 소규모 컴퓨터 회사였으며, 당시에는 파산 직전이었고 인터넷 사업과는 거의 아무런 상관도 없었다. 아이팟(iPod 2001년), 음악 숍인 아이튠즈(iTunes 2001년), 그리고 아이폰(iPhone, 2007년)으로 마침내 새로운 시대가 열렸던 것이다.

● 음성이나 동영상을 실시간으로 재생하는 기술

미래의 할당

오늘날의 시각에서는 분명하다. 즉, 2010년부터 2020년까지 믿을 수 없는 수익을 올린 인터넷 경제가 만들어졌다고 말이다. 페이스북과 알파벳(구글)와 같은 기업이 1분기 당 200조에서 400조 달러의 매출을 올릴 수 있는 세계 말이다. 이런 기업들 가운데 많은 기업은 100경 클럽으로 부상하게 되었는데, 기업의 가치가 미국의 100경(유럽: 1조)이라는 수치 이상으로 증폭하기 때문이다.

하지만 1999년의 투자자들은 이런 사실을 전혀 예감하지 못했다. 그들은 미래의 할당은 이미 시작되고 있다고 확신했던 것이다. 그들은 케이크 한 조각에 참여하기 위해서 매우 많은 돈을 지불할 준비가 되어 있었다. 이렇게 하면 반드시 부자가 된다고 생각했다.

CEO들과 워런 버핏 앞에 앉아있던 투자자들은 IT기업들의 주가가 올라간다는 사실 외에는 아무 것도 알지 못했다. 그들은 앞으로 1년 정도 그와 같은 주가를 보고 기뻐할 수 있을 것이다. 거품이 터지는 날까지 말이다. 버핏 앞에서 청중으로 앉아있었던 대부분의 기업가들은 머지않아 더 이상 회사의 사장으로 미물 수 없게 될 것이다. 많은 기업들은 파산 과정을 밟게 될 것이고, 몇몇은 탄탄한 다른 기업에 팔리게 될 운명이었다. 단지 몇개의 기업들만이 앞으로 닥치게 될 붕괴에도 살아남게 되었다. 아마존이나 시스코 같은 기업들만.

주식시장의 역사로부터 배우기

미국의 주식시장은 세계에서 가장 훌륭한 시장들 가운데 하나이다. 미국 주식시장은 장기적으로 매년 대략 7퍼센트의 성장을 보여주고 있다. 게다가 기업에서 배당도 한다. 앞으로도 이런 수익을 기대하는 것은 현실적으로 가능하지만, 확실하다고 보장할 수는 없다. 바로 이러한 점을 워런 버핏이 청중들에게 설명하고자 했다. 닷컴-버블의 한 가운데서 말이다.

"요즘 투자자들은 주식시장으로부터 너무나 많은 것을 기대하고 있습니다." 워런 버핏은 이렇게 강연을 시작했다. "나는 오늘, 여러분들의 기대가 현실적으로 이루어지지 않을 것이라는 사실을 설명하고자 합니다. 따라서 나는 시장 전체에 대해서 말하게 되겠지요. 정말 내가 하고 싶지 않은 말들입니다." 버핏은 여기에서 잠시 말을 멈추었고 청중을 바라보았다. 버핏은 오랫동안 이 순간을 준비해왔다. 어쩌면 투자자들은 사업모델이라는 실체가 없는 회사의 주식을 대량으로 구입하고도 수익을 전혀 얻지 못할 수도 있었던 것이다. 그는 이렇게 내버려둘 수 없었다. 그래서 경고를 하고 싶었다.

"한 가지는 분명하게 해야겠습니다. 비록 내가 주식의 가치에 대해서 말하게 되더라도, 앞으로 시장이 어떻게 될지에 대해서 예언하지는 않겠습니다." 버핏은 계속했다. 그는 시장이 무한정으로 과대평가된 점을 지적했고, 앞으로 이와 같은 과대평가는 무너지게 될 것이라고 예측했다. 행복한 단계가 지나면 시장은 항상 그렇게 되었으니까 말이다. 버핏은 붕괴를 결코 예언하지 않았다. 그리고 언제 시장이 과대평가된 주식을 조정하게 될 지에 대해서도 말하지 않았다.

버핏은 파티가 왜 곧 끝날 것인지 청중들에게 설명할 생각이었다. 왜 수조 달러에 달하는 투자 자금이 위험하게 되며, 휴지조각이 될지도 말이다. 버핏은 부화뇌동하지 않았다. 때문에 선 밸리에서 했던 그의 강연은 바로 리얼리즘이 빛나던 시간이었다. 주식시장에서 일어나고 있던 현실에 대해서 얘기했던 순간이었다. 그리고 역사책에 기록될 순간이기도 했다.

버블은 주식시장의 속성이다

버핏은 밖에서 지금 진행되고 있는 것은 버블이라는 점을 알고 있었다. 1636년과 1637년에 네덜란드에서 일어났던 튤립광기와 같은 광기임을. 5,000굴덴에 판매되었던 튤립뿌리 하나는 부유한 상인이 1년에 벌어들이는 수입 그 이상이었다.

1820년대 플로리다 부동산에서 일어났던 광기이기도 했는데, 마이애미의 부동산 가격이 뉴욕 5번가의 부동산 가격보다 더 높았다. 방금 1,200달러였던 땅이 몇 달이 지나면 5,000달러가 되었고, 이후에 1만 달러가 되고, 17,500 달러가 되었다가 마침내

3만 5천 달러에 팔렸던 것이다. 마침내 부동산 시장이 붕괴할 때까지.

버핏은 주식시장의 역사를 매우 잘 알고 있었다. 그는 믿을 수 없을 정도인 주가를 잘 알고 있었다. 하락하든 상승하든 말이다. 주식시장이 생겨난 이후부터 광기는 계속되고 있었다. 투자자들은 항상 그와 같은 비이성적인 과도함과 과장에 합류하는 경향이 있다. 그들은 진지한 계산을 하지 않는다. 그들은 기업이 올리는 수익을 주시하지도 않는다. 그들은 오히려 다른 투자자들의 낙관적인 심리에 전염되는 것을 더 좋아한다. 무리가 하는 행동을 따라 하는, 이른 바 집단행동herd behavior이다. 이들은 늘 올라가는 주가만 바라보며 이런 순간을 함께 하고자 한다. 좋은 기회를 놓치고 싶지 않은 마음Fear of missing out(FOMO)이다.

한때 네덜란드인이 그 유명한 튤립광기에 사로잡혀 있거나 영국인들이 1720년에 남해 포말 사건*을 겪었던 것처럼, 버핏의 동시대인들은 1999년 6월에 그런 광기를 경험하고 있었던 것이다. 바로 닷컴 버블이었다. 주식 한 종류가 한 달에 20퍼센트 급등? 전체 주식시장이 1년에 15퍼센트 급등? 워런 버핏은 이런 현상이 정상이라고 믿지 않았다. 게다가 그 역시 투자자이므로 유리

● south-sea-bubble; 1711년 영국에서 south sea company가 설립되었는데, 이 회사의 주가가 하락하자 1720년 파산자들이 많이 나왔다. - 옮긴이 주

한 가격의 주식들을 매수했다. 그는 코카콜라의 주가수익률(PER, Price Earnings Ration)이 13이 되기 몇 년 전에 사 모았다. 매수할 타이밍이었다. 그래서 매수했다. 이제 코카콜라의 PER은 30이 되었고, S&P500의 전체 시장과 같다. 이는 너무 높다. 보유하기에 말이다.

주식시장에서 무엇이 실리주의일까?

그렇다. 주식시장은 장기적으로 보면 상승한다. 이런 사실을 버핏 만큼 확고하게 믿는 사람은 없을 것이다. 그는 이와 같은 사실을 기반으로 지금껏 자신의 삶을 구축해왔다. 미국 주식시장은 200년 전부터 점점 비슷한 속도로 성장하고 있다. 지난 100년 동안의 S&P500는 이와 같은 경향을 인상적으로 보여주고 있다. 2020년 1월에 지수는 3,336을 보여주고 있다. 만일 당신이 이 책을 읽을 때 어떤 시점에 있을까? 그걸 누가 알겠는가!

과도하게 하락할 때도 있고, 주가가 너무 빨리 올라갈 때도 있다. 과도하게 하향곡선을 그릴 때도 있다. 마치 미국 경제가 다시는 일어설 수 없을 것처럼 끊임없이 하락하는 것이다. 버핏은 이 두 가지를 이미 경험했다. 60년대 말 지극히 낙관적이었던 분위기와 70년대 후반과 80년대 초반의 비관주의를 말이다.

이와 같은 시장의 움직임에서 눈에 띄는 점은, 그는 항상 잘못 행동하는 투자자들을 붙잡았다는 것이다. 투자자들이 주식의 종말을 기대하면, 그러니까 뉴스위크 지가 자본의 죽음이라는 제목의 주요 기사를 보도했을 때, 전혀 반대되는 일이 일어났다. 주식시장이 죽을 것이라고 알리자마자, 시장 참여자들의 배후에서 가장 끔찍한 일이 일어났다. 이후 주가는 거의 20년 동안 올랐다. 반대로 말해도 마찬가지이다. 즉, 시장의 기대가 낙관적이면 낙관적일수록, 오히려 오랫동안 주가는 하향곡선을 그리고는 한다. 1929년이 바로 그러했다. 60년대 말과 70년대 초도 그랬다. 그리고 90년대 말에도 다시 그런 현상이 일어났다.

투자자들은 오로지 나쁜 기억만 하는 것처럼 보인다. 그런데 그들에게는 지난 5년에서 10년이 가장 생생하다. 만일 이 기간 동안 좋았다면, 투자자들은 주가가 강력하게 올라갈 것이라고 기대한다. 만일 이 기간 동안 나빴다면, 투자자들은 미래에도 그럴 것이라 기대한다. 많은 것들이 그들의 기대와 같기를 원한다. 과도하게 낙관적인 것은 과도하게 비관적인 것과 마찬가지로 잘못 된 것이다. 지수는 이 둘을 조정한다. 때문에 버핏은 시장에 비관주의가 팽배할 때 매수하는 것을 좋아한다. 그때 주식의 가격이 싸니까 말이다.

낙관적인 분위기와 그 결과

1960년대에 팽배했던 낙관적인 분위기에 대해서 들어본 적이 있는가? 그 어떤 투자자들도 이 때를 기억하는 사람은 없을지 모른다. 소위 말해 호경기 시절go-go years이었고, 이 시기에는 폴라로이드, 텔렉스Telex, 컨트롤 데이터Control Data*와 텔레다인Tele-dyne**과 같은 회사들은 믿을 수 없을 정도로 가치가 있는 기업으로 간주되었다. 시장이 곧 이를 조정하기 시작했다. 그리하여 이 시기의 낙관적인 분위기는 비교적 새로운 주식시장 역사에 있어서 가장 끔찍한 주식시장의 붕괴로 끝이 났다.

1990년대 말의 낙관적인 분위기는 60년대보다 더 막강했고 인터넷 회사들을 포함해서 훨씬 많은 업종에까지 만연해 있었다. 많은 투자자들은 매일 몇 시간동안 자신들의 증권 계좌를 들여다보았다. 이들은 계속 치솟는 주가를 보고 기뻐했다. 이와 함께 자신들의 부도 늘어난다고 느꼈다.

● 1957년에 미국에서 설립된 회사로, 60년대와 70년대까지 가장 빠른 컴퓨터를 생산했다. - 옮긴이 주
●● 1960년에 설립된 기술회사로, 1996-1999년에 이르러 알레게니Allegheny 테크놀로지로 합병되었다.

새로운 시대, 이것은 손실을 불러온다

이런 새로운 세상에서 그 누구도 진지하게 일하러 갈 필요가 없다고 생각했다. 워런 버핏은 선 밸리에서 강연을 할 때 그와 같은 환상을 깨고자 노력했다. 당시 지나치게 높게 올라갔던 주가를 경고를 했던 버핏은 이어서 두 번째로 중요한 경고를 했다. 이것은 수십 년의 주식시장 역사를 통해 얻게 된 지식이 바탕이 되어 있었다. 아는 것이 힘이다.

새로운 기술의 승자들이 아직 확실하지 않을 때, 투자자들은 새롭게 막 부상하는 기업의 주식을 매수하는 경향이 있다. 이를 증명하기 위해서 버핏은 인상적인 목차를 제시했다. 그는 이 목차를 높이 들어 청중에게 보여주었다. 이것은 지난 120년 동안 미국에서 자동차를 생산했던 기업들의 목록이었다. 대략 2천 개의 기업이 목록에 나열되어 있었다. 미국에서 19세기 말과 20세기 초의 가장 중요한 발명품으로부터 이득을 취하고자 했던 기업의 이름들이 빼곡하게 기록되어 있었다. 오늘날 우리들은 겨우 제너럴 모터스, 포드와 크라이슬러 정도만 알고 있다. 최근에는 테슬라도 알게 되었지만. 그러나 자동차 산업의 초기에는 자동차를 생산하는 회사들이 지극히 많았다. 50년 후에 이렇듯 수많은 자동차 생산회사들 가운데 대부분은 역사의 뒤안길로 사라지고 말았다. 매각, 합병, 파산 등으로 사라져버린 것이다.

자동차가 만들어지던 시기 이후 미국에서 결국 살아남은 기업은 세 군데였다. 2천 개 가운데 딱 세 군데. 여기에서 하이라이트는, 이 자동차 기업 세 곳도 투자자들이 투자하기에 적합하지는 않았다는 사실이다. 나중에 등장한 발명품들도 다르지 않았다. 비행기, 전화, 라디오나 컴퓨터의 경우에도 늘 결과는 동일했다. 오로지 소수의 승자만 있을 뿐이었다. 이와 반대로 패자들은 어마어마하게 많았다. 부푼 희망을 안고 "새로운 시대"라는 낙관적인 분위기 속에서 부상하는 기업들의 주식을 구입한 투자자들은 자신들의 돈을 통째로 잃어버렸다. 다만 우연히 소수의 승자들에게 투자한 사람만이 행복한 무리 속에 들어갔다. 이런 사람의 돈은 늘어나 있었으니까.

잡지, 신문은 주식시장 관련 미디어처럼 새로운 시대가 도래 했다고 떠들어대지만, 이 새로운 시대는 투자자들의 증권계좌에는 파괴적인 효과를 준다. 투자자들은 너무 일찍 이런 분야에 투자를 하는 것이다. 왜냐하면 이들은 언론의 약속을 믿기 때문이다. 계속해서 투자자들은 그처럼 과도한 광기에 돈을 넣고는 한다.

광기에도 흔들리지 않고 머물러 있기 Stay clear of the hype

이성적인 투자자였던 버핏의 눈에 기술적인 새로움은 그렇게 보였던 것이다. 그의 눈에 신기술은 좋은 사업으로 보이지 않았다. 매우 형편없는 사업으로 보였다. 버핏은 2천 개의 자동차 생산 회사의 이름이 적힌 목록을 높이 들어 보여주었다. 관중들은 투자의 대가인 버핏이 새로운 인터넷 경제를 이끌어갈 대표 회사들을 파산할 대상이자 의미 없는 회사라고 말하자 도저히 믿을 수 없었다. 이런 생각은 자신들에게 정말 터무니없게 들렸던 것이다. 하지만 버핏이 옳았다. 인터넷 시대의 개척자들 가운데 그 누구도 오늘날 사업을 계속하는 곳은 없으니 말이다. 위대한 승자들은 인터넷에서 소수의 기업들 밖에 없다. 애플, 알파벳(구글), 시스코, 페이스북, 아마존과 마이크로소프트. 역사는 이 지점에서 반복된다. 패배자들은 엄청나게 많고, 소수만이 승자들이다.

강연이 끝났을 때 버핏은 선 밸리의 여름을 보려고 밖을 내다봤다. 그의 청중들은 조용했고, 아무래도 충격을 받은 것 같았다. 주식시장이 과대평과 되었으며 이를 보여주는 현상까지 목격하자 많은 사람들은 충격을 받았다. 버핏은 군중심리에 따라가는 사람은 아니었다. 그는 항상 독자적으로 생각하는 사람이었고, 시대의 강물을 거슬러 올라가는 사람이었다. 하지만 당시에 그가 거슬렀던 강물은 너무나 막강했다. 과거에 경험해보지 않았던 그런 강물이었던 것이다. 그가 주식에 투자한지 50년이 넘었음에도 불구하고 말이다.

버핏의 강연은 그를 유명하게 만들었고, 살아있는 전설로 만들었다. 시장에 대한 과대평가는 빠져나갈 것이다. 이것은 그가 마지막에 보여주었던 확고한 확신이었다. 실제로 과대평가를 받고 있던 주식시장의 주가가 빠져나가기 시작했다.

그의 강연을 들었던 청중들은 버핏의 말이 반갑지 않았다. 그들은 열광적으로 환영하는 박수갈채에 맞춰 박수를 치기는 했지만 말이다. 그들은 버핏의 말을 따를 수도 그리고 따르고 싶지도 않았다. 버핏은 옛날 사람이었다. 이제 새로운 시대가 되었으며, 이 새로운 시대는 청중들의 눈에 다르게 보였던 것이다. 이번에는 달라. This time is different.

사악한 결말

붕괴는 서서히 진행되었다. 시장은 강력한 과대평가를 무너뜨릴 것이다. 이것은 버핏의 주장이었다. 시장이 언제 어떻게 붕괴되는지에 대해서 워런 버핏은 아무런 대답도 하지 않았다. 그는 미래를 내다보는 마법의 구슬을 가지고 있지 않았으니까. 2000년 3월 시장은 최고점을 찍었다. 그런 뒤 주가는 우선 약간 내려갔고, 조금씩 하향곡선을 그리다가 마침내 조금 많이 내렸다. 그해 말까지 나스닥은 대략 50퍼센트 내려갔다. 하지만 이것은 시작에 불과했다. 이것은 몇 달이 지나고 나면 다시 버틸 수 있는 조정의 수준이 아니었던 것이다. 이것은 붕괴였다. 결국 전 세계적으로 투자자들의 돈 5조 달러가 허공으로 사라져버렸다.

버핏도 발을 담고 있는 지주회사 버크셔 해서웨이Berkshire Hathaway는 이 시기에도 수익을 톡톡하게 올렸다. 이들의 주가는 위기에서도 올랐던 것이다. 버핏은 실체가 있는 회사에 투자를 했다. 그는 지금도 어마어마한 수익을 올리는 코카콜라 주식을 사들였다. 게다가 그는 주식시장이 붕괴하던 기간에 그 누구보다 현금을 비축했다. 그리고 이 현금을 주식을 매수하는데 사용할 수 있었다.

그리고 승자는 애플

선 밸리에서 강연을 한지 17년이 지나고 버핏은 인터넷에 대한 그의 판단을 한 가지 점에서 다시 교정해야만 했다. 그는 자동차 제조 회사들은 투자자들에게 결코 좋은 투자처가 아니라고 경고했다. 그는 항공회사에 대해서도 비슷한 판단을 내렸다. 이런 회사들은 투자자들에게 경악을 일으키는 투자처였고, 그 이유는 아주 간단했다. 즉, 이런 업계 회사들은 경쟁이 너무 심하다는 것. 새로운 인터넷 경제의 경우에도 그럴 수 있었다. 하지만 그렇지 않았다. 버핏은 이 점에서 오류를 범했다고 볼 수 있다. 오히려 정 반대의 결과가 나왔으니 말이다. 다시 말해, 인터넷은 역사상 가장 수익을 많이 내는 회사들 몇몇을 배출했다.

때문에 버핏은 당시에 경고했던 이 부분으로 인해 비난받았고 모바일 인터넷을 만들어낸 가장 성공적인 기업의 주식을 사들였다. 바로 애플 말이다. 과거 코카콜라의 주식을 구입했을 때와 마찬가지로 버핏은 애플의 주가가 믿을 수 없을 정도로 낮았을 때, 그러니까 PER이 13이었을 때 한 주당 120달러에 구매했다. 몇 년 뒤 애플은 300달러에 이르렀고, PER은 24가 되었다.

주식시장의 역사로부터 배우기

버핏은 애플에 투자하기 전에 조용히 17년을 기다렸다. 그는 주식시장의 역사로부터 배웠기 때문에 그럴 수 있었다. 일찍 일어나는 새가 벌레를 먹는 게 아니라, 인내심이 가장 강한 투자자가 보상을 받으니까 말이다. 워런 버핏은 이와 같은 인내심을 가지고 있었다. 그는 인터넷과 이어서 모바일 인터넷이 어떤 승자를 배출해낼 것인지를 보기 위해 시간을 충분히 가졌다. 애플처럼 매년 500억에서 600억 달러의 수익을 올리는 기업, 세계에서 가장 많은 가치를 구축하는 그런 기업 말이다. 이것이 바로 버핏이 투자할 때 가장 좋아하는 종류의 기업이다. 버핏은 이런 종류의 기업에 투자함으로써 70년이 지나도 여전히 주가지수보다 더 높은 수익을 내는 것이다.

세계적인 투자 대가는 적어도 MSCI World를 아무런 문제없이 따돌릴 수 있다. 또한 그는 S&P500을 이길 때도 많다. 주가지수는 커다란 힘이다. 주가지수보다 더 나은 수익을 올리는 일은 매우 어렵다. 이런 목표를 정한 사람이라면 버핏처럼 먼저 역사로

부터 배워야만 한다. 지난 5년이나 10년을 되돌아보는 것으로는
충분하지 않다. 따라서 우리는 시간여행을 해보도록 하자. 주가지
수가 지난 90년에서 100년 동안 어떻게 발전했는지를 살펴보기
로 하자. 그리고 이로부터 무엇을 배울 수 있는지를 보는 것이다.

우리가 장기간의 S&P500 차트에서 배울 수 있는 10가지

나는 그림 12를 반복해서 보면서, 차트에서 믿을 수 없을 정도
로 많은 것을 배울 수 있다는 점을 발견하고는 한다. 이 차트는
몇 가지 흥미진진한 질문들을 던지고 역시 흥미로운 답을 준다.

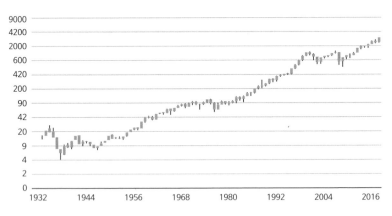

[그림 12] 차트로 보는 대략 100년간의 주식시장 역사, S&P500

첫 번째. 차트는 정말 올라가고만 있다! 1932년에 딱 한 번 4.21에서 최저점을 찍기는 했다. 그리고 난 뒤 2020년에 3300까지 찍었다. 이 모든 것은, 차트가 대수 계산logarithmic scale을 했기에 하나의 그림이 되었다. 20년이라는 비교적 긴 세월동안 투자자들은 S&P500으로 항상 수익을 낼 수 있었다. 이는 1970년 이후부터 존재했던, 전 세계의 주식을 모두 포함하고 있는 MSCI World도 마찬가지이다.

여기에서 차트와 믿을 수 없는 상향 곡선이 우리를 오류에 빠트릴 수 있다. 이 차트는 기업의 배당금으로 받은 금액은 포함하지 않고 있다. 지난 100년 동안 주가 상승은 대략 6.5퍼센트였다. 배당금은 3.5퍼센트였다. 이런 차이는 어마어마하며 장기적인 관점에서 볼 때 6.5 + 3.5라는 숫자보다 더 막강한 영향을 준다. 만일 우리가 배당금을 고려한다면 조금 더 자세하게 볼 수 있다.

'주식시장에서의 지혜'로 잘 알려진 공식, 그러니까 주식이 많이 오르면 많이 떨어진다는 공식은 장기적인 관점에서 그리고 세계에서 가장 중요하고 규모가 큰 주가지수의 관점에서 보면 틀렸다. 오히려 이렇게 말하는 편이 더 맞다. "많이 오른 것은, 더 많이 오른다." 하지만 장기적으로 그렇다는 말이다. 단기적이고 중기적인 관점에서는 주식시장은 항상 내려가고 있다.

이렇듯 4.21에서 3300까지 상승한 것은 대략 7만 퍼센트가 올

[그림 13] 전혀 다른 주식시장의 100년: 배당금 포함. 그러면 1달러가 100년 뒤에 18,000달러가 된다.

랐다는 뜻이다. 그야말로 폭발적이 아닐 수 없지만, 매년으로 보면 다만 7.82퍼센트 올랐다. 그 이상이 아닌 것이다. 이와 같은 수치는 방금 우리가 계산했던 수치 6.5보다 약간 더 높다. 이것은 시작점 때문이다. 시작지점이 저점이면, 이로부터 상승한 수치를 계산하면 항상 더 떨어지기 마련이다. 또한 마지막 지점 때문이기도 한데, 이 지점은 고점이었기 때문이다. 고점에서는 또한 과거로부터의 상승 수치는 눈에 띄게 많이 떨어진다. 이처럼 시작지점과 목표지점을 통해서 사람들을 착각에 빠지게 만드는 것이 얼마나 간단한지 방금 봤다. 낙관주의자들은 저점에서 계산하기를 좋아한다. 이렇게 하면 수익이 늘어나기 때문이다. 또한 금을 좋아하는 팬들도 흔히 그렇게 한다. 그들은 2000년 자신들의 차트에서 금 가격이 저점에 있을 때 시작했다. 이와 반대로 비관주의자들은 주가지수가 고점일 때 시작(예를 들어 2000년)하는 것을 좋아하고 저점에서 끝낸다(예를 들어 2009년). 그러니 주식을 통해 얻는 수익은 매우 형편없는 것이다. 그런가하면 현실주의자들은 비교적 장기간에 걸쳐서 관망하는 편이다. 50년 또는 100년까지. 그리고는 중간에 짧지만 적절한 시기가 오면 그들은 비축하고 있던 돈을 사용하는 것이다.

많은 사람들은 오르는 주식 시세의 영향은 과소평가 하고는 한다. 그들은 반복해서 언론이 보도하는 떨어지는 주가에 대해서 귀를 기울이고는 한다. 예를 들어 2018년 12월에 S&P500이 단기간 동안 9월에 찍었던 고점에서 마이너스 20점이 내려간 보도 같은 것이다. 아니면 최근에 코로나 바이러스가 주가를 떨어뜨렸을 때이다. 사람들은 이런 보도들은 진실의 일부에 그친다는 사실을 모른다. 주가가 오르면 많은 언론은 침묵을 한다. 주식시장에 투자한 사람들만이 이런 단계에서 주의를 기울여 주식시장을 들여다볼 뿐이다. 그리고 자신의 증권계좌가 불어나 있는 모습에 미소 지을 것이다.

두 번째. 방금 봤듯이 지속적으로 오르는 S&P500은 진실의 일부일 뿐이다. 배당금은 아직 지수에 반영되지 않았다. 이것을 매년 고려하면 주가는 좀 더 강력하게 상승해 있다. 그것은 그림 13에서 볼 수 있다.

1달러가 시간이 흐르면 1만 8천 달러가 된다. 1915년부터 2015년까지 100년 동안 가치가 180만 퍼센트가 오른 것이다. 백년 동안 오른 퍼센트는 현기증이 일어날 정도로 높은데, 그것은 복리현상 때문이다. 매년 상승하는 수치는 충분히 따라갈 수 있다. 즉, 매년 대략 10퍼센트의 수익이 생긴다. 순전히 주가지수에 투자를 하고 고집 있게 보유함으로써 말이다. 오르는 주가를 바탕으로 받는 수익과 오르는 주가 더하기 배당금을 바탕으로 하는 수익의 차이를 철저하게 살펴보기로 하자. 그러면 어마어마한 차이가 드러날 것이다. 주식시장이 장기적으로 가져올 수익의 진정한 크기를 보면.

마르크와 페니히

- 1만 유로를 30년 동안 투자하면 6.5퍼센트(주가상승만 계산함) 수익이 나 대략 66,000유로가 된다. 그러면 순 수익은 56,000유로이다.

- 배당금도 고려하면, 1만 유로를 투자했을 때 10퍼센트(6.5 + 3.5)의 수익을 올린다. 그러면 순 수익은 164,500유로이다.

이런 엄청난 차이라니! 부차적으로 붙은 3.5퍼센트가 이 긴 기간 동안 수익을 세 배로 불려준다. 이것은 우리의 직관에 반대되는 결과이다. 6.5퍼센트 수익과 7퍼센트의 수익의 차이도 장기적으로 보면 엄청나다. 이것이 바로 복리현상 덕분인 것이다.

주의할 점은, 배당금을 다시 투자할 때 지불해야 하는 세금과 수수료로 말미암아 투자자는 실제로 더 낮은 수익을 챙기게 된다.

이처럼 보기를 들어 해본 계산은 실제로 투자하는 사람들에게는 해당될 리가 없다. 대부분의 투자자들은 딱 한 번만 투자하는 게 아니라, 지속적으로 투자한다. 저축하는 사람은 규칙적으로 저축한다. 초반에 1만 유로를 투자한 다음에 매년 2천 유로씩 더 투자하는 경우가 많다. 이런 금액으로 투자자들은 유리한 시기에 다른 주식들을 구매하는데, 가령 코로나 바이러스가 주가를 곤두박질치게 했을 때 또는 중국과 미국 사이에 무역 전쟁이 일어날 것에 대해 두려워할 때이다. 이런 시기가 투자자들이 행동하기에 유리하다. 사 두면 주식은 오르게 되어 있다.

많은 투자자들이 매우 두려워하는 순간을 일컬어 나는 유리한 순간이라고 한다. 바로 주가가 떨어질 때이다. 대부분의 사람들이 생각하는 것보다 이 시기에 매수하는 것은 그리 나쁘지 않다. 그 이유는 투자자들이 이 시기에 주식을 추가로 매수하면, 이는 투자자들에게 매우 장점이 되기 때문이다. 2008/09년의 위기 때 3개월 동안 주식을 추가로 매수한 사람이라면, 그는 오늘날의 시각에서 보면 매우 싼 값에 구매한 것이다.

예를 들이 국부 펀드sovereign wealth fund로 노르웨이 정부연기금을 들 수 있다. '오일 펀드'라 불리는 이 국부펀드는 위기에도 불구하고 고집스럽게 주식을 계속 매수했다. 이는 노르웨이인들에게 좋은 본보기가 되었다. 시장에서 변동이 생길 때 바로 그렇게 하면 되었다. 추가 매수할 용기를 가진 사람은 유리한 시점에서

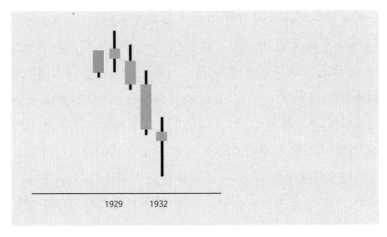

[그림 14] 1929년부터 1932년까지 경제위기. 주가는 이 시기에 대략 80퍼센트 떨어졌다.

매수를 한다. 그러면 결과도 좋게 나오기 마련이다.

유감스럽지만 이렇게 얻은 수익의 상당량이 실현되지는 않는다. 인플레이션 때문이다. 따라서 실제 손에 들어온 달러(또는 유로)로 환산할 때, 인플레이션 율을 제하면 수익은 매우 낮아진다. 우리의 경우, S&P500에서 그래도 여전히 6.5퍼센트라는 수익이 남지만 말이다. 그럼에도 이것은 매우 훌륭한 결과이며 어떤 다른 투자형태보다 더 나은 수익이다. 세계의 주식을 모두 포함한 선진국 지수의 경우 인플레이션 율을 제하면 대략 5.5퍼센트의 수익이 나온다. 평범한 투자자들은 물론 그와 같이 인플레이션을 고려해서 계산하지 않지만 전문가들은 그렇게 한다.

세 번째. S&P500도 나쁜 시기가 있었다. 주가지수에서 일어났던 가장 끔찍한 사건은 1929년부터 1932년까지 일어났던 심각한 경제위기였다.

이 시기는 사람들에게는 그야말로 경악이었다. 이 믿을 수 없는 추락의 주요 원인은 1929년의 하락세와 그 후 이어진 심각한 경제위기 때문이 아니었다. 그 주된 이유는 위기가 결국 은행시스템을 포함했기 때문이다. 그 당시 도미노 놀이에서 첫 번째 사건은 오스트리아에서 신용기관이 파산한 것이었다. 그러자 은행업계의 위기는 프랑스와 영국을 거쳐서 신속하게 미국에까지 퍼져나갔다. 당시 많은 사람들은 우선 일자리를 잃었고, 저축해둔 돈을 모두 잃고 말았다.

은행의 위기는 1931년부터 미국에 불어 닥친 대공황의 후반부를 장악했다. 대략 4천 개의 은행들이 이 시기에 파산했다. 저축했던 돈 역시 은행과 함께 사라져버렸다. 당시에는 예금보호와 같은 것이 존재하지 않았다. 사람들은 주가가 상당히 유리했음에도 불구하고 주식을 구매할 돈이 없었다.

바로 이처럼 위기의 후반부인 은행파산을 미국과 유럽의 정치가들은 2008/09년 발생했던 금융위기에서는 방지할 수 있었다. 은행은 무너지지 않았으며, 무너진 곳(리먼 브라더스)에서는 시장을 신뢰하지 못하여 결국 1931년 처럼 끔찍할 수 있었다. 때문에 정치는 무슨 대가를 치르더라도 은행을 구출해야만 했다. 은행원들에게 상여금을 챙겨주기 위해서가 아니라, 은행업계가 붕괴되는 끔찍한 경우를 막기 위해서이다. 그리고 우리 모두를 예리한 위기의 칼날로부터 보호하기 위해서이다.

심각한 경제적 위기는 심각한 정치적 문제를 불러일으킬 수 있다. 이런 시기에는 대중 영합주의자들, 단순한 자들 그리고 인종차별주의자들이 대대적으로 활동하기 마련이다. 대공황의 시기였던 1929년부터 1932년까지도 그러했다. 독일은 이처럼 지극히 불확실한 시기가 끝날 무렵, 저축으로 위기를 극복하고자 했던 무리한 시도를 한 끝에 정치적 독재 체제인 파시즘의 손아귀 안으로 떨어지고 말았다. 이로써 유대인들과 정치적인 좌파에 대한 증오심이 들끓었고 독일 사람들은 새로운 전쟁을 준비하는 데 열광했다. 결국 독일은 폐허가 되었고 두 번째 국가부도 상태를 경험하게 되었다. 미국은 전혀 다른 길을 갔다. 그들은 전쟁에 승리하는 데 그치지 않고 남들보다 앞서가게 되었다. 그들은 국가부도와 같은 경험을 할 필요가 없었다.

독일 사람들에게서는 아직도 그런 특징을 발견할 수 있다. 미국인들이 미래에 대해서 품는 낙관주의는 독일인들에게는 어색하고 낯선 느낌이다. 미국은 2차에 걸친 세계대전을 통해 경제력을 키울 수 있었다. 그리고 전후의 질서로부터 수십 년 이상 이득을 취할 수 있었다.

네 번째. 이제 S&P500이 세월이 흐르면서 전해준 좋은 소식을 접해보자.

첫 번째 좋은 소식은, 좋은 국면이 믿을 수 없이 오랫동안 유지되었다는 것이다. 2차 세계대전 중과 그 이후에도. 처음에는 낮은 이자로 시작했으나 주가지수는 30년 이상(1942년에서 1972년까지) 심각하게 하락하지 않고 상승하기만 했다. 물론 이 시기에도 경기후퇴와 조정이 있었지만 그 이상의 위험은 없었다.

하지만 왜 1942년에 상승이 시작되었을까? 태평양 전쟁의 전환기에서 미국의 승리를 보장하는 확고한 증거를 목격한 뒤, 주식시장은 축하의 분위기를 담았기 때문이다. 이는 틀리지 않았다.

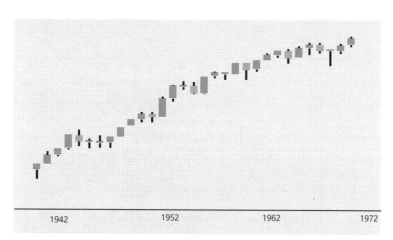

[그림 15] 30년 동안 주가가 올라가는 일도 있다. 그 사이 조정은 차트를 봐도 그리 눈에 띄지 않는다. 하지만 조정은 있었고, 지금도 마찬가지이다.

다섯 번째. 이처럼 장기간 동안 주가가 상승한다는 긍정적인 시나리오는 1980년에서 2000년에 다시 반복되었다.

그림 16의 차트는 이처럼 20년 동안 상승하는 주가를 보여주고 있다. 다만 이 시기에도 2년은 마이너스 성장을 했는데, 회색으로 표시된 부분이다. 그럼에도 불구하고 많은 투자자들은 이 기간 동안 높은 수익을 얻지는 못했다. 그들은 흔히 사이드라인에 서있었던 것이다. ETF를 발명했던 존 C. 보글러는 연구를 통해서 그와 같은 점을 분명하게 증명했다. 이 연구는 2003년에 실시되었고, 시장의 평균 수익, 관리를 받는 펀드의 평균 수익, 그리고 1980년 이래 개인투자자들이 목표로 했던 평균 수익을 연

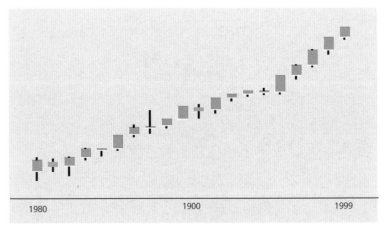

[그림 16] 20년 동안 상승하는 주가. 80년대와 90년대는 낙관적인 분위기가 시장에 가득했던 시기였다. 그와 같은 분위기는 주식시장에서 결코 좋게 끝나지는 않는다.

구했다.

2000년에서 2003년까지 주가가 참패를 봤음에도 불구하고 S&P500에 대한 평가는 상당히 높았다. 대략 13퍼센트의 수익을 낼 수 있을 정도였으니 말이다. 펀드는 이 시기에 10.3퍼센트의 수익을 냈고, 대단한 수준은 아니었다. 하지만 개인투자자들의 성적은 더 나빴다. 그들은 겨우 7.9퍼센트였다.

이처럼 개인투자자들이 얻은 형편없는 수익은 다른 많은 연구에서도 입증되었다. 유명한 금융연구소 달바Dalbar도 같은 결론에 이르렀다. 2012년 이 연구소는, 30년 이상 S&P500은 10퍼센트의 수익을 냈지만, 개인투자자들은 지극히 낮은 3.7퍼센트의 수익을 가져왔다는 결론을 얻었다. 주식시장이 얼마나 호황인지 불황인지 상관없이, 개인투자자들은 항상 뒤쳐졌다. 특히 시장이 호황기를 누릴 때 그러했다.

여섯 번째. 위에서(1980년부터 1999년까지) S&P500의 전반적인 지수를 보면 비정상적임을 알 수 있다. 그냥 눈으로만 봐도, 이 시기 가운데 마지막 시기(1995년부터 1999년까지)에는 앞선 시기보다 훨씬 더 강력하게 주가가 상승했음을 알 수 있다. 지극히 호황이었던 시기이다. 이 시기가 바로 버핏이 선 밸리에서 강연을 했던 90년대 후반의 과도한 시장의 시기였다.

S&P500의 PER이 30이상 솟구쳤고, 이는 예전에 한 번도 본 적이 없는 수치였다. 믿을 수 없는 낙관적 분위기가 투자자들을

둘러쌌던 것이다. 우체국 창구에 기다랗게 줄을 선 상태에서도 그야말로 조심성이 발달한 독일에서조차 앞 사람이나 뒤에 선 사람이 주식에 관해서 얘기하는 것을 들을 수 있을 정도였다. 택시 운전사들은 탑승 손님이 묻지도 않았지만 주식에 관한 팁을 들려주었다. 빌트Bild 지(紙)는 1면 기사에 주가를 인쇄했다. 끝은 다들 알고 있는 것과 같다. 시장은 당시의 과도함을 조정했다.

일곱 번째. 1970년부터 많은 조정이 있었다. 이것은 물론 차트 (그림 17)에서 발견할 수 없다. 이는 또한 긴 기간을 다룬 차트에서 흥미로운 소식이기도 하다. 투자자들과 주식관련 언론들이 사소한 조정과 가벼운 하락장에 대해 보여준 흥분은 이 차트에서 알

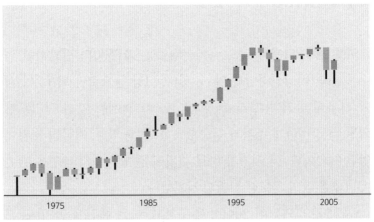

[그림 17] 붕괴는 어떤 결과를 가져오는가? 그리고 언제 붕괴되는가? 아무도 모른다. 1973년에 우리는 한 번, 2000년과 2008년에 또 한 번의 붕괴를 경험했다.

아볼 수 없다. 차트에는 매년 말의 결과만 평가되어 있는 까닭에 말이다.

이 시기에 길고 회색의 초 모양으로 나타나는 사건 세 가지가 있다. 이처럼 격렬한 하락은 시장의 붕괴라고 불러도 되었다. 첫 번째 폭락은 1973/74년에 일어났으며, 석유수출국 기구OPEC에 속하는 국가들이 합의를 통해서 석유가격을 무지막지하게 올린 뒤였다. 두 번째 폭락은 2000년에서 2002년까지 일어났다. 세 번째 폭락은 2008년에 일어났다. 이 세 가지 대형 사건들 가운데 대부분의 투자자들은 마지막 두 가지만 기억한다. 인터넷 거품 이 꺼졌던 2000년과 심각한 금융위기가 일어났던 2008/09년은 투자자들의 기억 속에 생생하게 살아있는 것이다. 이런 기억들 은 우리 바로 뒤에 있으며 우리의 자화상을 결정짓는다.

이와 관련하여 보이는 것이 전부다라고 심리학자이자 노벨상 수상자인 다니엘 카네만Daniel Kahneman은 말할 것이다. 투자자들 은 항상 시간적으로 가까운 사실에 주목하려는 경향이 있다. 10 년도 안 되는 사이 발생한 두 번의 주가 폭락은 이례적이라 할 수 있다. 하지만 투자자들은 다음 번 붕괴를 우려하고 있다. 너무 비현실적으로 보이는데도 불구하고 말이다. 심지어 시장에서 몇 퍼센트만 하락해도 많은 투자자들은 이를 일컬어 주식시장의 붕괴라고 부르게 되었다. 그들은 자신들이 주식시장에서 경험하는 것이 지극히 정상적이며 변동성이라 불린다는 것을 모르는 것 같다. 또한 코로나로 인해 주식시장이 하락장이 된 것도 많은 사람들의 눈에는 평균적으로 5년마다 또는 10년마다 일어나는 지극히 정상적인 하락장으로 보이는 것이 아니라, 이것은 시장이 붕괴한 사례라고 보는 것 같다.

때문에 다음과 같은 질문에 대답하려면 주식시장의 역사에 대해서 살펴보는 것이 도움이 된다. 즉, 만일 주식시장이 일 년 내내 강력하게 평균이하로 하락하게 되면, 어떤 결과가 나올까? 대답은, 평균이상으로 주가가 올라간다. 우리는 2009년부터 2019년까지 이런 현상을 봤던 것이다.

여덟 번째. 붕괴가 드물게 일어남에도 불구하고, 우리는 이 같은 사건이 두 번이나 일어났던 시대를 경험하고 있다. 이로 인해 사람들의 기억에 잠재되어 있는 것이다. 설문 조사를 해보니 미국의 투자자들은 그 해에 주식시장이 붕괴될 가능성을 50퍼센트로 봤다. 이러한 수치는 분명 너무 높다.

지난 100년 동안 네 번 정도 그와 같은 주식시장 붕괴가 일어났고, 2차 세계대전의 초기에 일어났던 강력한 주식시장의 폭락도 계산에 넣으면 다섯 번이라고 할 수 있다. 물론 모든 주식시장 역사가들이 동의하지는 않지만 말이다. 이로부터 내릴 수 있는 결론은, 평균적으로 20년 혹은 25년마다 붕괴가 일어난다고 볼 수 있다. 이는 대부분의 투자자들이 생각하는 것보다 10배는 더 드문 일이다.

[그림 18] 미국에서 떨어지는 이자 - 올라가는 이자(1950년부터) - 그리고 1982년부터 지금까지 또 다시 떨어지는 이자

아홉 번째. 30년 동안 가장 오래 주식시장이 좋았던 시기는 낮은 이자의 시기(1942년부터 1972년까지)였다. 그림 18은 지난 100년 동안 미국의 국채 이자율의 변화를 잘 보여주고 있다. 2차 세계대전 이후 최초의 주식시장 붕괴는 국채가 6퍼센트 이상의 이자를 줬을 때 발생했다. 그토록 높은 이자를 주기 위해서, 1950년에 이자가 바닥을 친 뒤에 20년 이상의 시간이 필요했던 것이다.

우리는 오늘날 다시금 낮은 이자의 시대를 살고 있다. 미국에서 이러한 이자는 2018년까지 이례적으로 낮았던 것은 아니며, 1929년부터 32년까지 위기가 일어난 뒤에 오랫동안 이자는 바로 그 자리에 머물러 있었다. 최근에 이르러서야 비로소 미국의 국채 이자는 눈에 띄게 낮아졌으며, 처음에는 1.5퍼센트였으나 2020년 초가 되자 심지어 1퍼센트 이하까지 확연히 떨어졌다.

이자율 차트에서 우리는, 결코 이자율의 변화는 이례적이지 않으며 걱정할 필요가 없다는 점을 알 수 있다. 1930년에 미국 국채의 이자율이었던 5퍼센트는 37년 후, 그러니까 1967년에 다시 추월당했다. 현재 그와 같은 높은 이자가 언젠가 다시 나타날지에 대해서 금융학적으로 논쟁이 벌어지고 있으나, 의견이 분분한 상태이다.

열 번째. 오늘날에는 그 누구도, 주식시장이 20년 또는 30년간 호황을 누린다고 말하는 사람은 아무도 없다. 투자자들은 너무 비판적이다. 만일 내가 나의 블로그에 시장에 대해서 낙관적인 내용을 올리면, 상당히 씁쓸하고도 심지어 사악한 의미를 담은 의견들이 올라온다. 현재 상당히 장기간 진행되는 호황기는, 의례적으로 일어나는 조정(정상적)과 경기후퇴(역시 정상적)로 인해 중단되는 시기도 있으나, 시장에서 매우 현실적으로 일어나고 있는 발전과정일 따름이다.

우리가 오랫동안 낮은 이자로 살아가게 될 것이라는 점은 상당히 현실적인 예측이다. 다른 형태가 되면 거대한 규모의 경제(미국, 유럽지역, 일본)에 해가 될 수도 있으니 말이다. 이로 인해 수익을 원하는 모든 사람들은 중기적인 관점에서 대안이 없으므로 주식을 선택하게 된다.

물론 그와 같은 시나리오를 믿는 것은 아무런 의미가 없다. 그 누구도 자신의 돈을 주식시장에 모두 몰아넣어서는 안 된다. 투자자들이 앞으로 5년 동안 필요로 하는 모든 돈은 주식에 넣어두면 안 된다. 이런 규칙은 언제든 유효하며, 주식시장이 얼마나 잘 돌아가든지 또는 나쁘게 돌아가든지 상관없다.

게다가 투자자들이, 만일 주식시장이 다시금 하락장이 될 때, 어느 정도의 자산 가치를 잃어버리더라도 견딜 수 있는지를 자신에게 물어보는 게 유의미하다. 많은 투자자들은 자신의 투자 자금을 리스크가 많은 부분(주식시장)과 리스크가 비교적 적은 부분(일반적으로 단기 국채 또는 현금)으로 분산투자한다. 만일 투자자의 자산 가운데 80퍼센트가 주식시장에 들어가 있으면, 전체 금융자산의 변동폭은 훨씬 더 낮다. 50퍼센트일 경우 자산의 불안정은 절반으로 줄어든다.

코로나 위기가 (단기적으로) 불러왔던 충격으로 인해 35퍼센트가 하락했다면, 주식에 투자한 증권계좌에의 10만 유로는 35퍼센트 영향을 받는다. 그러면 계좌에는 65,000유로가 남는다. 시장에 절반만 투자하고 나머지는 현금 또는 채권에 넣었다면, 증권계좌로부터 떨어져나가는 금액은 훨씬 줄어든다. 계산해보면 일시적으로 사라지는 돈은 17,500유로가 된다. 위기에는 채권의 주가가 올라갈 때가 많고 그러면 증권계좌의 손해를 약간 가볍게 만들어줄 수 있다.

주식시장에 대한 온갖 낙관주의에도 불구하고, 투자자들은 주식으로 계속 나쁜 경험을 하고는 한다.

워런 버핏이 주식으로 부자가 되는 동안, 많은 투자자들은 바로 주식으로 자신들의 돈을 잃고는 한다. 이런 일은, 우리가 곧 보게 되겠지만 새 천년으로 인한 인터넷 과잉 없이도 일어난다. 버핏이 선 밸리에서 강연을 할 때 그토록 강력하게 경고했던 과도한 시장 없이도 말이다.

간략한 소개: 워런 버핏

- 나이: 90세

- 직업: 투자자

- 웹 사이트: berkshirehathaway.com

- 추천 책:《앨리스 슈뢰더. 눈덩이: 워런 버핏과 삶의 비즈니스Alice Schroeder: The Snowball: Warren Buffet and the Business of Life》

- 인생의 좌우명: 명성을 얻기 위해서는 20년이 필요하지만, 이 명성을 파괴하는 데는 5분이면 족하다.

- 투자전략: Buy-and-hold; 개별 주식(Stock-Picking)

- 시간 투자: 하루에 12시간

반드시 기억하자

첫 번째. 짧은 기간 동안 주식시장을 주시하면 상당히 예측할 수 없는 곳일 수 있다. 하지만 오랫동안 지켜보면 그제야 주식시장의 마법이 펼쳐지고는 한다. 그리고 복리라는 마법도. 복리의 도움으로 당신의 돈은 자산이 될 수 있다. 주식시장은 결코 단거리 경기가 아니며, 장거리 경기와 같다. 1년 또는 2년 동안 당신의 돈을 주식시장에 넣어두면 얻는 게 별로 없다. 5년째부터 투자라는 것을 깊이 생각하게 된다.

두 번째. 수십 년이라는 기간을 통해서 보면 주식시장은 풍부한 수익을 안겨줄 수 있다. 6퍼센트의 수익일 수 있으나 10퍼센트를 목표로 해도 된다. 당신이 제대로 타이밍을 맞춰 시장에 들어갈지(+10퍼센트) 아니면 나쁘지 않은 단계(+6퍼센트)에서 진입할지에 대해서 확실할 수는 없다. 그러나 보수적으로 계산하고자 한다 해도 인플레이션을 제하고 나서 5.x퍼센트라고 보면 된다. 알베르트 바르네케가 자주 얘기해주듯이 말이다.

세 번째. 우리는 주식시장의 역사로부터 배워야만 한다. 가장 중요한 결론은 투자자들은 너무 자신들의 감정을 따르고 그리하여 거듭 좌절하고 만다. 그들은 낙관적인 주식시장의 지배적인 낙관주의를 믿으며, 다른 사람들이 비관하면 비관주의에 빠지고는 한다. 그리고는 주식을 매도한다. 아니면 그들은 돈을 가지고 불안해하면서 사이드라인(2008년부터 2020년까지)에 머물러 있는 것이다. 그리고는 시장이 얼마나 많은 수익을 올리는지를 그저 바라볼 뿐이다.

네 번째. 1990년대에 일어났던 인터넷 거품은, 시장과 시장에 참여한 이성적이라고 믿었던 모두에게 혹독한 시험장이었다.

현대의 시장 이론가들이 내세우는 핵심적인 주장은 바로 효율적인 시장 가설efficient market hypothesis이다. 이에 따르면 시장과 시장가격은 항상 동원할 수 있는 모든 정보를 포함하고 있다는 것이다. 이와 같은 주는 대학의 모델이고, 주식시장에 직접 활동하는 자들은 이런 주장을 보고 미소 지을 뿐이다. 이들은 다르게 보는 것이다. 시장은 의심할 바 없이 이용할 수 있는 정보들을 분석하고 이해하는 작업을 한다. 물론 이때 시장은 감정적인 개입으로 인해 동요하는 경향이 있다. 예를 들어 비관주의가 되거나 낙관적인 분위기로 흐를 수 있는 것이다. 자신의 돈을 한껏 과도하게 부풀어 있는 주식시장에 투자한 사람은, 실제로 자산의 손실을 보기도 하고 심지어 완전히 잃기도 한다. 이렇게 되려면 굳이 새 천년의 인터넷 거품과 같은 대규모의 과도한 거품이 필요하지도 않다.

자신의 모든 돈을 미래를 약속하는 암호 화폐나, 리튬 개발자들에게나 또는 잔뜩 과대평가된 대마초 주식에 넣기만 해도 그런 일은 충분히 일어날 수 있다.

다섯 번째. 복리 효과가 장기적으로 어떤 영향을 주는지에 대한 좋은 본보기는 바로 워런 버핏이다. 열여섯 살에 그는 1만 달러라는 재산을 갖게 되었는데, 대부분 신문 배달(워싱턴 포스트)을 통해 번 돈이었다. 그는 주식에 투자해서 나중에 놀라운 수익, 그러니까 20퍼센트의 수익을 올렸다. 1만 달러가 10억 달러가 되려면, 20퍼센트의 수익으로 얼마나 걸릴까? 답은 64년이다.

"배짱이 두둑한 사람이라면 지금 추가 매수를 해도 됩니다."

사이디 술리아투(유투버, finanztip.de)

코로나가 주식시장을 결정하고, 우리가 이렇게 서로 이야기 하는 동안에 개인은 사무실이 아니라 집에서 재택근무를 하고 있어요. 주가가 떨어져도 잠은 잘 잘 수 있는지요?

그럼요. 나는 잠은 잘 잡니다. 그리고 제 채널을 시청하는 사람들 가운데 경악에 빠진 사람은 소수랍니다. 소수만이 걱정을 많이 해요. 가장 흔한 질문은 "지금이 매수 타이밍인가요?"입니다.

그러면 당신은 어떤 대답을 합니까?

나는 이렇게 말하지요. "나는 모릅니다. 금융에 관한 팁을 주는 우리들은, 유투브 채널도 여기에 속하는데, 수동적인 투자를 주장하는 편입니다. 우리는 단기간의 시장에 대해 의견을 제시하지 않아요. 적절한 타이밍은 누구도 찾을 수 없습니다."

게다가 다음과 같은 규칙은 항상 통용되죠. "좋은 타이밍을 찾으려고 시도하는 것보다 가능하면 늘 시장에 있어라."

어떻게 생각해요, 사람들은 지금 매수해도 됩니까?

배짱이 두둑한 사람은 지금 추가로 매수해서도 됩니다. 그렇지 않은 사람은 다르게 행동해야 하겠죠. 예를 들어 ETF-저축계획을 가진 분들이요. 이런 계획을 가지고 있는 많은 투자자들은, 그러니까 매달 또는 매

독일개미가 한국개미에게

분기마다 규칙적으로 주식에 투자하는 사람은 잠을 훨씬 잘 잡니다.

저축계획에서 어떤 점이 좋다는 것입니까?

많은 사람들은 유동성을 비장의 카드로 준비합니다. 그리고 이들은 언제가 가장 좋은 시기인지를 스스로에게 묻고는 하죠. 그렇지만 규칙적으로 투자하는 플랜을 가진 사람들은 그럴 필요가 전혀 없지요. 이런 사람은 예를 들어 비행기의 자동 조종 장치를 켜는 것과 비슷합니다. 이와 반대로 그런 플랜이 없는 사람은, 계속해서 결정을 해야 하죠. 이런 일은 스트레스를 줍니다. 이로 인해 실수를 하게 되죠.

가장 최근부터 주식에 투자한 사람은, 누구보다 먼저 불안해지겠지요.

맞아요. 작년에 처음으로 투자했던 사람들은 저희 채널에서 놀라울 정도로 조용합니다. 우리는 최근에 설문조사를 실시했거든요. 구독자 5천 명 이상 가운데 3퍼센트만이 이렇게 대답했습니다. 나는 불안해요. 그리고 3퍼센트는 다음 날 주식을 팔아버렸어요.

시장에 있으면 어떤 느낌인가요? 그리고 다른 사람들에게 시장에 머물러 있으라고 충고를 하는 것이요. 그런데 시장이 곤두박질치는 것입니다. 어제만 하더라도 10퍼센트 가량이 빠졌어요.

이런 경우는 내가 경험하는 최초의 금융위기가 아닙니다. 2008년에 이미 겪었어요. 그게 뭔지 나는 잘 알고 있습니다. 다른 한 편으로 우리가 체험했던 폭락 가운데 가장 신속한 폭락이었죠. 나는 몇몇 구독자들로부터 공개적인 비난을 받을까봐 걱정을 했었지요. 물론 우리는 과거에 주식의 리스크에 대해서 늘 지적했습니다. 중요해요 그런 일이.

시장이 회복하기를 기다리는 일은 우리에게 가장 가혹합니다. 마이너스 수익 상태에서 5년을 기다리는 것은 MSCI World에서는 그야말로 정상입니다. 만일 이런 일이 일어나면, 주식시장에 장기 투자하는 것이 무엇을 의미하며 어느 정도의 기간을 의미하는지 사람들이 정말 이해했는지 아닌지가 확연히 드러나죠.

유투버로서 당신이 범했던 가장 끔찍한 실수는 무엇인가요?

극단적으로 국내 주식만 했다는 겁니다. 오로지 독일 주식들로만 증권 계좌를 가득 채웠지요. 내가 아는 여자 친구는 몇 가지 ETF도 가지고 있습니다. 정말 다행이죠. 그렇지 않았더라면 그녀는 아버지가 추천한 대로 루프트한자Lufthansa 주식을 샀을 겁니다. 마이너스 50퍼센트죠. 그밖에도 하이델베르거 시멘트 등등.

그것은 3년 동안 55퍼센트 손실을 가져왔죠.

그리고 바스프BASF도 있는데, 지금 마이너스 57퍼센트의 손실이 났습니다. 이 세 가지 주식은 모두 독일 주식이죠. 유감스럽게도 독일 사람들은 자국의 주식을 너무 사랑합니다. 그러니 자산이 별로 늘어나지 않는 거죠.

독일 사람들은 자동차 주식도 좋아합니다.

자부심을 가지고 그렇게 하죠. 독일 엔지니어가 내놓은 성과에 감탄하면서 말입니다. 그런데 정작 트렌드는 그다지 고려하지 않거든요. 예를 들어 전기자동차 같은 거요. 투자자들은 자신들의 증권계좌에 들어있는 주식과 자신들을 동일시하고, 그래서 충분한 분산투자를 고려하지 않아요.

그것이 가장 큰 투자자 오류인가요?

아니요, 내가 보기에 가장 큰 실수는, 독일 사람들은 자신들의 돈으로 아무 일도 하지 않는다는 것입니다. 많은 사람들은 투자를 전혀 하지도 않습니다. 이것이 우리 채널이 주로 내보내는 내용이고요. 이런 점을 바꾸기 위해 유투브 피난츠팁Finanztip을 운영하죠. 많은 사람들은 은행에 넣어둔 돈이 얼마나 가치를 많이 잃는지에 대해서 의식조차 하지 못합니다. 주식시장에서 폭넓게 투자해두는 것이 잘하는 일이라는 사실을 이해하지 못해요. 자신의 돈을 채권에 넣어둔 사람은, 매년 약간의 재산을 갖게 됩니다. 30년 후 은퇴한 뒤에 연금으로 사용할 수 있는 돈은 되겠지요.

돈을 투자할 때 어떤 실수를 저지를 수 있다고 봅니까?

우리 채널에는 부동산 팬들도 있습니다. 부동산 시장은 독일에서 아주 오랫동안 호황을 누렸지요. 이처럼 잘 된 세월이 사람들의 머릿속에 입력되어 있습니다. 그런데 만일 이런 부동산 팬들에게 부동산 가격도 떨어지고 임대료도 내려갈 수 있다고 말하면, 완전히 미친 사람취급해요. 그래도 우리는 이런 입장에 변함이 없습니다. 즉, 부동산도 리스크가 있다고요. 현재 부동산은 점차 사람들의 관심에서 벗어나고 있는 셈이지요.

사람들은 왜 주식시장에서 자신들의 돈을 잃을까, 그리고 어떻게 그것을 막을 수 있을까

주식시장에서 자신의 돈을 잃어버릴 수도 있는가? 그럼, 당연하다! 그야말로 안전하다고 추천했던 1달러도 안 되는 캐나다 주식과 역시 매우 믿을만하다던 과대평가 받은 대마초 주식만이 손실을 안겨주는 것은 아니다. 지극히 정상적인 주식투자를 해도 손실을 볼 수 있다.

Buy high-Sell low는 손실을 입기 가장 좋은 형태이다. 두 번째로 손실입기에 좋은 경우는 바로 친구들의 추천을 따르는 일이다. 세 번째는 주식시장에 들어가지 말아야 할 돈을 투자하는 것이다. 왜냐하면 당신이 곧 그 돈을 사용해야 하는 까닭이다.

춘 라우는 새콤하고 매운 맛의 수프를 가져와 내 식탁 곁에 잠시 멈추어 선다. 그는 내가 주식에 관한 책을 쓰고 있다는 이야기를 들었던 것이다. 춘 라우는 주식을 가지고 있다. 1년 전부터 자신의 돈을 주식시장에 투자했던 것이다. 그는 자신의 증권 계좌를 나에게 보여주려고 했다. 자신의 스마트폰으로.

스마트폰을 들여다보니 거기에는 심하게 폭락한 와이어카드 Wirecard®와 역시 주가가 매우 떨어진 다임러 주식, 그리고 내가 한 번도 들어본 적 없는 몇 종목의 주식이 담겨 있었다.

MSCI World는 이 기간 동안 30퍼센트의 수익을 올렸다. MSCI World를 담은 ETF에 투자했다면 춘 라우는 900유로의 수익을 얻고 기뻐할 수 있었을 텐데. 하지만 1,000유로의 손실을 입은 그는 좌절에 빠졌다. 춘 라우는 ETF라든가 MSCI World라는 말을 한 번도 들어 보지 못했다.

춘 라우는 힘들게 일했다. 보통 그는 하루에 10시간을 레스토랑에서 일했고 손님을 맞았으며, 일주일에 6일을 일했다. 그는 친구로부터 주식 추천을 받아 증권계좌를 만들었다. 주식이 그의 삶을 좀 더 쉽게 만들어준다고 해서 그는 가지고 있는 현금을 계좌에 쓸어 넣었다. 재정상의 자유를 추종하는 사람들은 이를 일컬어 '긍정적인 현금 유동성을 만들어낸다'고 부른다. 춘 라우가 레스토랑에서 부지런하게 일하는 모습을 볼 때마다, 그가 항상 식탁에 앉아있는 손님들을 눈으로 확인하고 뭔가 부족한 것

● 1999년 독일에서 설립된 금융업 회사이다. 2020년 6월 25일에 파산신청을 했다. - 옮긴이 주

은 없는지 살피고, 항상 친절한 말과 미소를 건넬 때마다, 나는 마음 속 깊이 경제적으로 그가 조금 더 나아지기를 빌었다. MSCI World를 담은 ETF 하나만 가지고 있었더라면 춘 라우는 아무런 문제없이 상당한 현금 유동성을 만들어낼 수 있었을지 모른다. 900유로의 수익을 얻었다면, 이는 그에게 한 달 월급의 절반에 해당하는 금액이다.

탄수화물은 사양합니다

나는 몇 주 전부터 춘 라우가 일하는 레스토랑에 규칙적으로 가서, 그와 주식에 대해서 수다를 떨고 그런 뒤 원고를 썼다. 나는 놀려고 이 레스토랑에 오는 것은 아니다! 레스토랑의 분위기가 너무 쾌적하여 원고를 쓰기에 좋았기 때문이다. 몇 주 후에는 원고를 출판사에 넘겨야 하므로 열심히 원고를 쓰는 게 나에게는 매우 중요했다.

춘 라우는 야채 위에 새콤달콤한 소스가 얹혀 있는 농어 요리를 가져왔다. 이 요리는 메뉴판에는 없었지만, 춘 라우는 손님들에게 요리를 융통성 있게 내어놓고는 했다. 나는 밥을 주문하지 않았다. 이미 언급했듯이, 새해에는 체중을 5킬로그램 뺄 계획이어서 말이다. 체중을 줄이는 데는 생선이 좋다고 의사가 추천하며 다음과 같이 덧붙였다. "탄수화물은 피하시고요." 그러니 밥은 먹지 않을 생각이었다. 춘 라우에게는 문제가 하나 있었는데,

내가 밥을 먹지 않는다고 해도 기억하지 못한다는 것이다. 늘 그는 밥이 가득 들어있는 접시를 내 앞에 두었는데, 나는 다시 가져가라고 부탁했다. 탄수화물은 No. 탄수화물은 나의 체중감량 프로그램에서 코로나 바이러스와 비슷하다. 이 바이러스가 경제와 주식시장에 미치는 영향을 고려한다면 말이다.

마지막으로 이 레스토랑을 방문한 이후부터 주식시장은 강력하게 조정장에 들어갔다. 코로나 바이러스가 투자자들을 불안하게 만들었던 것이다. 많은 사람들이 가지고 있던 주식 전부를 팔았다. 조정이 되고 있을 때 이런 방식으로 매도하는 것은 그야말로 위험하기 짝이 없다. 지금 주식을 팔면, 그들은 아마 상당한 손실을 봤을 것이다. Sell low. 이어서 그들은 힘들게 다시 시장으로 들어오고는 한다. 이미 주가가 많이 오르고 시장도 다시 낙관적이 되었을 경우일 때가 많다. 그러면 이들은 다시 주식을 사는데, buy high.

만일 주식이 싸면, 장기투자자들은 주식을 사야 한다. 노련한 투자자들은 이를 일컬어 Buy-the-dip이라고 부른다. 이때 문제는, 하락했을 때 매수하는 것은 투자자들을 불안하게 만든다는 것이다. 패닉이 시장을 지배할 때, 주식은 매수해야만 하다. 잡지 슈피겔은 곧 세상이 멸망할 것이라는 기사를 쓸지 모른다. 이러한 상황에서도 당신은 돈을 던져버린다고? 이런 기사를 읽으면 투자자들은 당연히 힘들다. 충분히 이해할 수 있다.

워런 버핏은 다르게 본다. "슈퍼마켓에 가서, 자주 구매하는 제품의 가격이 절반으로 떨어진 것을 보고 당황하는 사람은 아무도 없다." 그런데 주식의 경우는 다르다. 만일 수익이 10퍼센트 또는 20퍼센트 떨어지면, 많은 투자자들은 매수하기에 딱 좋은 타이밍이라고는 전혀 생각하지 못한다. 그들은 오히려 주식을 팔아버리고자 한다. 가진 돈을 더 잃게 될까 경악에 빠지고 만다.

파란색으로 표시되는 빌어먹을 숫자들

코로나 바이러스와 불경기에 대한 공포심이 주식시장을 꽁꽁 얼어붙게 했던 것은 2020년 3월 초였다. 만일 춘 라우가 지금 추가매수를 한다면, 그의 주식잔고는 시간이 지나면서 아마도 훨씬 나아질 수 있을지 모른다. 2년이 지나도 전문가들은 여전히 코로나에 대해서 얘기할 것이고, 주식은 현재보다 훨씬 많이 올라 있을 것이다. 내가 뜨거운 농어 요리를 먹기 좋게 자르고 있는 동안, 춘 라우는 자신의 증권계좌를 한 번 봐달라고 나에게 부탁했다. 농어 요리는 정말 맛있어 보였다. 나는 달콤새콤한 소스를 보자 군침이 돌았다.

이와 반대로 춘 라우의 증권계좌는 구경거리로는 전혀 적합하지 않았다. 혐오스러운 파란색 숫자들이 여전히 있었다. 이런 숫자들은 그 사이 더 늘어나 있었다. 주식시장에서 경기가 좋지 않은 딱 일주일 동안 얼마나 끔찍한 일이 벌어지는지! 시장 전체가 그 사이 고점대비 대략 15퍼센트가 빠져나갔던 것이다.

춘 라이의 계좌에는 이제 한 자리 숫자는 더 이상 존재하지 않았고, 두 자리 숫자도 더 늘어나 있었다. 다임러는 이제 40퍼센트나 하락한 상태였다.

춘 라우의 주식들은 상당한 조정을 받고 있었다. 원래 투자했던 자본 가운데 남아 있는 돈은 60퍼센트 정도, 그러니까 1700유로였다. 그 결과 춘 라우는 주식시장에 대한 관심이 사라져버렸다. 그의 친구에게는 그토록 재미있던 주식이 그를 좌절에 빠지게 했던 것이다. 춘 라우는 주식을 모두 팔아야 하는 게 아닐까 고민하고 있었다.

개인 증권계좌의 폭락

이처럼 주식시장에서 고작 12개월 만에 3천 유로가 40퍼센트 이상의 손실을 입기란 얼마나 쉬운 지 알 수 있다. 주식시장에서는 40퍼센트 이상의 손실을 입으면 시장의 붕괴라고 부른다. 주식시장이 붕괴되는 경우는 아주 드물다.

하지만 개별 투자자들의 증권계좌는 전혀 다르다. 이곳에서는 그와 같은 붕괴가 규칙적으로 일어나니까 말이다. 그 이유는, 투자자들이 주식시장이 잘 될 때 들어가는 까닭이다. 게다가 이들은 자신들이 보기에 매우 전망이 좋을 것 같은 주식 한 두 가지만 구입한다. 많은 사람들은 자신들이 최고라고 들었거나 또는 어디에서 최고라고 읽었던 단 하나의 주식만을 산다. 이때 문제는, 계좌에 개별 주식을 적게 넣어두면 둘수록 변동이 생길 때 더욱 취약해진다는 것이다. 그리하여 끔찍한 파란 숫자가 등장하는 것이다.

주식시장은 전반적으로 주가의 변동, 그러니까 조정을 거칠 경우가 많다. 춘 라우가 지금 코로나 바이러스로 인해 겪고 있는 것처럼 말이다. 또는 그야말로 전망이 최고라고 하는 주식을 구매한 뒤에 하락이 따르는 경우도 많다. 이는 흔히 개별 주식이 겪게 되는 과정이며, 시장이 어떤 상태인지와는 무관하다. 이 두 가지 경우에 손실이 쌓이게 된다. 그리고 몇 달 혹은 몇 년 후에는

[그림 19] 코로나 위기 동안 다임러의 주식. 이미 상당히 많이 하락한 주식이 더 떨어지고 있다.

손실로 고통을 겪게 되는 것이다. 이들은 주식의 가격이 높을 때 매수하고 가격이 바닥일 때 매도를 한다. 춘 라우 역시 그렇게 했다. 그는 좌절에 빠진 상태였다. 나는 충분히 그를 이해할 수 있다. 사실 파란색 숫자는 사람을 좌절시킨다.

연구에 따르면, 만일 주식을 판다면, 춘 라우의 기분은 나아질 거라고 한다. 그러면 그는 더 이상 스마트 폰을 꺼내 손실을 본 주가를 끊임없이 확인할 필요가 사라진다. 그는 적어도 하루에 세 번은 그렇게 했다. 스마트 폰에서 그는 자신이 매수했던 다임 러와 와이어카드 그리고 다른 주식들이 하락했다는 파란색 숫자를 봤다. 이렇게 하면 기분이 나빠졌다. 지금 주가가 속절없이 떨어지고 있는 상태이므로 아직 남아있는 돈을 걱정하게 되었다. 만일 이렇듯 주식시장이 위태롭게 요동을 치다가 한 달의 절반을 일해서 받는 월급이 또 사라지면 어떻게 하지? 만일 지금 팔면, 손실을 감당해야만 하지만 더 이상 고통 속에 살 필요는 없다. 혐오스러운 파란색 숫자들이 자신의 삶에서 사라지게 될 테니까 말이다.

주식을 추가 매수할 때를 위한 규칙

주식시장에서 조정은 당연히 일어난다. 18개월마다 일어난다고 볼 수 있다. 하지만 그 누구도 조정장이라고 알려주지는 않는다. 주식시장을 돌아다니며 곧 조정장이 펼쳐질 것이라고 큰 소리로 알려주는 사람은 아무도 없다.

조정은 그냥 때가 되면 일어난다. 이때 매수하는 사람은(buy-the-dip), 싸게 주식을 산다. 이렇게 추가로 매수할 때 두 가지 규칙이 있다.

첫 번째. 만일 주식이 고점 대비해서 10퍼센트 가량 떨어지면, 최초로 추가 구매를 실행한다. 시장이 또 다시 10퍼센트 가량 떨어지면, 또 매수하면 된다. 그리고 세 번째로 10퍼센트 하락하면, 시장은 조정장의 영역을 떠나서 하락장의 상태에 있게 된다. 그러면 세 번째로 추가 매수를 한다.

이처럼 순전히 기계적인 추가 매수(-10퍼센트, -20퍼센트, -30퍼센트)는 조정이 이루어지고 있는 소란스러운 시기에는 매우 고생을 덜어준다. 다시 말해 매수를 할 적당한 시점을 결정해야 할 때 말이다. 시장이 어떤 시점에서 다시 올라갈지 아무도 모르기 때문에 추가 매수를 해야 하는 세 가지 퍼센트는 적절한 매수 시점이라는 증거가 된다.

두 번째. CNN에는 유명한 Fear&Greed-Index를 발견할 수 있다. 이 지수는 투자자들의 탐욕을 측정한다. 또는 두려움이라고 해도 된다. 지수는 100점을 기준으로. 만일 50점이면 어느 편도 아닌 중립적인 영역이라고 보면 된다. 만일 18점 이하로 떨어지면, 시장에는 패닉이 지배하고 있는 상태를 말한다. 주식은 지금 상당히 매수하기에 좋다. 많은 투자자들은 이 지점에서 의도적으로 추가 매수를 한다.

좋은 주식들도 조정장에 들어간다

내가 매우 고평가하는 주식인 애플도 과거에는 조정장에 들어갔다. 2018년 10월 애플은 230달러였다. 이로부터 3개월 후 140

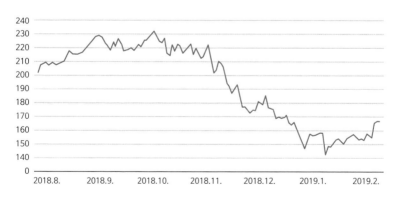

[그림 20] 애플 주식이 조정 상태에 있다. 개별 주식들은 규칙적으로 조정의 대상이 된다. 애플도 마찬가지이다. 이제 정신 줄을 놓지 말고, 아무 일도 안 하면 된다.

달러가 되었다. 거의 40퍼센트의 손실이다. 10월 애플의 낙관적인 분위기에 매료되어 주식을 매수했다가 1월 애플에 대한 비관주의를 듣고 팔았던 사람은 일시적으로 매우 많은 손실을 감당해야만 하는 것이다. 만일 애플에 대한 비관주의가 최고점에 달했을 때 자신의 주식을 판 사람에게는 손실이 현실이 되는 것이다(그림 20).

이와 반대로 애플의 비관주의의 시기에 뚝심을 가지고 주식을 구매하거나 추가로 매수하는 사람에게 세상은 전혀 달라 보일 것이다. 이로부터 1년이 지난 2020년 1월, 애플 주식은 100퍼센트 가량 올랐다. 주식의 가격은 300달러 이상 올라갔던 것이다(그림 21).

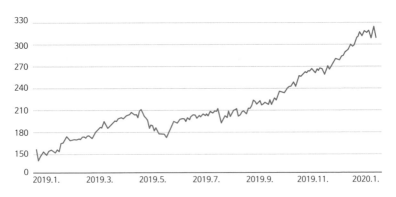

[그림 21] 조정을 거친 뒤 새롭게 상승하는 모습. 고점이었던 232달러를 곧 추월해서 325달러까지 올라갔다.

매도하면 심리적으로 고민을 덜어준다

이 모든 것들은 춘 라우에게 도움이 되지 않는다. 그는 1년 전에 애플을 매수하지 않았고, 그의 친구는 반대로 매수를 했다. 춘 라우는 독일 사람들이 좋아하는 주식인 다임러 주식을 매수했던 것이다. 다임러의 주가는 떨어졌다. 끝이 보이지 않게 떨어지기만 했다. 30퍼센트 이상 하락하자 주가는 그때부터 천천히 움직였다. 춘 라우는 매일 주가를 살폈다. 하지만 좋아질 기미가 없었다.

매일 계좌를 살피는 일은 많은 투자자들이 흔히 저지르는 실수에 속한다. 춘 라우는 손님 한 명에게 수프를 가져다 주고 주방으로 돌아가는 길에 빠른 몸짓으로 자신의 계좌를 또 한번 살폈다. 스마트폰과 주식시장 앱 덕분에 자신의 주식이 어떤 상태인지 계속 확인하는 일이 보다 간편해졌다. 그는 주식 앱을 열어 자신의 증권계좌를 살폈다.

끊임없이 자신의 주식을 체크하는 일은 어떻게 좋을 수 있을까? "오를 수 있잖아요." 춘 라우는 그렇게 대답하면서 접시들을 치웠다. 장기적으로 보면 주식은 오르지만, 단기적으로는 그렇지 않다. 단 하루 사이에도 완전히 달라질 수 있는 것이다. 오를 때도 많다. 하지만 하락할 때도 많다. 주식시장은 마치 동전을 던지듯 오르고 내리는 것을 반복한다. 단 하루 만에 주식이 오를 확률은 대략 50퍼센트이다. 그러면 춘 라우의 주식시장 앱은 그 결과를 빨간색 숫자로 보여준다.

단 하루 사이에 주식이 떨어질 확률도 대략 동일해서 50퍼센트에 달한다. 그러면 춘 라우는 기분을 우울하게 만드는 파란색 숫자를 보게 되는데, 주식을 확인하는 시간에만 그렇지는 않다. 투자자들이 자신들의 계좌를 자주 보면 볼수록, 그들이 파란색 숫자를 보게 될 기회는 더 많다. 이런 숫자는 그들을 불행하게 만든다.

증권계좌를 들여다보지 마시길!

금융장관이라는 뜻을 가진 블로그를 운영하는 알베르트 바르네케가 하는 방법이 기억나는가? 그는 일 년에 한번 자신의 증권계좌를 들여다본다고 했다. 이런 행동은 전문가들의 입장에서 봐도 매우 잘하는 일이다. 투자자들은 2년 또는 3년마다 자신들의 투자 상태가 어떠한지를 들여다보면 된다고 이 분야를 연구하는 사람들은 말한다.

왜냐고? 10퍼센트 하락한 계좌는 투자자들을 심각하게 우울하게 만드는데, 이는 20퍼센트 증가한 계좌가 그들을 기쁘게 해주는 만큼의 강도이기 때문이다. 두 배나 더 높다! 그림 22는 이와 같은 현상을 보여주고 있다. 이는 사람들이 손실에 대해서 품는 반감 때문이다. 10퍼센트의 손실은 10퍼센트 수익에 비해서 두 배나 더 강렬하다.

하지만 3년마다 자신의 계좌를 들여다보는 사람은 훨씬 더 잘산다. 최소한 이 사람이 ETF에 투자를 하거나 춘 라우보다 더 나은 주식을 선택해서 투자한 사람일 경우에 한해서 그렇다는 말이다. 그 사이 일어나는 변동(하향)으로 인해 아무런 영향을 받지 않을 수 있는 것이다. 지난 10년 동안 2년마다 증권계좌를 확인했다면, 계좌는 지난 번 주식을 마지막으로 확인했을 때에 비해서 확연히 늘어나 있을 게 분명하다.

스마트폰으로 시간 날 때마다 확인하는 춘 라우의 경우는 전혀 다르다. 파란숫자를 보는 순간 이런 숫자는 끔찍하기만 하다. "지진이죠. 어제 지진이 일어났어요, 정말." 그는 이렇게 말했다.

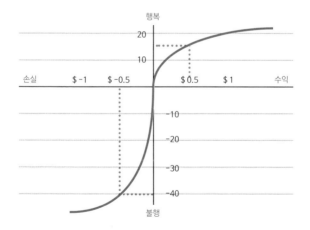

[그림 22] 작은 수익은 약간 행복하게 만든다. 하지만 작은 손실은 최소한 두 배는 더 불행하게 만든다. 이것은 사람들이 손실에 대해 품는 반감 때문이다. 이런 반감은 이성적이 아니다. 하지만 인간이 이성적이라고 누가 말한다는 것인지!

주식시장은 대략 6퍼센트 떨어졌는데, 이는 매우 강력한 하락이 기는 하다.

"다 팔아버리겠어요." 그가 갑자기 말했다. 하지만 왜? 지금이 야말로 추가로 매수를 해야 하는 시점인데! 하지만 이성을 잃지 말자. 다임러 주식은 결코 아니야! "제 치아 때문이죠. 치과에 가 야 하거든요." 그는 주식시장으로 소풍을 갔다가 대략 50퍼센트 의 손실을 입고 끝이 났다. 투자한 돈을 써야하는 경우가 생기는 바람에.

"하우스 자두 와인 한 병 드릴까요?" 춘 라우는 늘 그렇듯 물 어봤고, 나는 늘 그렇듯 거절해야만 했다. 나는 글을 써야 하고, 주식시장에 관해 글을 쓰려면 취하지 않은 맑은 정신이 필요하 다.

시장에서 돈을 잃는 경우는 단기적인 관점에서 보면(1-3년 동안) 매우 간단하게 일어난다. 우리는 지금까지 그런 경우를 수 없이 보아왔다. 주식시장은 지난 10년 동안 평균적으로 매년 8-10퍼 센트 상승하고 있다. 하지만 사람들은 이를 신뢰하지 않는다. 그 밖에도 우리는 운이 나쁠 수 있고, 그리하여 우리의 주식이 시장 보다 더 나빠지기도 한다. 물론 그밖에도 우리를 위험에 빠트리 는 다른 가능성도 존재한다. 우리는 돈을 자산관리인에게 맡길 수도 있다. 이 사람이 춘 라우와 어떻게 다르게 하는지 한번 보기 로 하자.

자산관리인에게 돈을 맡길 때의 리스크

클라우스(45세)가 나에게 전화를 했다. 그는 노후대비를 위해 24만 유로를 투자하고 있었다. 하지만 유감스럽게도 계좌는 전혀 늘어나지 않았고, 심지어 줄어들어 있었다. 클라우스는 자신의 돈을 자산관리인에게 맡겼는데, 그는 골프클럽에서 알게 된 지인이기도 했다. 클라우스에 따르면 자산을 관리해주는 대가로 매년 0.5퍼센트를 수수료로 가져간다고 했다. 유감스럽게도 관리인은 ETF에 투자하지 않았고, 개별 주식에 투자했다. 실패였다. 이제 클라우스는 상담이 필요했다. 이런 식으로 계속 갈 수는 없었던 것이다.

클라우스가 자산관리인에게 맡겼던 3년 동안 마이너스 15.5퍼센트의 손실이 발생했다. 여기에서 관리인의 비용은 고려하지 않았다. 그는 매년 0.5퍼센트를 가져감으로 이제 클라우스의 계좌는 마이너스 17퍼센트가 된다.

마르크와 페니히

- 24만 유로라는 투자금은 3년이 지난 뒤 199,200유로가 되었다.

  이런 결과는 훨씬 더 나을 수도 있었다. 자산관리인과 그에게 지불하는 수수료가 없었다면 더 나았을 것이다. ETF에 투자했다면. MSCI World주에 투자를 했다면 클라우스는 3년이 지난 후 33퍼센트의 수익을 얻었을 것이다.

- ETF나 MSCI World에 투자했더라면 클라우스가 투자했던 240,000만 유로는 이제 319,000유로가 되었을 것이다.

숫자가 이미 말해주고 있다. 우리가 곧 살펴보겠지만 MSCI World에 투자하는 것이 많은 관점에서 리스크도 훨씬 적다. 클라우스의 자산관리인은 대부분의 전문가들처럼 개별 주식을 선별할 때 역선택negative selection을 하는 경향을 따라 했다.

전문가들은 과거에 성공을 거둔 주식이자 고객도 이미 잘 알고 있는 주식들을 매수한다. 때문에 이들은 새롭고도 건전한 트렌드를 모두 놓쳐버리는 것이다. 이들이 선별하는 주식들은 시장 전체보다 더 나빠질 때가 많다. 이것이 바로 리스크1이다. 게다가 그는 비교적 소수의 주식에만 투자했다. 이것이 리스크2에 해당한다. 리스크3은 자산관리인 그 자체이다. 이 사람이 클라우스의 돈으로 앞으로도 또 그렇게 할지 누가 알겠는가.

테슬라 - 공매도로 인한 폭락

클라우스는 자산관리인과 맺은 계약을 해지하고자 했다. 그는 자신의 돈을 직접 투자하고자 했고, 주로 MSCI World에 투자할 예정이었다. 하지만 그 전에 자산관리인이 아이디어를 하나 냈다. 그는 지극히 위험한 공매도short position*로 테슬라 주를 매수했는데, 지속적으로 상승하는 주가에서 들어갔다. 테슬라는 지

● 미래 기간에 특정 가격으로 상품을 매도하기로 한 계약 - 옮긴이 주

극히 예측하기 어려운 주식이다. 주가가 360달러에서 180달러까지 곤두박질치기도 한다. 그런가 하면 몇 주 만에 300달러에서 600달러까지 올라가기도 한다. 아니면 900달러까지.

공매도로 자산관리인은 떨어지고 있는 주식을 구매했다. 이것은 투자와는 전혀 무관한 행동이다. 이런 행동은 투자라기보다 오히려 내기나 또는 룰렛 회전판에서 도박을 하는 것일 수 있다. 마치 자산관리인이 고객의 돈 가운데 1/3을 카지노에서 빨간색에 거는 것과 비슷하다. 그런데 만일 구슬이 검정색 숫자에서 멈춘다면 무슨 일이 일어날까? 그러면 그는 두 배의 돈을 내기에 건다. 하지만 만일 구슬이 또 다시 검정색 영역에서 멈춘다면 무슨 일이 일어날까? 그는 도박을 한 것이고 고객의 돈은 사라진다. 다시는 돌이킬 수 없다.

사흘 만에 클라우스의 증권계좌에 들어있던 돈 가운데 8만 유로가 사라졌다. 돌이킬 수 없는 일이었다. 자산관리인 역시 사라져버렸다. 그는 병원에 입원했던 것이다. 심장에 문제가 생겼다고 한다. 그는 아마 지난 몇 년 동안 클라우스의 돈으로 좋은 결과를 얻지 못해서 떨어지고 있는 테슬라 주가에 도박을 하여 상황을 역전시키고 싶었던 것 같다.

하지만 이런 시도는 철저하게 실패했다. 구슬은 한 번만 검정색에서 멈춘 게 아니고, 여러 차례 멈추었던 것이다. "시장은 비이성적이게도 당신보다 더 오랫동안 지급능력이 있을 수 있다." 그 유명한 존 메이너드 케인스의 말이다. 테슬라의 주식이 600

달러인 것은 과도하다고 볼 수도 있다. 하지만 그보다 더 올라서 테슬라의 주식이 900달러, 1200달러, 심지어 1800달러까지 올라갈 것이라고 확신을 갖고 말할 사람은 아무도 없다.

그리고 그 누구도, 시장이 언제 과열된 주가를 조정에 나설 것인지를 정확하게 알 수 없다. 몇 주 뒤에 코로나에 대한 공포심은 아무런 문제없이 주가를 600달러 이하로 눌러버렸다.

클라우스의 자산관리인은 고객의 돈을 도박하다시피 테슬라에 걸었고, 이는 지극히 위험한 내기라고 할 수 있다. 그러니 그 자신이 지금 심장문제를 안게 된 것도 놀랄 일이 아니다. 모든 전략 가운데 가장 단순한 전략, 즉 MSCI World를 담은 ETF에 투

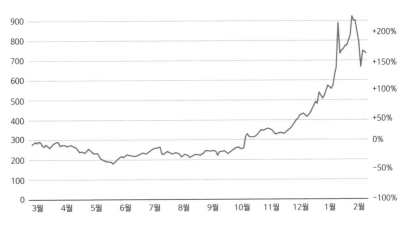

[그림 23] 테슬라는 2020년 초에 고공행진을 펼쳤다. 이는 몇 가지 좋은 성과에 따른 것이다. 또한 이 시기에 시장은 낙관적인 분위기가 팽배했는데, 이 역시 하나의 역할을 했다. 떨어지는 주가에도 불구하고 투자하는 사람은, 빠른 속도로 파산할 수 있다.

독일개미가 한국개미에게

자할 생각을 못했던 것이다. 만일 이렇게 했더라면, 그의 고객은 엄청난 수익을 얻었을 게 분명하다.

그런데 여기에서 솔직하게 말해보겠다. 세계주식시장의 주식을 담은 ETF에 자신의 돈을 투자하려는 사람이 뭣 때문에 자산관리인이 필요하겠는가? 온라인에서 직접 구매하면 되는데 말이다.

결론을 내보자

클라우스는 이제 12만 유로를 가지고 있다. 그것도 2020년 1월, 거의 33퍼센트 오른 주식시장에서 말이다. 이것은 그야말로 씁쓸하기 짝이 없는 일이다. 우선 자금의 절반이 공중분해 되어 버렸다. 그리하여 클라우스의 연금은 극심한 타격을 입었다. 연금 외에 부차적으로 받을 수 있기를 바라마지 않았던 추가 연금이 절반으로 줄어들었으니 말이다. 그러니까 절반으로 줄어들었다. 그 차이는 분명해졌다. 그가 지금 가지고 있는 12만 유로는, ETF에 넣었다면 얻었을 수익 32만 유로와는 너무나 차이가 나니 말이다. 이것은 정말 간단하게 말한 것이다. 8년 동안 매달 연금을 1,250유로를 받을지 아니면 3,300유로를 받을 것인지의 차이다.

자산관리인의 삶도 안타깝지만 무너졌다. 그는 고객으로부터 고액의 자금을 받아서 완전히 도박으로 날렸다. 어쩌면 자신의 돈도 같이 날렸을지 모른다.

사람들이 주식시장에서 돈을 잃는 이유가 몇 가지 있는데, 도박처럼 하는 투기도 이에 속한다. 떨어지는 주가에 투기를 하고, 유감스럽지만 나중에 이 주가는 올라간다. 이때 소위 말해서 레버리지 상품이 투입되는데, 예를 들어 시장이 조정되고 있을 때 계속 떨어지는 주가에 투자하는 상품이다. 레버리지가 1:10일 경우 시장은 10퍼센트만 올라가도 투입된 전체 자본(100퍼센트)을 망가뜨리게 된다.

무엇이 투자이고 무엇이 투기인가?

어쩌면 지금이 근본적인 질문을 던지기에 좋은 시점이 아닐까 싶다. 그러니까, 투자와 투기를 어떻게 구별하는가, 라는 질문 말이다. 내가 아마존이라는 기업이 계속 번영하기를 희망하기 때문에 아마존 주식을 매수하면 투기일까? 이런 희망이 착각일 수 있을까? 금이 믿을 수 없을 정도로 확실하고 독일 신문 어디에서도 금에 대하여 부정적인 소식을 전하지 않기 때문에, 금에 투자하면 이것은 투자일까?

주식을 구입하는 사람은 어떤 기업의 미래에 참여하게 된다. 그것도 장기적으로. 아마존 주식을 구입한 사람은 사장 제프 베이조스Jeff Bezos와 그의 팀이 생각해내는 똑똑한 아이디어에 참여하는 사람이다. 이것이 바로 은이나 금에 투자하는 것과의 차이다. 골드바들은 새로운 것에 대해서 전혀 생각하지 않는다. 그것들은 늘 있던 곳에 있을 뿐이다. 한 조각의 금속일 뿐이다. 이와 반대로 하나의 기업은 움직인다. 기업은 소비자들의 마음에 들 수 있는 또는 들지 않을 수 있는 새로운 아이디어를 시험한다. 주식은 기업에 참여하는 것이다. 주식으로 회사를 공동으로 소유하게 된다는 의미이다. 만일 애플처럼 기업이 수익을 올리면, 이들은 주주들에게 상당한 수익을 나눠준다. 배당금의 형태거나 아니면 자사의 주식을 매수하는 형태이든 말이다.

주식은 기업에 참여하는 것이다. 그러니 아마존과 같은 기업의 이익에 참여하고자 원하는지 어떤지를 잘 생각해보기를 바란다. 아마존은 10년 후에도 여전히 좋은 기업일까? 애플은 현재처럼 그때도 여전히 막강한 기업일까? 이와 같은 질문에 확신이 서지 않는 사람은, 가능하면 지수(MSCI World, S&P500, MDAX)에 있는 주식들을 담은 ETF에 투자하면 훨씬 더 많은 수익을 올릴 수 있다.

- 금이 1년 후 또는 10년 후 가치가 더 높았으면 좋겠다고 희망하는 사람은, 투기를 하고 있다.

- 아마존의 분기별 수치가 좋았기에 아마존의 주식이 앞으로 며칠 동안 강력하게 올라가리라 생각하는 사람은, 투기를 하고 있다.

- 아마존 주가가 떨어지는 상황에서 주가가 떨어질 것이라고 믿고 공매도로 후속 매수를 한 사람은, 투기를 하고 있다.

- 오늘 매수한 아마존 주식이 1년 뒤 수익을 올리고 그리하여 다른 매수자에게 팔 수 있다고 생각해서 아마존 주식을 매수한 사람은, 투기를 하고 있다.

이와 같은 모든 투기는 잘 되거나 나빠질 수 있다. 이 모든 투기는 그야말로 위험하다. 이런 투기는 결코 투자가 아니다. 아마존이라는 기업의 이익에 지속적으로 참여하고 싶은 사람이 투자를 하는 것이다.

투자하는 사람은 매우 긴 세월을 이 주식과 함께 해야 한다. 중요한 것은 애플, 아마존이나 아디다스가 6개월 뒤 어느 지점에 있게 될 것인지가 아니다. 중요한 것은, 이런 기업들이 5년 뒤 혹은 10년 뒤 어느 위치에 있게 될 것인가이다.

모든 투자에는 리스크가 따른다. 그 어떤 주식도 리스크가 없는 것은 없다. 때문에 자신의 돈을 충분히 여러 기업(10-15개)에 투자하는 것이 중요하다.

90퍼센트 손실

마르쿠스(52세)는 주식투자자들의 모임에서 돈을 처음 투자했을 때 어떻게 했는지 얘기해주었다. 마르쿠스는 구동독 지역인 할레 출신이었고 1991년 금을 사야겠다고 결정했다. 금은 그에게 매우 탄탄한 투자처로 보였던 것이다. 주식처럼 그렇게 공중분해가 되지도 않았다.

이 시기에 순금 1온스의 가격은 대략 600마르크 정도였다. 구동독 시절에 금은 마르쿠스의 손에는 닿을 수 없는 투자처였다. 하지만 독일이 통일되자 상황은 달라졌다. 그는 이 노란색 금속에 투자를 할 수 있게 되었다. 금 가격은 심각한 수준으로 떨어졌는데, 사실 가파르게 올라야 한다고 마르쿠스는 생각했는데 말이다.

그는 단 한 번도 금을 구입하는 것이 투기라는 사실을 생각해본 적이 없었다. 그는 투자라고 간주했으며, 다른 투자자들도 마찬가지였다. 그런 뒤 그는 7년 후 자신의 금이 얼마나 하락했는지를 살펴봤다. 매년 떨어졌다. 그는 은행 금고에 보관하는 수수료를 규칙적으로 지불해야만 했다. 그밖에도 그는 주식과는 달리 배당금을 한 푼도 받지 못했다. 게다가 금은 풍부한 아이디어 따위는 전혀 내놓지 않는다. 다시 말해 금은, 마스터카드, 아디다스나 애플과 달리, 새로운 제품이나 서비스를 고안해내지 못한다.

이 모든 것은 시간이 지나면서 마르쿠스를 힘들게 만들었다.

왜냐하면 금은 오를 생각을 하지 않았기 때문이다. 1온스 당 600 마르크 이상을 지불할 사람이 아무도 없었다. 마르쿠스가 구입했던 바로 그 금액 이상을.

마르쿠스는 팔았고 실망했다

7년 뒤 1온스 당 540마르크에 마르쿠스는 금을 정리했다. 실패를 인정하는 일은 어렵다. 그 역시 그랬다. 수년 동안 자신이 했던 투자의 결과를 정리해볼 생각도 안했던 것이다. 이런 행동은 어떤 전략의 성공 또는 실패를 분석하지 않으려고 저지르는 속임수이다.

마르쿠스의 투자 결과를 이제 살펴보자. 그는 2만 마르크를 금에 투자했다. 7년 동안 이로 인해 발생한 비용을 계산해보자.

2,600 마르크	사고 파는 데 들어간 비용(각각 7퍼센트)
+ 600 마르크	금고 사용 수수료
+ 2,000 마르크	가격하락
= 5,200 마르크	총 손실

마르쿠스는 7년 동안 5,200 마르크의 손실을 입었다. 2만 마르크에서 비용을 제하고 나면 14,800 마르크가 남게 된다. 이는 26퍼센트의 손실이다. 금에 투자해서 입은 손실이다. 공중분해 되지 않고 믿을 수 있다고 생각하고 투자했던 금이었다.

그의 돈은 투자를 시작했던 시기보다 7년 후 가치가 떨어졌지만, 나는 이 계산에서 고려하지 않았다. 당시의 인플레이션은 상당히 높았고 23퍼센트에 달했다. 인플레이션으로 인한 구매력 상실을 계산에 넣는다면 마르쿠스는 심지어 40퍼센트 이상의 손실을 입었다.

이 시기에 주식은 어느 정도의 수익을 안겨주었을까?

만일 마르쿠스가 독일 주식시장에 투자하기로 결정했다면, 2만 마르크는 7년 뒤에 66,600마르크로 증가하게 된다. 이 경우에도 비용이 들어가기는 한다. 주식을 매수하고 매도할 때 이 시기에는 지금보다 훨씬 높은 수수료를 지불해야 했다. 매수할 때 1퍼센트(200마르크)와 매도할 때 다시 1퍼센트(666마르크)인데, 이 비용은 금을 거래할 때 들어간 높은 비용과 비교한다면 매우 적은 돈이라 할 수 있다. 비용은 마르쿠스가 얻었을 수익 233퍼센트에 비하면 그야말로 소액이다. 그리고 나면 순수익은 228퍼센트가 된다.

마르쿠스의 투기는 왜 실패하고 말았을까?

투자를 하면서 마르쿠스가 실패하게 된 원인들은 매우 여러 가지가 있다. 이 시기에 금은 가치가 떨어졌는데, 비록 약간이긴

하지만 말이다. 10퍼센트였다. 이 정도 떨어진 것은 마르쿠스에게 다행이라 할 수 있다. 1980년 금 가격이 정점을 찍었을 때부터 2001년 금 가격이 완전히 바닥으로 떨어졌을 때까지 금은 70퍼센트 이상 하락했다. 20년 동안 떨어지기만 하던 금은 255달러까지 갔고, 1980년 한 번 최고점을 찍는데 850달러였다.

마르쿠스는 금을 구입하고 파는데 상당히 비싼 비용을 지불해야 했다. 마르쿠스가 투자 초반에 신경을 쓰지 못했던 두 번째 점은 은행에서 빌렸던 금고 사용료였다. 금고 하나에 30마르크를 지불했는데, 비싸지 않은 것처럼 들린다. 하지만 매달 지불하면 금액이 늘어나기 마련이다. 마르쿠스는 금을 보관하는데(금고에 대한 보험도 포함해서)만 2,500마르크를 사용했다.

높은 보관료가 바로 금에 투자하는 많은 사람들의 수익을 마이너스로 만드는 하나의 요인이었다. 금도 가끔 좋은 시절이 있었는데, 70년대와 2001년에서 2011년까지 좋은 시기였다.

어떻게 그는 이것을 간과할 수 있었을까?

마르쿠스는 어떻게 이런 점들을 그냥 간과할 수 있었을까? 마르쿠스는 엔지니어였다. 그는 매우 정확하고 확실하게 일하는 습관이 있는 사람이었다. 그런데 나 역시, 직업적으로 매우 확실한 사람들이 정작 돈을 투자할 경우 아주 용기 있고, 심지어 모험을 하듯 무모하게 투자하는 경향이 있다는 것을 자주 경험했다.

이런 사람들은 스위스 화폐인 프랑크에 내기를 걸고, 이 화폐는 하룻밤에 20퍼센트가 폭락하고는 한다. 또한 그들은 금을 구입하고 난 뒤, 금 가격이 계속해서 떨어지는 모습을 보고 놀라고는 한다. 그리고 금고 사용료가 들어간다는 사실, 이런 사실은 금 가격이 상승해서 얻게 되는 수익마저 깎아먹게 된다.

마르쿠스 역시 이런 유형의 투자자인 것 같았다. 마르쿠스는 주식시장에 대해 아는 게 거의 없었다. 그리고 나중에 가면 멍청한 짓이었다는 것을 깨닫게 되지만, 그는 육감을 통해서 결정을 내렸다. 이후에 그가 했던 행동에서도 이런 점들이 드러났다. 마르쿠스는 남은 1만 5천 마르크로 1999년 곧장 주식시장에 들어갔다. 유감스럽게도 그는 탄탄한 주식이나 역시 믿을 수 있는 MDAX 혹은 S&P500에 투자하지 않았다. 그의 돈은 지극히 위험한 섹터라고 알려진 소위 말하는 새로운 시장에 흘러들어 갔다. 수익도 없고 어떤 경우에는 매출조차 없는 인터넷 주식이었다.

인터넷 주식들의 파티가 끝났을 때, 마르쿠스는 두 번째 뼈에 사무치는 경험을 해야만 했다. 이제 그는 예전에 비해서 훨씬 더 가난해져 버렸다. 남은 건 3,000마르크. 그는 자신의 자산 가운데 90퍼센트를 잃어버렸다. 그것도 사람들이 안전하다고 했던 금과 모두가 전망이 밝을 것이라 했던 인터넷 관련 주식에 투자했던 결과이다. 두 가지 모두 투기였는데 말이다.

가브리엘레는 부차적으로 받을 수 있는 연금을 날려버렸다

가브리엘레(68세)는 자신의 주식을 어떻게 해야 할지 몰랐다. 그녀는 수십 년 동안 도이치 뱅크에서 일했다. 그러니 자신이 일했던 직장의 주식에 투자하는 것이 쉬웠을 것이다. 그녀는 1주에 80유로였을 때 매수를 했다. 그로부터 수년이 지난 지금 이 은행의 주가는 8유로에 멈춰있으며, 상승할 때도 많고 하락할 때도 많다. 가브리엘레는 돈의 90퍼센트를 잃어버렸다. 8만 유로가 8천 유로가 된 것이다. 도이치 뱅크의 주식이 수년에 걸쳐 하락할 때 그녀는 주식을 팔아버릴 용기가 없었다. 언제든 다시 좋아질지 모른다는 희망을 품고 있었을 따름이다.

"그렇게 해서는 안 되었는데"라고 가브리엘레가 말했다. 오늘날 그녀는 분명하게 알게 된 것이다. 그녀는 주식투자를 할 때 꼭 지켜야 할 규칙 두 가지를 모두 어겼다.

많은 독일인들처럼 그녀는 단 하나의 기업을 철석같이 믿었다. 그녀는 이 기업은 믿을 수 있으리라 생각했다. 왜냐하면 자신이 그곳에서 일했기 때문에. 이것이야말로 전형적인 자국 편향 home bias이다. 가브리엘레의 경우에는 고용주 편향employer bias이라고 불러도 될 것 같다. 많은 투자자들은 자신들의 고용주에 투자하면 위험이 가장 적을 것이라 믿는다. 그러나 이런 믿음은 허구에 불과하다.

자신이 일했던 기업에 투자함으로써 그녀는 매우 큰 위험부담을 안았다. 비현실적이지만 불가능한 일은 아닌데, 만일 이 기업이 파산하게 된다면 그녀는 두 가지 연금을 모두 잃게 된다. 회사가 그녀에게 매달 지불하는 연금과 이 회사의 주식을 구입함으로써 모아두었던 저축 둘 다 말이다. 이는 너무 부주의한 결정이었다.

참여자들의 감정이 중요하다

마르쿠스, 클라우스, 가브리엘레, 춘 라우 그리고 자산관리인이 고객의 돈으로 했던 행동이 이성적이라고 생각하는가? 나는 그렇게 생각하지 않는다. 그것은 매우 위험한 행동이다. 그리고 그런 행동은 어떠한 경우에도 상당한 손실을 가져온다. 중요한 것은 이들 모두는 어떤 형태로든 자신들의 감정을 따랐다는 점이다.

- 가브리엘레는 자신이 일했던 회사의 고용주에 대해 아주 좋은 감정을 가지고 있었다. 주식을 투자할 때 ETF와 같은 믿을만한 형태도 있다는 정보가 전혀 없었다. 그녀는 자신의 돈 전부를 단 하나의 주식에 넣었는데, 결국 손실만 봤다.

- 마르쿠스 역시 시장에 대해서 아는 게 별로 없었다. 금시장이나 주식시장에 대해서. 그는 대부분의 투자자들처럼 자신의 감정을 쫓아서 결정을 내렸다. 금은 믿을 수 있어. 반대로

행동하기란 힘들었을 것이다. 어쩌랴.

• 나중에 마르쿠스는 1998년부터 2000년까지 낙관주의적 분
위기에 물들고 말았다. 다른 모든 사람들도 EM-TV*나 In-
tershop**의 주식으로 수익을 얻었다. 그런데 왜 그는 성공
하지 못했을까? 그는 낙관주의적 분위기에 전염되었기 때
문이다.

• 클라우스 역시 춘 라우처럼 지인을 신뢰했다. 돈을 투자할
때 사람들이 제일 좋아하는 형태이다. 이때도 시장 참여자
의 감정이 지극히 중요하다. 나는 시장을 잘 아는 사람을 알
고 있어! 이런 말은 신뢰를 준다. 뭐, 어쩌랴.

우리의 느낌과 돈의 투자

마르쿠스에게 가장 이성적인 투자는 처음부터 MSCI World에
투자하는 것이었을지 모른다. 세계주식시장 말이다. 춘 라우도,
클라우스도 가브레엘도 마찬가지이다. 반드시 MSCI World에
투자해야만 할 것 같은 느낌을 가지고 있다고 말하는 누군가를

●   1989년 설립되었고, 현재는 Sport1 Medien으로 바뀌었다. 스포츠 방송 그룹이다. - 옮긴이 주
●●   인터숍 커뮤니케이션이며, 1992년에 설립되었고 전자상거래 방법을 제공하는 회사이다.

본 적이 있는가? 나도 그런 사람을 본 적이 없다. 만일 우리가 우리의 감정을 따라가게 되면, 우리는 다른 모든 사람들이 하는 것처럼 돈을 다루게 된다. 또는 우리는 금융기관에서 일하는 사람이나 어디에서 배운 속담에 이끌려 행동하게 된다.

수많은 사람들이 금을 구입한다. 심지어 모든 금속 가운데 가장 투기성이 강한 금속에 속하는 은을 열정적으로 구매하는 군단들이 있다. 이들은 은은 지극히 믿을 수 있다고 하는, 객관적 자료가 아니라 느낌만 가지고 말이다.

새로운 시장이 열렸던 시대에는 매일 이 시장에 상장되는 회사의 이름을 듣거나 읽지 않는 날이 하루도 없었다. 이런 시장에 동참해야 한다는 느낌을 가지는 것은 매우 쉽다.

이성을 깨워라

지난 90년 동안 S&P500이나 아니면 MSCI World에 투자했더라면, 투자하고 5년 후에도 마이너스 상태인 것은 불가능했다. 이는 새천년폭락(2000년부터 2002년까지)과 2008/09년 금융위기 때도 마찬가지였다. 한 편으로는 배당금 덕분이다. 주식이 오르지 않고 떨어지더라도 배당금은 나온다. 또한 앞의 두 가지는 주가가 떨어져서 다시 고점에 이르기까지 5년 이상이 걸리는 경우가 없었기 때문이다. S&P500은 2000년의 고점을 2006년에 회복했다. 배당금(토탈 리턴)을 함께 계산하면, 주가는 2007년의 고점을

2012년에 그 이상으로 달성했다. 이와 같은 방식으로 투자하는 사람은, 위기 때 매우 유리한 주가를 이용할 수 있다. 그러니까 값싼 주식을 매수할 수 있다는 것이다. 때문에 몇 년이 지나면 벌써 플러스로 돌아서게 된다.

대부분의 투자자들에게 있어서 지수(MSCI World, S&P500, MDAX)를 담은 ETF가 개별 주식에 투자하는 것에 비해서 훨씬 낮다. 심각한 조정을 겪고 있는 개별주식이나 또는 지멘스, 다임러, Tui°와 같은 시장에서 지속적으로 실적이 나쁜 주식들에 투자하는 것은 위험이 너무나 크다. 대부분의 전문가들조차도 개별 주식에 투자를 하면 체계적으로 불리한 선택을 하고는 한다. 개인 투자자들도 마찬가지이다. 이런 개별 주식들은 시장보다 실적이 떨어져 있다.

왜 그럴까? 설명하기 어렵다. 나는 8년 전부터 시장을 이기고 있고, 때문에 시장을 이기는 게 가능하다는 것을 안다. 주식에 관련해서 보도하는 많은 언론들은 그것이 매우 쉽다고 주장한다. 하지만 나는 그렇게 말할 수 없다. 결코 쉽지 않다. 시장 수익률에 대비해서 초과 수익률을 내려면 많은 지식과 시간이 필요하고, 무엇보다 엄청난 인내심이 필요하다.

• 원래는 Touristik Union International, 1968년 설립되었고 베를린과 하노버에 본사를 두고 있다. 호텔, 항공사, 여행사, 크루즈 선박을 갖춘, 세계에서 가장 규모가 큰 관광업 분야 대기업이다. -옮긴이 주

독일개미가 한국개미에게

반드시 지키자

첫 번째. 주식시장에서 돈을 잃기란 정말 쉽다. 그렇게 되는 주된 이유는 지나치게 짧은 기간 동안의 투자, 시장에 대해 너무나 적은 지식, 지나치게 육감에 의존하는데 있다.

두 번째. 주식은 장기간 자산을 증식시키려는 목적에 적합하다. 누군가 2년 후 또는 3년 후에 세계여행을 할 목적으로 돈이 필요하다면, 이런 자금을 주식으로 마련하기에는 적절하지 않다. 상당히 큰 손실을 입을 수 있기에 말이다. 이는 세계여행을 계획한 사람이, 주가가 어떤 상태인지와 무관하게 정해진 시점에 반드시 팔아야 하는 까닭이다.

세 번째. 당신의 스마트 폰에 금융 관련 앱을 깔아놓지 마라. 이런 앱은 당신의 신경을 예민하게 만들고, 너무 자주 증권 계좌를 들여다보게 만든다. 이렇게 되면 아무래도 주식을 더 자주 매수하고 매도하게 된다. 이런 행동으로 부자가 되는 사람은 중개인이나 또는 당신의 계좌를 가지고 있는 온라인 은행이다. 전혀 의미 없는 행동이다.

네 번째. 비교적 오랜 기간에 익숙해지도록 하라. 당신은 앞으로 6개월이 아니라, 앞으로 5년을 투자하는 것이다. 이보다 더 좋은 것은, 앞으로 50년을 투자하는 것이다. 만일 당신이 지금 35세이고 노후연금을 준비해두고 싶다면, 마지막 주식을 85세에 매도할 생각을 해라. 당신도 알게 되겠지만, 주식시장에서 50년이란 그냥 정상적인 세월이다. 워런 버핏은 열한 살에 처음으로 주식을 구입했다. 그는 곧 91세가 되는데, 80년 동안 주식시장에 투자하고 있는 셈이 된다.

다섯 번째. 육감에 의존해서 돈을 투자해서는 안 된다. 그 대신에 몇 가지 생각을 해야 한다. ETF들을 한번 고민해보라. 그리고 규칙적으로 투자하는 저축계획에 대해서도. 여기에 덧붙여 반드시 투자하는 돈input에 대해서도 생각해야 한다. 다른 사람들과도 돈을 투자하는 일에 대하여 의논하고, 문제가 되는 바의 행동, 그러니까 이성이 아니라 느낌이나 감정에 의해 결정하지 않도록 용기를 북돋아줘라.

투자자들에게 다음과 같은 책들을 추천하고자 한다:

- John C.Bogle: Das kleine Handbuch des vernünftigen Investierens; An der Börse endlich sichere Gewinne erzielen〈이성적인 투자를 위한 짤막한 개론; 주식시장에서 마침내 확실한 수익을 노려보기〉
- Gerd Kommer: Souverän investieren für Einsteiger' Wie Sie mit ETFs ein Vermögen bilden〈초보자를 위한 자립적 투자: 당신은 어떻게 ETF들로 재산을 형성할 수 있을까〉
- Christian Thiel: Schatz, ich habe den Index geschlagen! Wie ich auszog, die besten Aktien der Welt zu kaufen〈자기야, 내가 시장을 이겼어! 나는 세계에서 가장 좋은 주식을 매수하기 위해서, 어떻게 이사를 갔는가〉
- Natascha Wegelin: Madame Moneypenny: Wie Frauen ihre Finanzen selbst in die Hand nehmen können.〈마담 마니페니: 여성들은 어떻게 자신들의 재정 상태를 직접 감당할 수 있을까.〉

"나의 투자 전략에 대해서 아주 만족합니다."

롤란트 로호테(38세, 프랑크푸르트, 인력사무소 운영)

당신은 과거에 돈을 어떻게 투자 할지에 대해서 몇 차례 상담을 받았습니다. 어떤 기관을 방문 했었나요?

우선 나는 폭스뱅크(국민은행)에 갔었습니다. 그때가 열다섯 살이었어요. 그 당시에 받을 수 있는 좋은 충고였던 거 같습니다. 하지만 유일하게 좋았던 상담이라고도 할 수 있어요. 당시에 나는 배당주를 구입했었는데, 지금도 6퍼센트의 이자를 나에게 보내주고 있어요. 나중에 나는 코메르츠 은행에 들렀습니다. 이들은 내 돈을 배타적인 부동산 펀드에 넣기를 원했어요. 미쳤지요.

그런 뒤 독일 자산컨설팅에 갔었지요. 이 사람들 역시 끔찍했습니다. 물론 판매에는 매우 뛰어났어요. 적어도 그들은 뭔가 컨설팅을 하고 있다는 듯 행동했으니 말입니다. 하지만 결국 그들은 연금 상품을 판매하고자 했어요. 그러고 나서 퀴린 뱅크Quirin Bank*에 갔어요. 유감스럽지만 이들도 좋지는 않았답니다.

퀴린 은행은 사례금을 받고 일하지요.

그래요. 상담을 받으면 보수를 지불해야 하지요. 그들은 나에게, 미국 주

---

* 1998년 설립되었으며 고객에서 보수를 받고 컨설팅을 해주는 최초의 독일 은행이다. - 옮긴이 주

식을 더 많이 살펴보라고 충고했어요. 그런 충고는 전혀 문제가 없지요. 그런데 상담의 마무리는 상당히 특이했습니다. 나는 그들이 매우 다양한 제안을 할 것이라고 기대했거든요. 하지만 그렇지 않았어요. 그들은 오히려 소위 말하는 포트폴리오-ETF를 추천했답니다. 그러니까 주식과 채권이 섞여 있었지요. 이건 나중에 보니 별로였습니다. 그래서 나는 하루 시간을 잡아서 S&P500을 담은 ETF들을 봤어요. 세상에! 이게 그때까지 내가 살펴봤던 모든 금융상품들보다 더 훌륭했어요. 그래서 생각할 게 많았습니다.

ETF들은 이기기 힘들지요. 그리고 S&P500은 두말할 필요도 없고요.

내가 보기에는 실적이 너무 별로였습니다. 그래서 나는 계속 찾아봤습니다. 그리고는 미국 투자자 켄 피셔Ken Fisher●라는 사람을 발견했는데, 포커스 머니Focus Money에 실린 그의 칼럼을 읽고는 했습니다. 나는 자산관리를 담당하는 그뤼너 피셔가 무료로 시장을 전망하는 소식을 나에게 보내도록 했어요. 이들은 나와 상담 약속을 잡기 위해 계속 전화를 하더군요.

그래서 나는 실적에 대해서 물어봤습니다. 하지만 대답을 해주지 않았어요. 결국 그들은 나에게 판매 직원을 집으로 보냈지요. 그는 12퍼센트의 수익을 올렸다고 실적을 보여줬고요. 하지만 그 실적은 시장이 특히

● 1950년 샌프란시스코에서 태어났으며, 투자 애널리스트이면서 Fisher Investments의 설립자이자 회장이다. 이 회사는 금융 상담과 자산관리를 해주며, 켄 피셔의 자산은 대략 43억 달러로 추정한다. - 옮긴이 주

잘 될 때였습니다. 내가 이런 말을 하자, 직원이 말을 더듬더군요.

사악한 반칙을 범했군요. 그런 행동이야말로 이 업계가 가장 오래 전부터 취하는 속임수들 중 하나입니다. 물론 그들은 시장의 지수와 비교는 하지 않지요.

물론 아니죠. 나는, 이 시기에 S&P500 지수가 훨씬 더 실적이 좋았다고 확신했습니다. 그러고 나서 나는, 주식시장 온라인과 포커스 머니를 읽었고 내 돈을 직접 개별 주식에 투자하기 시작했습니다. 하지만 잘 안 되었어요. 도이치 뱅크, 도이치 우체국. 이런 것들은 너무 안 좋았어요. 그래서 나는 책을 읽고 다시 ETF에 관심을 갖기 시작했어요. 그리고 확신이 서더군요. 선생님의 책 《자기야, 내가 시장을 이겼어!》도 읽었습니다. 솔직히 말해, 그런 뒤에 상황이 훨씬 좋아졌어요.

당신의 돈을 지금은 어떻게 투자하고 있습니까?

지금은 40퍼센트는 ETF에 투자한 상태입니다. 물론 다양한 주식을 담고 있지는 않은 ETF이기는 해요. 나는 정보와 기술 관련 ETF를 선택했습니다. 이것은 애플과 마이크로소프트를 많이 담고 있어요. 나머지 60퍼센트는 개별 주식에 들어가 있습니다. 나는 이제 계속해서 거래하는 행동을 멈추었고, 내가 매수한 주식들을 그냥 내버려둡니다. 좀 더 여유 있게 행동하고 내 돈을 보다 이성적으로 투자하기 위해서 나는 많은 시간이 걸렸습니다. 대신에 지금은 상당히 좋은 결과를 얻고 있어요. 지금 나의 투자전략은 잘 했다고 생각해요.

7장 수익 얻기

당신은 어떻게 지수를 추월할 수 있을까,
그리고 왜 대부분의 전문가들은 성공하지 못할까

시장지수는 거대한 힘이다. 이것을 이기기란 정말 힘이 든다. 심지어 너무 힘들다. 많은 개인투자자들은 시장의 수익률보다 더 많은 수익을 냄으로써 시장을 이기는데 가끔 성공하기도 한다. 다만 소수만이 그렇게 할 수 있다. 대부분의 전문가들도 시장에 뒤쳐진다. 매년. 이런 질문을 할 수 있다. 성공한 소수의 사람들은 어떻게 그럴 수 있을까? 개인투자자들은 어떻게 하면 초과실적을 낼 수 있을까?

서서히 한 해가 저물어 간다. 가족들은 따뜻한 부엌에 함께 앉아서 놀이도 한다. 12월 31일 밤의 어둠 속에서도 밖에서는 폭죽 터지는 소리가 끊이지 않는다. 주식시장 역시 움직이고 있다. 주식시장은 조용히 멈춰 있지를 못한다. 뉴욕에서는 우리 시간으로 22시까지 거래가 이루어 지고 있다. 몇 분 후면 조용해질 것이다. 적어도 공식적이고 눈에 보이는 거래는 쉬게 될 것이다. 나는 한 해의 마지막 순간에 야후! 파이낸스Yahoo! Finance 사이트를 보고 있다. 이 사이트에서 나는 실시간으로 S&P500의 변동을 확인할 수 있고, 지수가 몇 점에서 한 해를 종료하는지 볼 수 있다.

주가가 전혀 움직이지 않는다. 대체로 크리스마스와 신년의 새로운 거래를 시작하는 사이에서 그런 현상이 나타난다. 이때는 평화로운 분위기가 지배한다. 크리스마스 이후의 평화. 주가의 상당한 변화 같은 것은 감지할 수 없다. 1년 전과는 얼마나 다른가! 당시에 주가는 저가로 조정을 받고 있는 상태였는데, 하필 크리스마스이브 저녁에 거의 5퍼센트나 하락했다(미국인들은 이에 충격을 받지 않고 계속 거래를 했다.). 그리고 크리스마스 이틀 후에 강력하게 상승곡선을 탔다. 다시 5퍼센트 정도 올랐던 것이다(미국인들은 또 다시 거래를 했다).

1년이 지난 오늘은 그때와는 반대로 모든 게 지극히 조용하다. 이제 몇 초만 지나면 올해의 거래는 끝이 난다. 흔히 그렇듯 마지막 순간에 시장으로 돈이 들어오고는 한다. 이 날도 거래가 증가했고, 야후! 파이낸스에서는 거래가 늘어났다는 표시로 녹색 글자가 떴다.

2019년은 좋았고, 그것도 너무 좋았다

나는 매년처럼 종 사진을 인터넷에서 검색해서 22시에 페이스북-주식 그룹 클라이네 피난츠차이퉁Kleine Finanzzeitung(소규모 금융

신문)에 걸었다. 나는 이곳에 매일 좋은 주식에 대해 알리고 시장 전반에 대한 의견을 올리고는 한다. 회원들 대부분은 자신들의 증권계좌에 다량의 미국 주식을 보유하고 있다. 이들의 주식시장은 독일 주식장이 아니라 S&P500시장이다. 주식시장의 종료를 알리는 종소리가 들린다. 주가는 3,230 포인트에서 거래를 종료했다. 1년 전만 하더라도 2,506 포인트였다. 지수가 724점이나 더 올라간 것이다. 이런 상승이라니!

2019년은 좋았는데, 심지어 너무너무 좋았다. S&P500이 거의 29퍼센트 더 올랐으니 말이다. 주식하는 해로는 그냥 좋은 것 이상이었다. 대부분의 해는 주식하기에 좋은 해이다. 주식시장에 나쁜 해는 매우 드물다. 오로지 10년마다 한 번 분명하게 마이너스가 된다. 모든 투자자들이 두려워하는 바로 나쁜 해인 것이다. 이런 시기에 투자자들은 돈을 들고 사이드라인에 머물러 있거나 또는 다가올 주식시장의 붕괴를 기다린다. 주식시장이 나빠 질 것이라는 두려움으로 인해 투자자들은 수익을 올릴 수 있는 많은 기회들을 놓치고 만다. S&P500이 2019년에 올렸던 그런 수익. 29퍼센트.

수익 = 시세차익 + 배당금

하지만 그것은 지수 목록에 올라가 있는 주식들의 시세차익일 뿐이다. 여기에 배당금도 있다. 게다가 이 해에 달러는 유로에 비

226

해서 강세를 유지했다. 이런 연유로 인해 유럽에 사는 우리들에게 미국 주식은 더 많은 수익을 안겨주었다. 만일 내가 S&P500에 투자했다면, 유로로 환전하고 배당금까지 더해 이 해는 33.5 퍼센트의 수익을 기록했을 것이다. 저가에서 매수하기 위해 조정을 기다리지도 않았다. 그냥 매수해서 가지고만 있어도 이처럼 높은 수익을 얻는다. 또한 내가 돈을 선진국지수인 MSCI World 관련 ETF에 투자했더라면, 한 해 동안 30.2퍼센트의 수익을 거뒀을 것이다. 수익률로 보면 또 다시 S&P500이 MSCI World보다 더 나았다. 거의 매년 그러하다.

33.5퍼센트이든 아니면 30.2퍼센트이든 둘 모두 매우 훌륭한 결과이다. 전 해에는 모든 지수들이 투자형태를 가리지 않고 모두 마이너스였기 때문에 이 해는 높은 실적을 올릴 것이라 예상할 수 있었다. 주식시장의 붕괴를 입버릇처럼 주장하는 크날 박사도 계속해서 상승하는 주가에 그만 항복을 하고 2019년에는 시장이 붕괴될 것이라는 예언을 포기했다.

나는 시장을 이겼는가?

시장지수의 결과는 확정되어 있다. 이제 나는 2019년 나의 투자 실적과 비교를 할 수 있다. 나는 내 계좌를 wikifolio.com의 "글로벌 챔피언"에 공개해 두기에 이곳을 살펴봤다. 모든 투자자는 이 플랫폼에 자신의 계좌를 투명하게 올려놓고 모두가 볼 수 있게 관리할 수 있다. 매번 매도하고 매수하는 주식이 이곳에 기록되어 몇 년 후에도 볼 수 있다. 그렇듯 나는 매년 나의 실적을 생생하게 체험할 수 있는 증거를 가지고 있는 것이다.

매년 그러하듯 항상 이런 질문은 긴장감이 넘친다.
"나는 시장을 이길 수 있었을까? 나는 내가 선별한 개별 주식들로 MSCI World보다 더 나은 수익을 낼 수 있었을까? 나는 S&P500보다 더 잘 했을까?"
그런 질문을 한 뒤 나는 아내에게 가서 이렇게 말할 수 있다. 자기야, 내가 시장을 이겼어. 그러면 아내는 "오우"라고 하는데, 마치 당연하다는 듯 말이다. 그리고 내 삶에서 가장 중요하는 일을 기다린다. 아내가 키스를 해주는 일 말이다.

지난 7년 동안 나는 여섯 번이나 아내에게 그런 말을 했다. 딱한 번 시장이 나를 앞선 적이 있었다. 내가 시장을 이기지 못했던 것이다. 그때는 2016년이었고 나는 수익이 0인 상태에서 한 해를 마감해야 했다. 이와 반대로 MSCI World는 11.3퍼센트라는 수익을 올리고서는 회심의 미소를 지으며 나를 앞서갔다. 그 기분은 참으로 씁쓸했다! 그 당시 내 어깨는 축 늘어져 있었고 고민에 가득 찬 표정으로 부엌으로 살금살금 갔다. 그리고 누구도 방해하지 않으려고 숨을 죽이며 국화차를 끓였다. 이 무슨 패배인지.

남자는 지지가 필요하고, 여자도 마찬가지

나는 부엌으로 갔다. 아내는 벌써 내가 평범한 상태가 아님을 감지했다. 그녀는 궁금한 표정으로 나를 물끄러미 쳐다보았다. 나는 힘들 때 사자처럼 불안해하면서 집안을 왔다 갔다 하며 아내에게 불안해하는 이유를 남김없이 얘기하는 그런 종류의 남자는 아니다. 그래도 남자는 지지가 필요하다. 남자와 공감해주고 어깨에 한 손을 얹고는 "괜찮아!"라고 말해줄 누군가가 말이다.

어쩌면 당신은 남자들만 패배했을 때 기분을 좋게 해줄 말과 몸짓이 필요하다고 생각할지 모른다. 하지만 그렇지 않다. 이런 생각은 완전히 틀렸다. 여자들도 그런 형태의 애정과 관심을 필요로 한다. 남자들처럼 말이다. 오히려 내가 걱정하는 것은, 여자들이 너무 적게 애정과 관심을 받는 게 아닐까 하는 점이다. 이런 일은 부당하다. 그것도 매우 부당하다.

시장지수가 나를 이겼다

나의 아내는 여전히 나를 물끄러미 쳐다보았다. 나는 이를 갈면서 나의 패배를 인정하고 말았다. "자기야, 시장이 나를 이겼어." 그러자 아내는 온화하게 미소를 지으며 이렇게 대답했다. "작년에는 자기가 더 잘했잖아!" 맞아, 그 말이 맞다. 작년에는 시장보다 훨씬 더 잘 했다. "내년에는 반드시 당신이 다시 이길 거야!" 아내는 그와 같은 말도 해주었다. 사실 그녀의 말은 지극히 옳다.

한 번의 패배가 한 남자를 얼마나 빠르게 우왕좌왕하게 만드는지 놀라울 따름이다. 또한 친절한 몇 마디의 말이 남자의 자아를 순식간에 회복시키는 것도 놀라운 일이 아닐 수 없다. 내년에 나는 반드시 시장을 다시 이기고 말 거다!

7년 동안의 과도한 실적

시장은 영리하다. 그리고 우리가 항상 잘못 된 길에 접어들었을 때 우리를 따라잡는다. 나 역시 그랬다. 그럼에도 불구하고 나의 실적은 의문의 여지가 없다. 적극적이고 충분히 고민한 끝에 투자했던 7년 동안, 나의 증권계좌는 매년 대략 18퍼센트 늘어날 수 있었다. 하지만 지수MSCI World는 겨우 12퍼센트였다. 7년이라는 세월은 결코 짧은 기간이 아니다. 그리고 아직 도래하지 않은 미래에도 잘 할 것이라는 증거이다. 내 계좌의 결과는 벌써 놀라울 정도이다.

마르크와 페니히
- 1만 유로는 7년 동안 12퍼센트의 수익을 올려서 2만 2천 유로가 되었다. 이는 12,000유로를 수익으로 얻게 되었다는 의미이다. 엄청나다.
- 동일한 시기에 18퍼센트의 수익을 올리면 3만 2천 유로가 된다. 이는 22,000유로의 수익이 있었다는 의미이다. 거의 두 배. 놀라울 정도로 엄청나다.

2019년은 어느 정도로 좋았을까?

대중에게 공개하는 나의 증권계좌 "글로벌 챔피언"을 보니, 2019년 내 주식들은 대략 38.8퍼센트 올라 있었다. 많은 투자자들은 내가 매수한 패턴을 따라서 계좌를 꾸려나가고는 한다. 이 계좌는 누구나 볼 수 있게 공개되어 있으니 말이다. 그런데 나의 개인 계좌는 이 공개적인 계좌보다 훨씬 더 나은 실적을 기록하고 있다. 이곳은 48퍼센트나 수익을 올렸다고 나온다. 물론 여기에는 미국 주식의 배당금도 포함되어 있는데, wikifolio에서는 법적인 이유로 그렇게 하지 못한다.

내가 시장을 이겼어! 나는 당장 아내에게 이런 소식을 전해주고 싶다. 그리고 결과에 대해 함께 기뻐할 수 있을 것이다.

좋은 기분을 만끽한 뒤 내가 내 블로그에 통상적으로 올리는 연례보고서를 쓰고 있는 동안, 다른 사람들이 나에게 불쾌감을 드러냈다. 대표적으로 요나스는 페이스북에 악의에 찬 의견을 남겼다. 내가 모두를 속이고 있으며 엉뚱한 지수와 내 성과를 비교했다는 비난을 했다. 그러니까 내 실적은 S&P500과 비교를 해야만 했다는 것이다. 전세계지수인 MSCI World가 이니라. 그는 2019년에 올린 내 실적을 읽어보지도 않았던 게 분명하다. 거기에 분명 나의 실적이 선진국지수보다 앞섰다는 사실이 나오는데 말이다. 또한 S&P500보다 더 앞섰다. '요나스, 너는 왜 그렇게 음흉하냐?'

요나스는 시장을 이해하지 못하며, 그래서 나에게 화를 낸다

요나스는 자신의 블로그Jonas-Haferkamp.de(현재 이름이 바뀜)에 일 년 동안 주식에 관한 글을 대략 100편정도 올렸고, 나처럼 증권 계좌를 공개하고 있다. 그의 실적은? 뭐 그렇다. 그다지 좋지 않다. 그는 족히 4년 동안 개별 주식을 선별해서 35퍼센트까지 수익을 올렸다. 이와 반대로 MSCI World는 같은 시기에 70퍼센트나 올랐다. 두 배! 요나스는 몇 년 전부터 주식시장을 이해하고 자신이 직접 선별한 주식으로 시장을 이기고자 노력했다. 하지만 성공하지 못했다. 그러니까 시장이 그를 이겼던 것이다. 그것도 매년. 보다 구체적으로 계산해보자.

마르크와 페니히

● 1만 유로를 요나스의 투자형태에 따라 투자하면 4년 후 13,500유로가 된다. 3,500유로의 수익을 거두었다.

● 지수(MSCI World)에 투자하면 17,000유로가 된다. 7천 유로의 수익. 게다가 개별 주식이 불러올 수 있는 리스크도 없다. 블로그 글을 읽지 않아도 되고, 요나스 자신이 했던 수많은 생각을 하지 않고서도 말이다. 훨씬 간단하고 수익도 훨씬 많다.

공공연한 고등 사기꾼들

지수가 70퍼센트의 수익을 노리는데 요나스는 35퍼센트의 수익을 냈다. 당신은 요나스를 향해 머리를 절레절레 흔들고 이런 생각을 할 수도 있다. "어떻게 사람이 그렇게 고집불통일 수 있지?" 하지만 조심하시길. 투자자들에게 지수의 실적에 절반 밖에 안 되는 수익을 엄청난 성공이라고 소개하는 사람들은 진짜 많다. 자신을 주식 전문가, 투자 전문가, 자산관리인 또는 주식 애널리스트라고 부르는 사람들 말이다. 이들은 주식과 금융에 관련된 언론, 그리고 다양한 영역의 금융업계에서 일하고 있다.

또한 아카티스Acatis*와 같은 펀드회사, 플로스바흐 폰 스토르히Flossbach von Storch**, 또는 DJE 카피탈***도 그렇게 행동하는데, 그들의 적인 ETF에게 늘 패배함에도 불구하고 말이다. 그들은 지속적으로 ETF에게 패배하고 있다. 그래도 이들의 에고는 무너지지 않는다. 그들은 요나스처럼 행동하는 것이다. 불만을 터뜨리고 욕을 한다. 무엇에 대해? ETF에게. ETF는 그들의 사업에 도움이 안 되는 까닭이다. 그들을 형편없는 루저로 만들어 버리기에 말이다.

주식클럽도 이와 같은 특이한 게임을 하고 있다. 이런 게임의 제공자들은 자신들의 끔찍한 실적을 대단한 성공이라고 광고하고 있다. 슈투트가르트 주식클럽은 독일에서 규모가 가장 큰 주식클럽들 가운데 하나인데, 자신들의 "투자전략"으로 독일에서

●　　Hendrik Leber 박사 운영
●●　 1998년 설립되었고 자산관리를 전문으로 하는 독일 금융서비스 연구소이다. - 옮긴이 주
●●● Jens Ehrhardt 박사 운영

[그림 24] 슈트트가르트 주식 펀드에서 직접 고른 주식들(슈투트가르트 주식 클럽이 매수한-그래프에서 파란색)은 MSCI World와 비교해서 더 나은 수익인가? 당연히 아니다. 주식을 잘못 골랐다.

가장 규모가 큰 자산관리사들 가운데 하나로 부상할 수 있었다며 매우 자부심을 느끼고 있다. 실적은? 그저 그렇지.

슈트트가르트 주식 펀드Stuttgarter Aktien Fonds에 투자하는 사람은 시장지수에 훨씬 못 미치는 수익을 거둘 수밖에 없다. 10년이라는 시간을 두고 보면 지수MSCI World는 두 배가 넘는다. 블로거 요나스와 헨드릭 레버 박사가 운영하는 펀드회사의 충고에 따라 투자한 실적에 비해서 말이다. 아이고, 아파!

주식시장 보고서는 무슨 소식을 전해주는가?

글쎄, 모르겠다. 대부분의 보고서는 매년 지수MSCI World의 80

퍼센트를 달성한다. 만일 지수가 +10퍼센트의 실적을 올린다면, 이들은 8퍼센트라고 보면 된다. 그들은 더 낮은 실적을 달성한다. 업계의 나머지 모두가 그렇듯 말이다. 우리는 이런 보고서를 받는다고 또 돈까지 지불한다!

이와 같은 주식시장 보고서들 가운데 무료로 읽을 수 있는 증정본이 있다. 2020년 1호지에서 주식시장-티커Börsen-Ticker의 편집장은 2019년 주식시장 보고서를 읽은 독자들이 어떤 혜택을 받았는지에 대해서 썼다. 시장지수가 족히 30퍼센트 올랐지만 이를 언급하지 않고, 자신들은 21.7퍼센트 실적을 올렸다고 말이다.

마르크와 페니히

- 1만 유로를 2019년 주식시장-티커의 추천에 따라 투자를 하면 이로부터 얻는 수익은 2,170유로가 되었을 것이다.
- 동일한 금액을 MSCI World에 투자를 했다면, 3,020유로의 수익을 가져왔다.

따라서 주식시장 티커는 지수가 올린 수익의 72퍼센트에 해당하는 성과를 올렸다. 정말 그럴까? 유감스럽게도 그렇지 않다. 우리는 계산할 때 비용을 고려하지 않았다! 비용을 빼야 한다. 믿을 수 없을 정도로 자주 매도와 매수가 일어나는 바람에(각각 대략 40회) 편집장은 실적을 20.4퍼센트로 수정해야 한다. 이제 수익은 2,040유로가 되었다. 그리하여 주식시장-티커의 독자들은 이제 지수가 올렸던 수익의 67.5퍼센트만 갖게 되었다. 3분의 2. 이는 참으로 씁쓸한 일이다. 주식시장-티커의 프리미엄 버전은 비용이 들어가는데 이것은 고려하지도 않았다.

우리는 당신을 조금 더 나은 투자자로 만들어 드립니다!

주식보고서나 인터넷 상에서 금융업계에 종사한다는 사람들이 당신에게 제안하는 투자 전력이 바로 그런 말이다. 광고는 감칠맛이 난다. 우리는 당신을 조금 더 나은 투자자로 만들어 드립니다! 하지만 호언장담에 비해서 그 결과는 대단하지 않다. 그들 가운데 그 누구도 검증할 수 있는 실적을 보유하고 있지 않으니 말이다. 만일 그런 실적을 보유한 사람이 있다면, 어느 정도 시장 지수에 뒤처지고 있는지 금방 드러날 것이다. 그들 모두는 MSCI World에 투자하는 것에 비해 전혀 유익하지 않다. 별로 의미 없음.

이 모든 "전략들"은 당신에게 해를 입힌다. 당신의 돈에게도. 그런데 정작 많은 사람들은 제 3자를 통해 지도받는 게 필요하다. 그들은 자신들의 실적을 속이는 일을 매우 잘 할 수 있다. 곧 우리가 보게 되겠지만, 공적으로 활동하는 전문가들만 그렇지 않다. 우리처럼 개인 투자자들 역시 우리의 실적을 아주 간단하게 속일 수 있다!

시장지수를 이기는 개인 투자자들은 과연 어느 정도 될까?

1999년 투자자들을 대상으로 한 조사에서 참가자들 가운데 28퍼센트가 시장보다 더 나은 실적을 냈다고 대답했다. 그 다음으로 지난 몇 년 동안 그들의 실적은 어느 정도였는지 물었다. 몇몇 참가자들은 자신들의 실적을 알지도 못했다. 그들은 자신들의 실적이 어느 정도인지 알지도 못했지만, 지수보다 더 나은 실적을 냈다고 알고 있었던 것이다. 믿을 수 없다.

또 다른 참가자들은, 자신들이 10퍼센트 수익을 얻었다고, 15퍼센트 또는 심지어 25퍼센트 수익을 올렸다고 대답했다. 소수는 28퍼센트 이상의 수익을 얻었다고 했다. 하지만 조사를 실시했던 기간에 시장지수가 바로 그 정도의 수익을 올렸다. 심지어 족히 40퍼센트의 수익을 올리기도 했다. 결국 자신들이 시장지수를 이겼다고 믿었던 28퍼센트 가운데 실제로 성공한 사람은 8퍼센트였다. 8퍼센트.

또 다른 조사에서는 시장지수보다 더 나은 수익을 올렸다고 주장한 투자자들의 증권계좌를 검증해보았다. 시장을 이겼다고 대답했던 사람들 가운데 25퍼센트가 실제로 15퍼센트 이상 시장보다 더 뒤쳐져 있었다.

두 가지 조사로부터 명확한 결과가 나왔다. 즉, 개인 투자자들의 실적이 문제로 등장하면, 멋대로 거짓말을 한다는 것이다. 투자자들은 자신들도 속인다. 내가 앞에서 믿을 수 없다고 말했다. 하지만 과학은 다른 결론을 내렸다. 과학적인 조사에 따르면, 그것은 그야말로 정상적이라고 한다. 우리 모두는 그렇게 한다. 우리는 한결같이 우리 자신을 체계적으로 속인다.

내면의 사기꾼

"우리 모두에게는 내면의 사기꾼이 숨어있다." 이 말을 한 사람은 제이슨 즈와이그Jason Zweig● 이다. 행동경제학의 전문가이자 《탐욕. 신경제: 돈이 주제가 되면 우리는 어떻게 행동할까》의 저자이기도 하다.

우리는 대부분의 운전자들보다 자신이 운전을 더 잘 한다고 믿는다. 자동차 운전자들 가운데 90퍼센트가 그렇게 믿는 것이다. 그렇듯 많은 투자자들은 그들이 지수에 비해서 더 투자를 잘하고, 다른 투자자들 대부분에 비해 더 낫다고 믿는다. 결코 그렇지 않음에도 불구하고 말이다.

"대부분의 사람들은 금융 실적을 객관적으로 평가하기보다 내면의 목소리가 자신들의 실적을 부풀려서 칭찬해주는 것을 더 좋아한다. 내면에 있는 사기꾼이 그들에게 결코 부정적인 것을

● 미국 경제 및 금융전문 언론인이었으며, 가치 투자, 행동경제와 신경제에 관한 주제로 글을 써서 유명해졌다. 월스트리트저널과 그 밖의 경제신문에 글을 기고한다. - 옮긴이 주

얘기해주지 않기 때문이다." 제이슨 즈와이그의 말이다.

내면의 사기꾼과 같은 아첨쟁이라니, 이 얼마나 놀라운 발명품인가! 이 허풍쟁이는 인간의 욕망들 가운데 가중 중요한 것 하나를 충족시켜주는데, 바로 인정받고 자아를 보호하고자 하는 욕망이다. 유감스럽게도 이 내면의 사기꾼은 사실을 철저하게 무시해버린다. 그리하여 우리가 실수로부터 배울 수 있는 기회를 차단해버리는 것이다. 이것은 그야말로 치명적이다. 특히 우리의 돈이 연관되어 있을 경우에 말이다.

헨리 포드는 이런 말도 했다. 사람들이 아무 것도 배우지 않는 것이야말로 진정한 실수이다. The only real mistake is the noe from which we learn nothing. 대부분의 투자자들은 지수를 이길 수 있을 만큼 시간도 없고 지식도 부족하다. 그들은 지수에 투자함으로써 가장 큰 수익을 올릴 수 있다.

지수를 이기기 위해서는 우선 정직함이 중요하다. 당신의 내면에 있는 사기꾼을 차단하도록 해라. 이렇게 하려면 두 가지가 필요하다. 즉, 우선 당신은 매년 말에 당신의 실적을 집계 해 봐야만 한다. 가차 없이 그리고 수치심을 느낄 필요도 없이. 두 번째로 그 실적을 지수MSCI World와 비교를 해야 한다. 만일 실적이 지수를 이기는데 실패했다면, 돈을 지수에 투자해야 하는 게 아닌지 진지하게 고민해봐야 한다. 자신의 돈 가운데 많은 부분을 지수에 투자하는 것을 나는 매우 현명한 행동이라 생각한다. 당신이 지수를 이기고자 하더라도 그렇게 하는 게 맞다. 어떻게 그렇게 되는지 그리고 그렇게 되지 않은지, 우리는 이제부터 구체적으로 살펴보게 될 것이다.

지수를 이길 수 있는 9가지 규칙

첫 번째. 당신의 돈 가운데 최소한 절반을 지수에 투자 하도록 하라.

그러면 당신의 결과는 지수로부터 그렇게 동떨어지지 않을 수 있다. 다른 한 편으로, 이렇게 하면 당신은 지수는 어느 정도의 실적을 올렸는지를 정확하게 볼 수 있다. 부족한 여가시간을 들여 주식에 집중했지만 지수를 이기는 데 성공하지 못하더라도 명예가 훼손당할 일은 아니다.

당신이 어떤 지수를 구매할지, 그러니까 MSCI World인지 아니면 S&P500을 매수할지는 전적으로 당신에게 맡기고자 한다. 전 세계 주식을 포트폴리오에 담고자 하는 투자자들은 MSCI World를 담는다. 다른 한 편으로, S&P500은 항상 MSCI World 지수보다 앞선다. 그래도 다른 선택이 가능할 수 있다는 점은 인정한다.

두 번째. 좋은 주식 책을 읽어라.

내가 아는 지인들 가운데 장기적으로 지수에 이기는 대부분의 투자자들은 언제부터인가 주식관련 언론매체를 전혀 참고하지 않는다. 대신 책을 읽는다. 워런 버핏도 이렇게 하고 있다. 내가 특별히 추천하고 싶은 도서 목록을 소개하겠다.

- Christopher Mayer,《100배. 수익100에서 1까지 올리는 주식들과 그런 주식을 발견하는 방법(100 Baggers. Stocks that Return 100-to-1 and How to Find Them).》
- Ken Fisher,《투자자들을 위해 주식시장의 신화들이 드러나다(Börsenmythen enthüllt für Anleger)》
- Philip A. Fisher,《일반적 주식과 흔하지 않는 수익과 다른 글들》(Common Stocks and Uncommon Profits and Other Writings).
- Phil Town,《절대원칙: 성공적인 투자를 위한 간단한 전략 - 1주일에 15분만!》(Rule #1: The Simple Strategy for Successful Investing - in Only 15 Minutes a Week!)
- Jeremy J. Seigel,《장기 보유를 위한 주식: 금융시장 수익과 장기 투자 전략을 위한 필독서》(Stocks for the Long Run: The Definitive Guide to Financial Market Ruturns & Long Term Investment Strategie.)
- Alice Schroeder,《스노볼: 워런 버핏과 삶의 비즈니스》(The Snowball: Warren Buffett and the Business of Life.)

세 번째. 중간 규모의 기업을 장기간 계좌에 넣어두면 평균적으로 대기업보다 실적이 더 낮다.

독일의 경우에 이와 같은 초과실적은 증명되었다. MDAX를 담은 ETF에 투자한 사람은, 독일주식시장에 투자한 사람보다 확실히 더 나은 수익을 얻는다. 얼마나? DZ 뱅크가 실시한 연구에 따르면, MDAX는 장기적으로 보면 11.3퍼센트의 실적을 낸다. 이와 반대로 DAX는 8.8퍼센트이다. 이것을 또 한 번 상세하게 계산해보자.

마르크와 페니히

- 1만 유로를 투자했을 때 10년이 지나면 DAX에서는 13,200유로의 수익을 얻게 된다.

- MDAX에 투자했을 때 26,100유로의 수익을 가져온다.

10년 동안 MDAX에 투자하면 DAX에 투자한 수익에 비해서 거의 두 배가 된다. 당신은 지수를 이긴 것이다! 이런 차이는 시간이 지나면 더욱 커진다. 만일 당신이 40년 동안 투자를 고수하면(당신은 35세에 돈이 남아 돌아서 ETF를 구입했고, 이것을 75세에 매도한다. 이 시기에 연금을 받으면서 주식을 매도한 금액을 보태어 더 넉넉하게 살 수 있으니까 말이다.), 액수는 다음과 같다.

- DAX(매년 8.8퍼센트의 수익)에 투자하면, 282,000유로의 수익을 얻는다. 이 금액만 하더라도 연금에 보태면 매우 만족스럽다. 물론 MDAX에 투자한다면 더 만족스러울 것이다.

- 훨씬 많은 11.3퍼센트의 수익을 내는 MDAX에서 수익은 714,000유로가 된다. 이 금액이 훨씬 더 만족스럽다. 당신이 현재 세계여행을 계획하고 있건(훨씬 오랫동안 여행할 수 있음) 아니면 멋진 새 자동차를 구매하고자 하건(이제 더 비싸고 더 고급스러운 자동차를 구입할 수 있음), 아니면 단순하게 매달 생활비에 보태고자 하건 말이다(훨씬 많은 생활비를 사용할 수 있음).

40년 후에 높은 수익률을 가져다주는 MDAX는 DAX보다 거의 세 배나 더 많은 수익을 안겨준다. 퍼센트가 조금 밖에 차이나지 않지만(8.8퍼센트 & 11.3퍼센트) 시간이 지나면서 복리효과로 인해 차이는 점점 벌어지게 되는 것이다.

내가 여기에서 소개한 계산은, 앞으로도 DAX가 매년 8.8퍼센트 상승할 것이라는 의미가 아니다. 또한 나는 여기에서, MDAX 역시 앞으로 25년 동안 11퍼센트 이상의 실적을 올릴 것이라는 의미가 아님을 언급하고 넘어가고 싶다. 두 가지 퍼센트는 과거로부터 나온 실적이다. 누구도 미래에 어떤 실적이 나올지 확실하게 말할 수 없다. 내년이나 앞으로 10년 동안 더 높은 실적이 나올 수도 있다. 그런가 하면 더 나쁜 실적이 나올 수도 있는 것이다. 물론 분명하게 말할 수 있는 것은, 앞으로 10년 동안에도 이 두 가지 지수의 차이는 분명해질 것이라는 사실이다. 따라서 성공을 더 많이 거둔 지수를 구입하기를 바란다. 그러면 당신은 독일주가지수DAX를 이길 수 있을 것이다. 그리고 세계여행을 더 오랫동안 즐길 수 있다.

네 번째. DAX에서 잘 아는 이름은 피해야 한다.

많은 투자자들은 참으로 단순한 이유로 독일주식시장에서 주식을 선택한다. 즉, 그들은 이런 기업들을 안다고 생각하는 것이다. 단지 이런 기업의 이름 도이치 뱅크, 알리앙스, 텔레콤, 도이치 포스트 또는 다임러를 일상에서 자주 듣거나 만날 수 있기는 하지만 정작 이런 기업에 대해서 당신이 잘 안다고 할 수는 없다. 자주 접하게 되는 기업의 이름은 물론 신뢰감을 줄 때가 많다. 그래서 투자자들은 이런 기업의 주식을 쉽게 구입하는 것이다.

자국의 주식을 구입하려는 투자자의 성향을 전문어로 홈 바이어스home bias(자국 편향)이라고 부른다. 일본인들은 일본 주식을 좋아하고, 이탈리아인들은 이탈리아 주식을 좋아하고, 독일인들은 당연히 독일 주식을 좋아한다. 일본인들이 지난 30년간 겪었던 고통을 고려해보면, 이와 같은 자국 편향성은 현명하지 못하다. 일본 주식시장은 여전히 전성기였던 1990년대에 비해서 지수가 매우 낮다. 이는 자국 편향적으로 주식을 구입했던 모든 일본 투자자들에게 잃어버린 30년일 것이다.

유명한 기업의 주식을 좋아하는 투자자들의 성향을 나는 WYSIATI-편향이라고 이름 붙였다. 유명한 심리학자 다니엘 카네만의 WYSIATI(What you see is all there is) 원칙을 따라서 말이다. 우리는 우리가 기록하는 것(what we see)만을 인지한다. 다른 기업들은 우리의 레이더에 나타나지 않는 것이다.

다임러이든, 도이치 포스트이든 아니면 텔레콤이든, 이런 기업들은 지난 수십 년 동안 전형적으로 실적을 내지 못했던 기업들에 속한다. 그리하여 이들 기업은 실적이 그다지 좋지 않은 DAX의 수익마저도 따라가지 못하는 상황이다. MDAX는 독일 주식을 기꺼이 매수하고자 하는 모든 사람들에게 훨씬 나은 선택이 될 수 있다. 나 역시 독일 주식 가운데는 아디다스와 와이어카드 두 가지만 계좌에 담고 있다. 충분히 조사한 뒤에 말이다.

다섯 번째. 소유주가 경영하는 기업에 투자해야 한다.
이런 기업들은 대체로 전문경영자가 일하는 기업에 비해서 더 잘 발전한다. 이를 테면 매일 매일 사장의 돈이 어떻게 되는지가 중요한 사안이 되니까 말이다. 나의 증권계좌에는 소유주가 경영하는 기업들이 대다수를 차지하고 있다. 아마존, 애플, CTS Eventim*, 페이스북, 넷플릭스 그리고 와이어카드가 있다. 애플은 한 때 소유주가 경영했던 기업이었다(2011년까지). 다른 모든 회사들은 아직도 소유주가 경영하는 체제이다. 물론 이런 기업들은 대규모 회사들이며, 이는 결코 우연이 아니다.

소규모 스타트업 회사의 주식은 나의 증권계좌에서 찾아볼 수 없다. 이런 회사들이 도산할 위험은 너무나도 크다. 하지만 큰 회사들은 그렇지 않다. 주식을 매수할 때 소유주가 이끄는 기업들은 어느 정도의 규모여야 할까? 대답은 다행스럽게도 아주 간단하고 학문적으로도 이미 확인되었다. 즉, 사장은 자신의 회사를 통해서 이미 억만장자가 되어 있어야 한다. 회사를 설립해서 억만장자가 된 사장의 회사 주식을 산다는 것은, 이러한 방식을 일컬어 "십 억대 부자와 함께 투자 한다."라고 말한다. 이런 주식은 초과수익을 안겨주는데, 우리가 방금 DAX와 MDAX를 비교했을 경우보다 더 강력하게 초과수익을 낸다. 연구에 따르면 7퍼센트의 초과수익을 낸다고 한다.

* 1989년에 설립되었고, 뮌헨에 본사가 있으며 독일에서 오락업계를 대표한다. 주로 티켓 서비스와 라이브 공연을 주도하고 있다. - 옮긴이 주

독일에서는 이런 전략을 다음과 같이 표현한다. "사장이 억만 장자인 기업에 너의 돈을 투자해라." 독일의 경우에 다음과 같은 기업이 이에 해당한다. 필만Fielmann[*], CTS Eventim, Rational[**], 식스트Sixt[***], 유나이티드 인터넷United Internet[****], 로킷 인터넷Rocket Internet[*****]을 꼽을 수 있다.

여섯 번째. 당신의 돈을 워런 버핏과 그의 버크셔 해서웨이 Berkshire Hathaway 홀딩에 투자하라.

90대인 워런 버핏은 매일 오마하Omaha(미국 중북부 네브래스카 주에 위치)에 있는 키위 플라자 빌딩의 13층에 자리 잡고 있는 사무실로 일하러 간다. 그는 미국의 거대 기업가들 가운데 가장 연봉이 적은 CEO라 할 수 있다. 연봉이 1백만 달러이니까 말이다. 그렇지만 세월이 흐르면서 그는 자신의 회사와 회사의 투자 덕분에 억만 장자가 되었다. 10억 달러의 88배(2020년 2월 초)의 재산을 보유하게 되었다. 20년 전에 자신의 돈을 버크셔 해서웨이에 투자했다면, 420퍼센트의 수익을 얻었을 것이다.

마르크와 페니히

🪙 1만 유로를 이 시기에 투자했다면 4만 2천 유로라는 수익을 얻게 되었다.

- [*] 1972년에 설립되었고 함부르크에 본사가 있으며, 안경업계 기업이다.
- [**] 1973년에 설립된 주식회사로, 부업용품을 생산한다.
- [***] 1912년에 설립되었고, 자동차대여 및 카 쉐어링 사업을 한다.
- [****] 1988년 설립되었고 몬타바우어에 본사가 있으며, 인터넷 서비스를 제공한다. 14개의 브랜드와 수많은 자회사를 거느리고 있다.
- [*****] 2007년 설립되었고, 베를린에 본사가 있다. 다양한 스타트업, 특히 인터넷을 기반으로 하는 사업모델에 참여하며, 직접 스타트업을 배출해서 성공적인 회사로 키우기도 한다.

[그림 25] 워런 버핏의 홀딩 버크셔 해서웨이(파란색)와 MSCI World와의 비교. 승자는 단연코 버핏이다.

워런 버핏은 지수(MSCI World)를 이긴 것이다. 차트는 이런 사실을 보여주고 있다. 그는 세계에서 가장 성공을 거둔 자산컨설턴트임에 분명하다. 물론 중간에 S&P500을 따라가려고 노력을 한 적도 있지만 말이다.

버크셔 해서웨이에 투자하면 당신과 당신의 돈은 또 다른 장점도 갖게 된다. 예를 들어 이 회사는 자체적으로 애플, 웰스 파고Wells Fargo*와 아메리칸 익스프레스American Express**의 배당금을 세금을 내지 않고 거둬들일 수 있다. 누군가 버크셔 해서웨이

●   1852년에 설립되었으며 샌프란시스코에 본사를 두고 있는 다국적 금융서비스 기업이다. 뱅크 오브 아메리카, 시티 그룹, Jp 모건 체이스와 더불어 미국의 4대 은행에 속한다.

●●   1850년에 설립되었고, 뉴욕에 본사를 두고 있는 다국적 금융 서비스 기업이다.

의 주식을 소유하고 있다가 어느 날 매도하게 되면, 얻은 수익에 대한 세금을 내야 한다. 당신이 세금을 오늘 지불해야 하는지(배당금의 경우처럼), 아니면 10년이나 20년 후에 심지어 40년 후에 지불해야 하는지는 당신의 수익에 큰 차이를 만든다. 오늘 세금으로 지불하지 않는 돈은 내년이나 그 이후에 이자가 계속 붙게 된다. 복리이자 말이다. 이자에 이자가 붙고, 또 거기에 계속 이자가 붙게 되어 시간이 지나면서 돈이 점점 늘어나는 것이다.

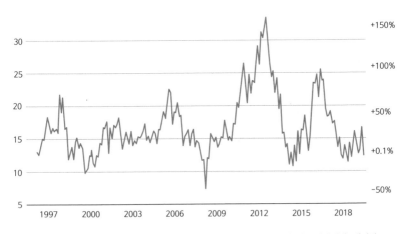

[그림 26] 20년 동안 쥐트추커 사의 주식 변화이다. 주가가 높이 올라갈 때도 많았지만, 내려갈 때도 많았다. 지속적으로 상승하는 주가를 찾아볼 수 없다.

일곱 번째. 브랜드 있는 주식을 매수하라.

이런 주식은 일반 제품을 생산하는 회사의 주식에 비해 더 높은 수익을 생성해낸다. 특히 이런 제품에 대한 수요가 많다면 더욱 그러할 것이다. 예를 들어 전 세계적으로 설탕에 대한 소비가 매년 늘어나고 있다. 하지만 만일 당신이 설탕을 생산하는 회사 쥐트추커Südzucker*의 주식을 살펴본다면, 이들 주식은 좋은 투자처가 아니라는 사실을 금방 알아차릴 것이다. 왜 그럴까? 설탕은 누구나 생산해낼 수 있다. 설탕시장은 경쟁이 너무 심하다. 정말 심하다.

운동화도 마찬가지이다. 평범한 운동화로 높은 수익을 올리는 기업은 하나도 없다. 그런데 나이키와 아디다스는 전혀 다르다. 이들 기업은 높은 수익을 올리고 있다. 이 두 기업은 브랜드 가치를 탄탄하게 키웠고 그리하여 지난 수십 년 동안 탁월한 투자처로 자리를 잡았다.

내가 공개하고 있는 나의 증권계좌 "글로벌 챔피언"에는 다음과 같은 브랜드의 주식이 담겨있다. 아디다스, 아마존, 애플, 치폴레 멕시칸 그릴Chipotle Mexican Grill**, 페이스북, 마스타카드와 플래닛 피트니스Planet Fitness이다.

●   이 회사는 1988년에 설립되었고 독일 만하임에 본사가 있으며, 세계에서 가장 큰 설탕 생산업체이다.

●●   1993년에 설립했고 미국 콜로라도 주 덴버에 본사가 있다. 멕시코풍의 패스트푸드 체인점이다.

여덟 번째. 과장 광고된 주식은 피해야 한다.

이런 주식은 당신의 수익을 지속적으로 줄어들게 할 것이다. 오늘날에도 이와 같은 기업의 주식들은 상당한 폭으로 떨어졌다.

주식시장에서 과장된 주식은 흔히 볼 수 있다. 우리는 리튬-주식(2015년과 2016년), 대마초-주식(2018년과 2019년) 또는 수소-주식(2019년과 2020년)이 과도하게 평가되는 경우를 경험했다. 과잉 평가된 주식은 당신과 당신의 돈에게 매우 위험하다. 이런 종류의 주식들은 대체로 주식브리핑이나 이밖에 언론매체의 의견에 따르면 전망이 매우 좋다고 하는 바로 그런 기업들과 연관이 있다. 미래가 밝은 회사라고 소개는 하지만 정작 수익조차 내 본 적도 없는 회사 말이다.

당신도 기억하지 않는가? 맞다, 과도하게 평가된 인터넷 기업들은 5조 달러의 투자자들 자금을 공중 분해시켰다. 이렇게 망한 회사들 대부분은 전혀 수익을 내지 않거나 미미한 수익만을 올렸다는 공통점이 있다. 그와 같은 주식들은 위기 때 특히 많이 떨어진다. 또한 많은 경우 그런 회사들은 파산신청에 들어간다.

대체로 과도하게 평가된 주식들은, 긍정적인 뉴스에 힘입고 주식관련 언론매체들의 박수갈채를 받으며 한 달에 대략 10에서 20퍼센트까지 올라간다.

많은 주식시장 보고서들은 이와 같이 강력하게 상승하는 주식이 필요한데, 그래야 보고서가 잘 팔리기 때문이다. 1년에 20퍼

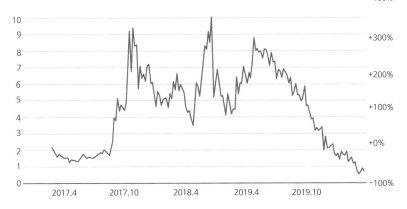

[그림 27] 오로라Aurora 대마초의 경우 세 개의 봉이 보이는데, 2017년 가을부터 2019년 초까지 18개월 동안이었다. 그런 뒤에 바닥으로 추락했다. 과도하게 평가되었던 꼭지에서 주식을 매수했던 사람은 많은 돈을 잃어버렸다. 이런 추락으로 90퍼센트 이상의 손실을 입었을 것이다.

센트(내 증권계좌에 들어있는 많은 주식들은 몇 년 동안 또는 몇 십 년 동안 이 정도의 수치를 달성했다)의 수익을 약속하는 사람은, 주식 보고서를 작성하는 사람으로 실패했다고 본다. 한 달에 20퍼센트라야 투자자들의 탐욕을 깨울 수 있으니까 말이다. 그러면 보고서를 읽는 독자들이 엄청 늘어날 것이다.

과도하게 평가된 주식들의 말로는 대체로 잔인하다. 1년 또는 2년 지속적으로 상승세를 탔다가 잔인하게 하락한다.

당신은 대형 캐나다 대마초 회사들 가운데에 하나에 속하는 오로라 대마초의 주가를 보여주는 차트를 보고 있다.

2달러에서 12달러까지 상승했고, 몇 번 올랐다가 내렸다가를 반복하더니 1달러 이하로까지 떨어졌다. 개인투자자들에게 이런 일은 전혀 재미있는 일이 아니다. 이들은 흔히 꼭지에서 주식을 매수하는데, 전문가들이 막 매도할 때이다.

12달러에서 1달러 아래로 떨어지면 90퍼센트 이상의 손실이 발생한 것이다. 증권계좌는 그와 같은 충격에서 벗어나려면 오랜 기간이 필요하다. 과도하게 평가된 주식에 투자하면, 투자자들은 자신의 돈을 주식으로 완전히 잃게 될 수 있다. 주식으로 돈을 완전히 잃을 가능성은 몇 안 되지만 말이다. 1999년 여름에 우후죽순처럼 등장했던 인터넷 주식들이 바로 그런 경우에 속한다. 나는 주식시장에서 투자할 때 가장 중요한 원칙을 다음과 같이 정해두고 있다. 과잉 광고와 과도하게 평가된 주식으로부터 거리를 두라.

이런 주식에 관해 쓴 중요한 책이 있는데, 마이크 대시Mike Dash의 《튤립, 그 아름다움과 투기의 역사》이다.

아홉 번째. 트렌드에 투자하라.

이런 방식은 이미 수년 동안 성공적인 투자법으로 소개되었다. 워런 버핏이 애플의 주식을 매수했던 방법을 기억하는가? 버핏은 80년대 컴퓨터 회사가 과도하게 부풀려졌던 시기에 이 주식을 사지 않았다. 또한 이 회사가 90년대 말에 거의 파산할 뻔했을 때에도 주식을 사지 않았다. 애플이 10년 이상 큰 성공을 거두고 높은 수익을 올렸을 때 비로소 구입했고, 이로부터 어마어마한 수익을 얻었다. 게다가 구입할 당시에 주식의 가격은 엄청 저렴했는데, 주가수익비율(PER)이 10이다. 그냥 주운 것이나 다를 바 없다. 수익은 바로 매수 타이밍에 있다는 것이 바로 그의 냉철한 생각이다.

나도 내 계좌에 수 년 전부터 트렌드 주식을 담고 있다. 21세기에 가장 중요한 트렌드는 다음과 같다:

- 레져산업Entertainment
- 휴대용 미니컴퓨터tragare Minicomputer
- 디지털 화폐bargeldloses Bezahlen
- 스포츠용품Sport
- 외식산업Essen gehen
- 체험산업Erlebnisse
- 온라인-쇼핑Online-Shopping
- 소프트웨어Software

이와 같은 메가톤급 트렌드를 이해하기 위해, 나는 앞으로 이런 트렌드를 하나씩 설명하고 싶고, 이들 가운데 하나인 아마존을 더욱 상세하게 살펴보기로 하자.

레져산업 Entertainment

사람들은 삶에서 가장 필요한 것을 충족시키고 나면, 기꺼이 오락을 즐기고자 한다. 이들은 오락을 위해 돈을 지출할 준비가 되어 있다. 이 업계에서 가장 중요한 주식들은 알파벳(구글과 유투브), CTS Eventim, 디즈니, 페이스북과 넷플릭스이다. 이들 기업 모두는 인터넷이나 또는 모바일 인터넷을 기반으로 한다. 이들 중 세 곳은 전통적인 텔레비전에서 벗어나 스트리밍이라는 트렌드로 수익을 낸다.

휴대용 미니컴퓨터 tragare Minicomputer

만일 당신이 최근에 에어팟AirPods을 구매했거나 아니면 애플 워치를 구매했다면, 당신은 세상에서 가장 작은 미니컴퓨터를 소유하고 있는 것이다. 케이블이 없는 에어팟은 특수한 고성능 칩을 장착하고 있는데, 이 칩은 1969년 아폴로 비행선에서 사용했던 컴퓨터보다 더 성능이 뛰어나다. 스마트폰의 많은 기능들은 앞으로 점점 스마트 워치에 의해 해결될 것이다. 몇 년 전만 하더라도 돈으로 구입할 수 없을 정도로 비싸기만 했던 고성능 컴퓨터의 기능들은 점점 스마트폰으로 대체될 것이다.

이 업계에서 가장 성공을 거둔 주식은 바로 애플과 삼성이다.

디지털 화폐 bargeldloses Bezahlen

이러한 트렌드를 미국에서 분명하게 표현하는 말이 있다. 현금 전쟁war on cash. 이 분야의 주식으로는, war on cash stocks가 있다. 현금 없이 지불하는 것은 우선 매우 편안하다. 두 번째로, 그 외에는 다른 방법이 없는데, 예를 들어 인터넷에서 주문하고 구매할 때이다. 세 번째, 많은 국가에서는 신용카드를 소지하는 것이 사회적 지위를 대변해주기도 한다.

이 업계에서 가장 중요한 주식들은, Mastercard, Visa, Paypal, Apple(애플 페이), American Express Square.

스포츠 Sport

점점 더 많은 사람들이 스포츠를 즐긴다. 이들은 운동에 필요한 품목들을 구입한다. 러닝 운동화, 러닝셔츠, 요가복. 왜 그런지 당신은 의문을 품은 적이 있는가? 왜 점점 더 많은 사람들이 운동을 할까? 그 대답은 세 가지로 구성되어 있다.

첫 번째: 전 세계적으로 중산층(무엇보다 아시아)이 놀라운 속도로 증가하고 있기 때문이다. 전문가들은, 2020년대에 중산층에 속하는 사람들이 대략 20억 명으로 늘어날 것이라 전망하고 있다. 이것도 대략적으로 어림잡은 숫자이다!

두 번째: 중산층은 앉아서 일하기 때문이다. 육체적인 일을 했던 부모세대와 달리 이들은 대부분 앉아서 일을 하고 있다.

세 번째: 앉아서 일하는 것은 신체 건강에 매우 안 좋기 때문이다. 노동력을 유지하기 위해서, 머리는 많이 사용하고 몸은 거의 사용하지 않는 길고 힘든 하루를 보낸 뒤 즐거운 마음을 갖기 위해서, 그리고 물론 운동을 좋아하는 이유도 있지만, 어쨌거나 이와 같은 모든 이유로 인해 전 세계의 중산층들은 운동을 한다.

이 분야에서 가장 중요한 주식들은, 아디다스, 나이키, 룰루레몬Lululemon, 푸마와 언더아머Under Amour이다.

외식산업 Essen gehen

사람들은 외식하러 가는 것을 좋아한다. 이 역시 메가톤급 트렌드이며, 무엇보다 중산층이 선두에 서 있다. 왜냐하면 이들은 외식할 능력이 있는 까닭이다. 외식하면 굳이 직접 요리하지 않아도 되어 시간도 절약할 수 있다. 또한 외식은 이들에게 아름다운 경험이다. 대략 10년 전부터 이와 같은 트렌드는 다시 한 번 유행하고 있다. 그 전까지 소비자들은 한 편으로 구매를 하고, 다른 한 편으로 외식이라는 아름다운 체험을 위해 돈을 지불할 준비를 하는, 이른바 두 가지 자세를 균형 잡고 있었다. 그런데 이제 그런 시대가 지나가버렸다. 오늘날에는 아름다운 체험을 위해 돈을 지불하는 경우가 점점 더 늘어나고 있다. 외식하러 가고, 또한 여기에 여행도 마찬가지이다.

왜 그럴까? 좋은 질문이다. 내가 보기에 외식하러 가는 것은 매우 똑똑한 행위이다. 물건을 구매하는 행위와 아름다운 체험을 위해 지불하는 행위 사이에는 심리적인 입장에서 볼 때 분명한 차이가 있다. 만일 내가 뭔가 아름다운 것을 구매하면, 예를 들어 새로운 자동차를 구매한다면, 새로운 차에 대해 느끼는 기쁨은 몇 달이 지나면 줄어들고 만다. 반년이 지나면 나는 자동차에 익숙해진다. 그러니 새로운 자동차는 더 이상 기쁨을 주지 않게 된다.

하지만 휴가, 콘서트 관람 또는 멋진 음식을 먹으러 가는 체험은 완전히 다르다. 이런 체험은 몇 년이 지나도 기억할 수 있는데, 당시에 체험을 하면서 느꼈던 기쁨을 반복해서 느낄 수 있다는 말이다. 이것이 바로 인간의 기억이 안겨다주는 마법이다. 기억 덕분에 우리는 몇 년이 지난 후에도 지나간 시간을 떠올리며 기뻐할 수 있다.

이 업계에서 가장 훌륭한 주식을 지목하면, 라치오날Rational, 스타벅스, 치플레 멕시칸 그릴이다. 코로나 위기는 이와 같은 기업들에게 치명적인 타격을 입혔다. 코로나로 인해 레스토랑 체인점들은 힘들어 졌다. 많은 체인점들은 집으로 배달을 해주거나 또는 매장에서 포장해가는 방식으로 영업을 해야만 했다. 코로나가 이처럼 외식하는 트렌드(여행하는 것도 포함해서)에 지속적으로 피해를 줄 것인지는 내년이 되어보면 알게 되리라 본다. 내 생각은 만일 코로나를 막을 좋은 약과 백신이 나오면, 아름다움 체험을 하고자 하는 이러한 트렌드는 더 강력해질 것 같다.

체험산업 Erlebnisse

휴가에 대해서 연구하는 사람들은, 휴가를 통해 휴식을 취하는 경우는 매우 드물다고 본다. 그럼에도 불구하고 휴가는 왜 우리를 행복하게 만들까? 그것은 미리 기뻐하는 인간의 능력 덕분이다. 휴가 가기 전에 느끼는 기쁨이 바로 심신의 회복에 도움이 되는 것이다. 휴가 그 자체는 정말 힘든 여정이다. 비행기가 늦게 도착하고, 다른 기후에 속하는 지역에서 적응도 해야 한다. 하지만 우리는 휴가를 마치고 나면, 휴가를 기억할 수 있다. 기억은 휴가 전부가 아니라 일부에 한한다. 출발할 때의 스트레스, 비행기 연착, 휴가지에서 경험했던 불쾌한 일들은 까맣게 잊어버리게 된다. 감탄을 금치 못했던 폭포, 산 정상에서 내려다봤던 장엄한 광경. 이런 모든 것들은 몇 년이 지나서도 기억한다. 그리고 그 때를 기억하며 우리는 기뻐할 수 있다.

중산층은 자신들의 돈을 체험을 하는데 점점 더 많이 소비하고 있다. 이 업계에서 가장 좋은 주식들은 언급하자면, 부킹Booking과 Eventim이다. 이런 주식들 역시 외식하는 트렌드와 비슷하다 할 수 있겠다. 즉, 코로나가 이 업계에 일시적으로 많은 변화를 가져왔다. 많은 전문가들은 2021년 이후 다시금 콘서트와 같은 대형 행사가 열릴 수도 있으리라 기대하고 있다.

온라인-쇼핑 Online-Shopping

인터넷에서 구매하고 구매한 물건을 배송시키는 것은 편리하다. 이로써 소매업이 한 때 강력했던 모델로 돌아왔다. 현재처럼 소매업체인들이 부상하기 전에 카탈로그가 있었다. 카탈로그는 1920년대만 하더라도 미국의 농장마다 또는 집집마다 배달되었다. 아무리 촌 동네라 하더라도 카탈로그는 도착했다. 이 시기에 소매업의 왕은 논박할 필요 없이 바로 기업 시어스Sears였다. 독일에서도 1950년대와 60년대는 별반 다르지 않았다. 카탈로그 사의 이름을 언급하자면, 크벨레Quelle, 네커만Neckermann, 그리고 오토Otto였다.

점점 자동화가 되면서부터 이 모든 것들이 바뀌었다. 사람들은 자신들이 구매하고자 하는 것을 미리 보기를 원했다. 그리고 만져보고 사용해보기를 원했다. 1970년대의 거대 규모의 시장들은 미국에서는 월마트라는 형태로 나타났다. 이로 말미암아 그 전에 업계의 최고였던 시어스의 추락이 이어졌다. 기업 시어스는 결국 파산하기에 이르렀다. 독일에서도 거의 동일한 과정이 일어났다. 우선 넥커만 카탈로그가 사라졌고, 그런 뒤에 크벨레, 마지막으로 오토가 사라졌다.

그런데 이제 카탈로그가 다시 돌아왔다. 인터넷 사이트의 형태로 말이다. 온라인 쇼핑의 대가는 두 말할 필요가 없이 아마존이다. 이렇게 시대가 바뀌어 간다. 즉, 처음에는 시어스, 그런 뒤에 월마트와 마지막으로 아마존으로 말이다. 아마존 주식은 내 계좌에서 가장 중요한 위치들 가운데 하나를 차지하고 있다. 이 주식을 원했던 사람이라면 이미 2000년 닷컴-버블 시기에도 구매할 수 있었다. 물론 당시에는 새로운 시대의 승자가 누가 될지 정해지지 않은 때였다.

내부자들은 이미 2002년부터 아마존을 구입했다. 아마존 사장 제프 베이조스는 너무나도 큰 성공을 거두었고 지배욕도 대단했으며, 그리하여 자신의 기업에 늘 훌륭한 명성을 안겨다 주었다. 늦어도 2010년대 초반 아마존의 부상은 새로운 인터넷시대에 전 세계를 아우르는 대기업으로 인식될 수 있었다. 아마존은 아직도 성장할 여지가 충분히 있다. 앞으로 얼마나 성장할 수 있는지 한 번 현실적으로 내다보자.

부록:
아마존은 왜 앞으로 현금을 두 배로 만들 수 있을까

그 어떤 기업도 아마존처럼 지난 수 년 동안 투자자들에게 그 토록 많은 수수께끼를 내어준 기업은 없다. 이 온라인 거인은 엄 청난 속도로 팽창한 기업이다. 총 매출을 두고 봤을 때 어떤 해에 는 20퍼센트 성장했고, 또 어떤 해에는 30퍼센트 성장했으니 말 이다. 하지만 아마존은 수익을 명시하지 않는다. 왜냐하면 아마 존의 사장 제프 베이조스는 항상 회사에 들어온 현금으로 시작 할 수 있는 새로운 사업 아이디어를 내고 있기 때문이다.

오, 슬프도다. 투자자들은 주가수익비율PER을 고려하여 그렇 게들 탄식한다. 수익을 전혀 올리지 않는 이 기업은 천문학적인 주가수익비율을 자랑한다. 1:100 또는 이 보다 더 높다. 이럴 수 밖에 없는 게 들어오는 모든 돈으로 회사를 더욱 팽창시키는 까 닭이다. 나는 이와 같은 제프 베이조스의 방식을 이해하지 못한 적이 한 번도 없었다. 제프 베이조스 자신이 시장의 이 공간을 차 지할 수 있는데, 무엇 때문에 다른 회사가 성장할 수 있는 공간을 내어주겠는가?

낮은 PER*을 추종하는 사람들은 아마존의 주식을 피한다. 이로써 그들은 지난 20년 동안 가장 성공을 거두었던 기업을 계좌에 담지 않는 결과가 된다.

아마존 이해하기

최근에 나는 독일 금융-웹사이트 한 곳을 보게 되었는데 참으로 믿을 수 없는 주장을 했다. 그러니까 다임러 벤츠는 투자처로서 아마존과 비슷하게 좋다는 주장이었다. 세상에! 이 웹사이트를 본 것은 코로나 위기가 닥치기 전이었다. 어쨌거나 거기에는 이런 내용도 있었다. 즉, 다임러는 힘든 시기를 이겨냈다는 것이다. 이와 반대로 아마존은 여전히 믿을 수 없는 속도로 성장하고 있는데 말이다. 코로나가 닥치지 않았을 때도 그러했다. 아마존 주식으로 얻은 수익은 지난 15년 동안 매년 31퍼센트다! 그런데 다임러는? 3.2퍼센트(배당금 포함해서). 이를 보다 더 상세하게 살펴보자.

● 주가수익비율이 낮다는 것은 주당 순이익에 비해 주식의 가격이 낮다는 것을 의미한다. - 옮긴이 주

마르크와 페니히

- 1만 유로를 다임러에 투자했다면 15년 뒤에 6,000 유로의 수익을 얻었다.
- 1만 유로를 아마존에 투자했다면 564,000 유로의 수익을 얻었다.

아마존에 투자하는 사람은 다임러에 투자하는 사람을 이긴다. 아마 광년이 지나도 마찬가지일 것이다. 다임러처럼 실적이 형편없는 주식을 담고 있느냐, 그렇지 않으면 아마존처럼 강력한 승자의 주식을 담고 있느냐에 따라 우리의 계좌는 엄청난 차이가 난다. 아마존이 다임러를 이겼으며, 앞으로 15년 동안에도 그럴 것이라는 사실에 대해 나는 조금도 의심치 않는다. 물론 이 기간 동안 매년 31퍼센트의 수익을 기대하지는 않는다. 이런 수익률은 항상 반복되지 않을 테니까.

하지만 이들은 도대체 어떻게 수익을 내려고 하는가?

아마존은 어떻게 수익을 올릴 수 있을까? 이와 같은 질문에 대한 답은 이미 몇 년 전에 나왔다. 즉, 어떤 기업이 지구상에서 가장 귀한 인터넷주소가 되는데 성공하면, 어느 날부터 이를 통해 돈을 벌수 있게 된다. 나는 그처럼 애매한 약속을 믿고 자신의 돈을 맡기려 하지 않는 사람들을 이해할 수는 있다. 물론 이와 같은 설명은 나에게는 항상 설득력이 있었다. 그래서 나는 열정적으로 아마존 주식을 매수했다. 우리 가족들도 마찬가지이다. 때문에 나는 7년 전부터 아마존에 투자하고 있다.

만일 사람들이 어떤 인터넷 주소를 자주 이용하면, 광고를 통해서 돈을 벌 수 있는 가능성이 생긴다. 아마존에게는 이와 같은 것은 현실적인 전망이었다. 당시에 그런 가정을 했던 것이다. 하지만 처음에는 전혀 다른 일이 일어났다. 아마존 웹 서비스Amazon Web Sevice 덕분에.

아마존 웹 서비스의 등장

아마존은 일찌감치 자신만의 사회기반시설을 구축하는 길을 갔다. 자체적으로 발송하고, 자체적으로 배송하고, 화물비행기를 실은 자신들의 함선도 보유하고 있고, 그리고 자신들의 데이터 센터에는 자신들만의 데이터를 저장해두고 있다. 이로써 아마존은 자신들의 서비스를 다른 기업들에게 제공하기 시작했다. 판매자들은 아마존을 통해서 제품을 판매할 수 있게 되는 것이다. 자신들의 데이터를 직접 저장하는 시간과 그렇게 할 에너지조차 없는 사람은, 아마존이 알아서 해결해줄 수 있다. 아마존 웹 서비스AWS를 통해서 말이다. 넷플릭스가 그렇게 하고 있다. 그리고 많은 다른 기업들도 마찬가지이다. 그리하여 AWS는 빠르게 아마존에게 수익을 안겨주는 사업이 되었다. 이로써 이 기업이 어떻게 수익을 낼 수 있느냐, 라는 질문에 대한 답이 될 수 있다.

클라우드에 데이터를 저장함으로써.

방금 보여준 사업은, 아마존이 어떻게 수익을 올릴 수 있는지에 대한 하나의 대답에 불과하다. 소매업 분야도 있다. 소매업으로 또한 수익을 올릴 수 있다. 이런 사업을 통해서 5퍼센트의 마진을 얻게 되는데, 괜찮은 수익이 아닐 수 없다. 이 소매업은 어느 날 아마존에게 두 번째로 든든한 경제적 버팀목이 될 것이다. 물론 주식의 가치는 이와 같은 수익을 제대로 반영하지 않고 있다. 그러면 이런 질문이 생긴다. 광고를 하겠다는 아이디어로부터 어떤 결과가 나왔는가?

광고업으로부터 어떤 결과가 나왔는가?

인터넷 사용자들이 구글에서 상품을 검색하지 않고 아마존에서 검색하는 경우가 점점 더 늘어나고 있다. 이러한 추세는 몇 년 전부터 그러했다. 마침내 아마존은 좋은 기회를 잘 이용했고 사이트에 광고는 점점 많아지고 있다.

이 역시 아마존이 어떻게 수익을 올리느냐를 설명할 때 한 가지 대답이 될 수 있다. 소매업은 마진이 매우 낮다. 5퍼센트의 수익을 올리면 그나마 괜찮은 편이다. 이와 반대로 디지털 광고에서는 그것보다 더 높은 수익을 올릴 수 있다. 고객들이 많이 방문하는 웹사이트를 가지고 있는 기업이라면 말이다. 그것도 세상에서 제일 인기 있는 웹사이트를 가지고 있다면 두말하면 잔소리이다.

광고는 어느 정도로 성장할 수 있나?

대답하기 어렵다. 아마존이 애널리스트들에게 약간 숨기는 게 있다. 광고는 기타Others라는 업계의 목록에 올라가 있으며, 이 업계에서 어떻게 발전할지 상상하고자 하는 사람은 어쩔 수 없이 약간 깊이 생각해야만 한다. 어쨌든 기타 업계의 수익이 신속하게 늘어나고 있다. 현재 40퍼센트라는 속도로 말이다.

다행스럽게도 디지털 광고에 관한 의문과 관련해서는 연구하는 다수의 기업들이 있다. 그러니까 이 업계에서 발전을 분석하고 파악하고 있는, 다시 말해 어떤 공급자가 시장에서 어느 정도 점유하고 있는지를 분석하고 파악하는 기업들이 있다. 이들은 또한 시장점유율이 어떻게 변하는지에 대해서 역시 분석하고 파악한다.

페이스북과 구글은 무엇을 장부에 기입할 수 있나?

페이스북과 알파벳(구글)은 거의 광고 수입으로 재정을 충당한다. 페이스북은 2019년 4/4분기에만 207억 달러라는 광고수입을 올렸다. 구글은 이 기간 동안 대략 두 배의 광고수입을 거뒀다. 379억 달러. 아마존은 광고를 통해 대략 40억에서 50억 달러의 수익을 올렸다.

미래를 잠시 내다보기

아마존 주식을 사는 사람은 이 기업의 미래를 사는 사람이다. 사장 제프 베이조스와 그의 팀이 앞으로 몇 년 동안 부화시키게 될 모든 아이디어를 구매하는 사람이다. 나는 이런 상상을 하면 기분이 좋다. 즉, 제프 베이조스가 사업을 번창시킬 능력이 있다는 것을 증명하는 상상 말이다.

지난 12개월 동안에 250억 달러의 잉여 현금흐름이 아마존에 들어가게 된 것이 장부에 기록되었다. 이는 매우 인상적이다. 하

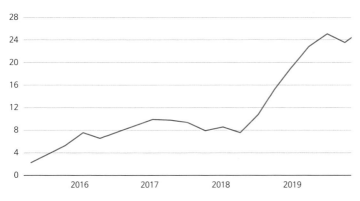

[그림 28] 잉여 현금흐름은 아마존의 경우 5년 동안 10배로 늘어났다. 아마존은 수익을 많이 낸 것이다. 그것도 아주 많이.

지만 이보다 더 인상적인 것은 잉여 현금흐름이 놀라울 정도로 증가했다는 점이다. 2년 만에 세 배가 늘어났다. 존경해 마지않는다.

잉여 현금흐름은 기업이 모든 정산을 완료한 후에 남은 현금이다. 이렇게 남은 현금으로 기업은 이제 투자자들에게 배당금을 나눠줄 수 있다. 또는 이것을 사업 확장을 위해 투자할 수도 있다. 무엇이 나에게 더 좋을까? 두 번째 선택이다. 기업이 나에게 배당금을 나눠주면, 나는 세금을 내야 한다. 독일 재정부는 내가 얻은 수익에서 어느 정도를 떼어간다. 나는 배당금에서 세금을 떼고 난 돈을 다시 주식을 구매할 것이다. 그러나 만일 내가 나에게 배당금을 지불한 기업의 주식을 산다면, 나는 다시 한 번 수수료를 내야 한다. 세금과 주문 수수료는 나의 수익을 상당히 많이 줄인다.

다른 버전을 한 번 생각해보자. 즉, 돈은 제프 베이조스에게 있고, 아마존은 잉여 현금을 매우 성공적으로 그의 사업에 투자하는 것이다. 그러면 기업은 매출을 더 많이 올릴 것이고 잉여 현금은 더 늘어날 것이다. 그러면 주가는 상승한다. 나는 주문 수수료를 아낄 것이고, 내가 주식을 어느 날 매도할 때 그때 비로소 세금도 낼 것이다. 아마 10년 후쯤이 될 수 있다. 아니면 20년 후. 오늘이 아니라 20년 뒤에 내는 세금의 가치는 지금보다 상당히 낮을 게 분명하다.

미래를 내다보자

투자를 할 때 과거를 보면 많은 것이 분명해진다. 우리는 기업 아마존이 지난 15년 동안 어떤 발전을 했는지, 그리고 이 기간 동안 주식은 어떻게 발전했는지 잘 알고 있다. 무엇이 우리를 기다리는지 시야는 늘 흐릿하다. 우리들 가운데 그 누구도 미래를 알지 못한다. 나 역시 미래를 읽는 마법의 구슬 따위는 가지고 있지 않다. 다만 가능하면 현실적으로 바라볼 수밖에 없다. 지금 내가 바로 원하는 바이다. 아마존의 재정 상태는 앞으로 어떻게 될지에 대해서 나만의 주장을 내놓을까 한다. 투자명제라고 해도 된다.

내 예상에 따르면 4년 후 아마존은 다음과 같은 사업으로 잉여현금흐름에 기여할 것이다.

소매업

5,800억 달러의 매출을 올리고 여기에서 5퍼센트의 마진을 계산하면 아마존은 이 사업으로 290억 달러를 벌게 된다. 이 계산은, 아마존이 매년 20퍼센트라는 속도로 매출을 올린다고 가정하는 데서 출발한다. 이는 낙관적인 가정이다. 나는, 제프 베이조스가 앞으로도 자신의 기업이 가능하면 더 많은 시장점유율을 차지할 수 있도록 노력할 것이라고 본다. 나아가 나는 그가 성공

하리라 본다. 그러면 아마존은 매출을 기준으로 보면 소매업의 거인이라 할 수 있는 월마트를 능가하게 될 것이다. 엄청난 사회적 변동을 반영하는 지도부의 교체이다. 시어스Sears를 상대로 승리한 월마트가 소비 형태에서 근본적인 변화를 몰고 온 기반이 되었듯이 말이다.

AWS

앞으로 이 웹 서비스 영역이 정체를 겪게 되면, 웹 서비스를 통해 100억 달러의 잉여 현금흐름이 아마존 웹 서비스로 흘러 들어갈 것이다. 이는 비현실적이면서도 비관적인 가정을 해본 것이다. 아마존 웹 서비스가 전혀 성장하지 않을 가능성은 있을 수 없는 일이니 말이다. 그럼에도 불구하고 나는 아주 조심스럽게 이러한 가정을 해봤다.

광고

광고업계 전체에서 아마존이 차지하는 비중은 앞으로 몇 년 동안 대략 8퍼센트까지 성장할 수 있다. 4년 후에 이 기업은 디지털 광고를 통해서 400억 달러의 매출을 올릴 것이다.

400억 달러는 대략적인 추측이기는 하지만, 광고업계의 마진이 엄청나다는 사실을 고려해보면 과장은 아닐 것이다. 그러면

200억 달러의 잉여 현금흐름이 아마존으로 흘러들어 간다.

소프트웨어가 하드웨어를 이기는 것이다. 앞에서 말한 내용을 당신도 기억하고 있겠지만, 소프트웨어가 세상을 먹고 있다.

계산

290억 달러 (소매업)
+ 100억 달러 (AWS)
+ 200억 달러 (광고)
_____

590억 달러 (잉여 현금흐름)

나의 결론

500억에서 600억 달러의 잉여 현금흐름. 나는 이것을 애플-리그라고 부르고 싶다. 오로지 애플만이 현재 이 정도의 여유 현금을 만들어낼 수 있다. 아마존은 몇 년 뒤면 애플과 비슷한 수준으로 수익을 낼 것이고 따라서 애플과 동급인 애플-리그로 부상할 수 있다.

사장 제프 베이조스가 애플처럼 돈을 투자자에게 나눠주게 될까? 배당금이나 자사 주식의 매수를 통해서? 쉽게 대답할 수 없는 문제이다. 나는 그렇게 할 가능성이 낮다고 본다. 제프 베이조스는 계속해서, 기업의 사업영역을 확대하는 시도를 하리라 본다. 4년 뒤에 그는 아마도 모든 현금을 기업의 확장에 투입할 것이라 본다. 물론 나는 여기에서, 제프 베이조스가 성공적으로 그렇게 하지는 못하리라고 추측한다. 애플이 몇 년 동안 그렇게 했듯이 아마존도 현금을 비축하게 될 것이다. 페이스북과 알파벳(구글)이 현재 늘 그렇게 하고 있듯이 말이다. 어쩌면 제프 베이조스는 어느 날 자신이 자사 주식을 대량으로 매수하기 시작할 것이다.

아마존 주식은 내 증권계좌에서 가장 강력한 위치를 차지하고 있는 주식들 가운데 하나이다. 다임러 벤츠가 아마존보다 더 나은 투자처라는 기사는 4년 후에 다시 한 번 정확하게 살펴볼 것이다. 이런 주장을 5분 동안만 믿어달라고 해도 나는 그렇게 하고 싶지 않다.

소프트웨어가 세상을 먹고 있다

2010년대에 가장 영향력 있던 텍스트들 가운데 하나인 〈월 스트리트 저널〉 2011년 8월에 실린 내용이었다. 마크 앤드리슨 Marc Andreessen*은 이 저널에서 우리 삶, 경제와 일상의 많은 영역이 점점 더 소프트웨어에 의해 결정될 것이라고 설명했다. 유명하게 된 이 텍스트의 제목은 다음과 같았다. 왜 소프트웨어가 세상을 먹어치우나Why Software is eating the world.

소프트웨어가 세상을 먹어치운다는 것은 21세기의 거부할 수 없는 메가톤급 트렌드이다. 지상에서 가장 가치가 높은 기업들 (애플, 알파벳/구글, 아마존, 마이크로소프트)은 모두 이와 같은 방향으로 따라가고 있다. 애플도 마찬가지이다. 이 기업은 심지어 하드웨어(iMac, iPhone, 애플 워치)도 생산한다. 물론 가장 많은 수익은 아이튠즈와 애플-스토어를 통해서 얻고 있다. 소프트웨어로 말이다. 게다가 애플은 자신의 제품을 위해서 직접 소프트웨어를 생산하는데, 이로써 사용자의 체험을 직접 관리하게 된다. 이처럼 소프트웨어와 하드웨어를 일체로 만든 것이 애플이 큰 성공을 거두게 된 핵심이다.

지난 15년 동안 자신의 돈을 이처럼 네 개의 기업에 투자한 사람은, 달러로 계산해서 다음과 같은 수익을 매년 얻었다.**

● 1971년 미국에서 태어난 소프트웨어 개발자이자 사업가이며 투자자이다. 그는 페이스북, 트위터, 에이비앤비 등등 수많은 벤처기업에 투자하여 크게 성공했다. - 옮긴이 주

●● 출처: 모닝스타

아마존	31 퍼센트
애플	28.8 퍼센트
알파벳(구글)	15.8 퍼센트
마이크로소프트	14 퍼센트
미국 주식시장	8.3 퍼센트

아마존은 세계에서 가장 성공한 웹사이트들 가운데 하나를 운영하고 있다. 이 웹사이트는 소프트웨어로 구성되어 있다. 애플은 세계에서 가장 중요한 운영체계들 가운데 하나를 개발했고 (iOS) 애플에서 출시된 소프트웨어들이 편리하면서도 아무런 문제없이 잘 작동될 수 있게 한다. 알파벳의 검색도구 구글은 소프트웨어이다. 마지막으로 마이크로소프트는 컴퓨터 운영체계, 그리고 텍스트 작업, 프리젠테이션과 표 형식으로 데이터를 분석하고 저장할 수 있게 하는 스프레드시트Spreadsheet 용 프로그램과 관련해서 거의 독점적인 위치에 있다.

네 개의 기업은 미국 주식시장이 같은 기간 동안 목표로 했던 수익인 8.3퍼센트 보다 훨씬 높은 수익(시세차액 + 배당금)을 올렸다.

소프트웨어가 세상을 먹고 있다. 넷플릭스, 페이스북과 마스타카드를 자신의 증권계좌에 넣어둔 사람은, 이 세 가지 주식으로 매년 다음과 같은 수익을 얻었다.●

● 출처: 모닝스타 2020년 4월

넷플릭스	43 퍼센트(15년)
마스터카드	26.8 퍼센트(10년)
페이스북	16.2 퍼센트(5년)

마스터카드와 페이스북은 15년 동안의 통계가 없다. 그래서 나는 두 기업은 이 보다 짧은 시간의 통계로 만족해야만 했다. 페이스북은 거의 소프트웨어로만 구성되어 있다. 이것은 소식, 개인적으로 전달하는 내용, 사진과 비디오로 구성된 가상의 세계이다. 마스트카드는 세계에서 가장 성공적인 디지털 지불 시스템들 중 하나를 운영하고 있는데, 바로 영리한 소프트웨어를 통해서이다. 넷플릭스의 경우 약간 복잡하기는 하다. 이 회사는 영화와 드라마 시리즈를 제작해낸다. 이 모든 것은 맨 먼저 현실 세계의 규칙들을 따른다. 배우들은 자신들의 역할을 하고, 카메라맨들은 사진을 찍는데 열중한다. 그리고 영업은 물론 디지털 플랫폼을 통해서 이루어진다. 인터넷을 통해서. 스트리밍을 이용해서 말이다.

인덱스를 이기다

아마존, 애플, 알파벳(구글), 마이크로소프트, 넷플릭스, 마스터카드와 페이스북과 같은 주식으로부터 수익이 얼마나 나왔는지 살펴보는 사람은, 흘러간 10여 년 동안에 지수를 이겼다는 것을 분명하게 확인할 수 있을 것이다. 이들 기업들 가운데 다섯 곳이 나의 계좌에도 들어있다. 이 주식들 덕분에 나는 지수를 이길 수 있었다고 해도 결코 과언이 아니다.

우리가 살고 있는 세계는 숨이 막힐 정도의 속도로 변하고 있다. 이처럼 변화하는 가운데 소프트웨어는 현재 이미 핵심적인 역할을 떠맡고 있다. 이런 점은 앞으로 10년 동안에도 여전히 변하지 않을 것이다. 지수를 이기려는 사람은 미래를 계좌에 넣어야 한다. 그러니까 앞으로 매출은 물론 수익률이 상당히 올라갈 수 있는 기업들의 주식 말이다. 사람들은 그런 기업들의 제품을 사랑하기 때문이다. 그리고 이런 기업이 제공하는 서비스의 소중함을 알기 때문이다.

간략한 소개: 크리스티안 틸

- 나이: 59세
- 직업: 싱글 및 부부 상담가, 저자.
- 웹사이트: grossmutters-sparstrumpf.de
- 저서: 《자기야, 내가 시장을 이겼어!》
- 인생의 좌우명: 우리가 진정으로 해야 하는 과제는, 행복해지는 것.(달라이 라마)
- 투자전략: 좋은 주식(Stock-Picking)으로 지수를 이기기, 위기에 주식 구매하기(buy-the-dip)
- 시간소비: 하루에 한 시간

반드시 지키자

첫 번째. 금융 분야에 종사하는 자들은 우리에게 좋은 실적을 약속한다. 이런 약속을 지킬 수 없으면서도 말이다. 이는 금융계, 펀드회사와 금융관련 언론에서는 관례인 것이다. 이들은 모두 우리의 돈으로 산다. 그것도 아주 잘 살고 있다. 이들은 자신들이 비교하는 지수와 실적과 경쟁했을 때 아무런 희망도 없이 뒤따라갈 뿐이라는 사실을 투자자들에게 말해주지 않는다. 이는 사업을 할 때 정말 좋지 않을 수 있다. 그게 소위 말하는 사업인지 알 수조차 없다.

왜 그들은 이길 수 없을까? 이와 같은 질문에 대한 매우 간단한 답이 있다. 즉, 이들은 세계에서 가장 큰 성공을 한 막강한 기업들을 이해하지 못했기 때문이다. 그들은 이런 기업들이 성공하는 이유를 파악하지 못했다. 때문에 그들은 이런 회사의 주식들을 계좌에 담지 않았던 것이다. 그들은 세상이 소프트웨어와 모바일 인터넷이 지배하는 세상으로 발전하게 되리라는 것을 이해하지 못했다. 대신 다임러 벤처를 추천하고, 독일 텔레콤과 우체국을 추천했다.

두 번째. 유감스럽게도 투자자들이 직접 투자를 하더라도 일은 잘 풀리지 않는다. 시장 지수가 개인 투자자들을 이기고는 한다. 이와 같은 사실을 막기 위해, 투자자들은 다양한 전략을 개발했다. 그들은 자신들의 실적을 모르며 지수의 실적도 모르고, 다만 자신들이 시장을 이겼다고 굳게 믿는 것이다. 이들은 내면의 사기꾼이 속삭이는 아첨을 믿는다. 이런 행동은 전혀 의미 없다.

세 번째. 주식을 구입하는 사람은 어떤 기업의 미래에 동참하게 된다. 아마존 주식을 구입하는 사람은, 제프 베이조스와 그의 팀이 생각해내는 온갖 영리한 아이디어에 참여하는 것이다. 이는 예를 들어 금에 투자하는 것과 다르다. 골드바는 새로운 생각을 전혀 하지 않는다. 골드바는 과거와 같은 모습으로 항상 존재할 따름이다. 한 조각의 금속. 이와 반대로 회사는 움직인다. 회사는 소비자들의 마음에 들거나 들지 않는 새로운 아이디어를 늘 시험한다. 소비자들은 또한 마음에 드는지 아닌지에 대해서 반응한다. 자신들의 돈으로 말이다.

대부분의 사람들은 주식시장과 전혀 관계가 없다

알렉산더 곤잘레즈(신탁관리인, 기업 컨설턴트[루체른],
회계와 경리 분야에서 스위스 연방 석사, 금융-코치[사례금을 받고 일함])

요즘 채권은 많은 수익이 생기지 않지만, 그래도 많은 사람들에게 훨씬 쾌적한 대안으로 보이기는 합니다. 왜냐하면 사람들은 시장에서의 변동을 잘 견뎌내지 못하기 때문이겠죠.

맞아요. 나는 컨설팅을 해주면서 경험하는 일입니다. 사람들은 자신들의 돈에 자주 변동이 생기지만 않는다면, 좋은 실적 따위를 기꺼이 포기합니다. 많은 사람들은 변동성을 가능하면 적게 계좌에 담고자 합니다. 현금의 50퍼센트 이상을 변동성 있는 상품으로 계좌에 담는 경우는 매우 드물지요.

심지어 사람들은 주식시장에서 0퍼센트, 그러니까 수익률이 전혀 없을 때도 많습니다. 많은 사람들은 우연히 주식 몇 장을 상속 받았고, 이런 주식들은 그들의 자산에서 고작 5~10퍼센트를 차지합니다. 그런데 이런 상태조차 매우 위험하게 받아들이는 사람들이 많아요.

당신은 시장에 어느 정도 투자하셨어요? 그 가운데 위험한 부분은요?

나는 우선 내 회사를 가지고 있습니다. 그러니까 회사에 이미 내 재산의 일부가 들어가 있지요. 투자의 경우, 주식시장에 80~90퍼센트 투자했습니다. 현재 이 정도는 너무 많다고 생각이 되요. 그래서 곧 재편성할 예정입니다.

투자를 할 때 주식이 차지하는 할당은, 개인적으로 편안하게 느끼는 한계를 넘어가서는 안 된다고 봅니다. 내 생각이 그렇습니다. 그러니까 투자자에 따라서 투자 포트폴리오에서 주식의 보유량은 달라지겠지요. 나는 곧 주식을 매도하고 60~80퍼센트라는 한계를 다시 맞추려고 합니다. 나를 찾아오는 고객들 대부분은 또 완전히 달라요. 나처럼 주식시장에 너무 많은 시간을 투자하지 않는 고객들은 대체적으로 50:50의 비율로 투자를 합니다.

예를 들어 노년에 추가적으로 수익이 더 필요하므로 주식의 비율을 더 높이지는 않나요?

매우 높은 수익을 얻은 고객들은 매우 소수에 불과해요. 대부분은 남아도는 돈을 그냥 투자합니다. 그게 너무 많은 돈인지 아닌지는, 그들의 생활수준을 기준으로 보면 중요하지 않더라고요.

스위스에서는 주식에 대해서 사람들이 어떻게 생각하나요? 독일보다 더 열린 마음입니까?

아니요. 대부분의 사람들은 주식시장에 대해서 그다지 관심이 없습니다. 독일 사람들이 주식을 등한시하듯 스위스 사람도 비슷하다고 봐요. 하지만 사람들은 투자에 게으른 독일 사람들에 관한 글을 읽어요. 주식시장에 자신들의 돈을 투자하는 데 상당한 두려움을 느낀다고 보시면 됩니다.

스위스 사람들은 무엇에 대해서 두려워하나요?

자신들의 돈을 잃을까 두려워합니다. 이것은 잘 몰라서 그렇다고 볼 수 있습니다. 물론 손실에 대한 반감은 잘 알려져 있지만요. 예를 들어, 주식이 떨어졌다는 보도를 세 군데의 신문사에서 하면, 이런 뉴스만으로도 사람들은 불안에 사로잡히지요. 그런데 만일 시장이 3년 동안 상승세를 타면, 아무도 이런 뉴스를 전하지도 않는답니다.

우리 같은 투자자들은 자연스럽게 우리의 증권계좌를 보게 되지요.

맞아요. 우리는 우리의 증권계좌를 들여다보지만, 나머지 사람들은 그렇게 하지 않아요. 매우 조심스럽게 사람들을 주식시장으로 안내해야 합니다. 그리고 설명도 많이 해줘야 하죠. 이런 일은 지식을 중개하는 것과 공통점이 많습니다. 사람들이 인지하는 것은 언론의 영향을 매우 많이 받아요. 2020년 초는 특히 전형적인 경우였습니다. 처음에 미국이 이란의 솔레이마니Soleimani 사령관을 공격했습니다. 투자자들은 이로 말미암아 불안해했지요. 그런 다음에 코로나 사태가 터졌어요. 그래서 투자자들은 또 다시 매우 불안하게 되었습니다.

컨설턴트로서 알아야 할 점은, 전 세계에서는 매일 무슨 일이 터진다는 것이지요. 뉴욕 월드 트레이드 센터가 폭격을 당하는 사건들처럼 말이죠. 이런 사건을 보고 경악에 빠지는 사람은 주식시장에 투자할 수 없답니다. 이런 사람들은 그냥 주식을 안 하는 게 나아요.

자산손실에 대한 위험은 대체로 두려움 때문이지 않을까 싶습니다.

그렇죠. 그러면 사람들은 경악에 빠져서 주식을 매도하고 이로 인해 손실을 입게 됩니다. 대부분의 사람들은 소액을 정해서 투자하는 것도 좋아요. 그래서 나는 고객들에게 아주 적은 금액을 주식에 투자해보라고 얘기해줍니다. 여하튼 심리와 매우 연관성이 깊지요.

소프트웨어는 어떻게 우리가 사는 세상을 근본적으로 바꾸고 우리는 왜 이런 점을 고려해야만 하나.

세상은 바뀌고 있다. 그것도 급격하게. 소프트웨어가 우리 삶에 있어서 중요한 역할을 하는 경우가 점점 더 늘어나고 있다. 예를 들어 직업적인 과정에서 그러하다. 드론과 프로그램 없이 파종하고 비료를 주고 성장을 지켜보는 농부는 물론 지금은 있다. 하지만 언제까지? 소프트웨어가 세상을 먹고 있다. 사생활에서도 다르지 않아 보인다. 아마존에서 구매하고, 왓츠앱WahtsApp을 통해 약속을 하고, 음식은 리페란도Lieferando를 통해 주문하고, 파십 Parship이나 텐더Tender를 통해 연애를 하고 있다. 이렇듯 사적인 분야에서도, 소프트웨어가 세상을 먹고 있다. 소프트웨어 전문가인 슈테판 발트하우저Stefan Waldhauser는 이 모든 것들이 주식시장에 무슨 의미인가라는 질문을 받고 어떤 대답을 했는지 한 번 보기로 하자.

슈테판 발터하우저는 우리가 만날 장소를 인도 레스토랑으로 결정했다. 차이 로티Chai Roti라는 곳. 이 레스토랑은 에어랑겐 기차역에서 아주 가까운 곳에 위치하고 있다. 슈테판 발터하우저는 근처에 살고 있는데, 헤르초겐아우라흐Herzogenaurach라는 곳이다. "아내가 이 레스토랑이 좋다고 하더군요." 그는 아이들 두 명에 아내가 있는 남자들이 흔히 그렇듯, 아내로부터 추천을 받은 레스토랑을 선택했던 것이다. 이런 유부남들은 아내의 말을 경청하니까.

우리는 편안하게 얘기를 나눌 수 있는 구석 자리에 앉았고, 메뉴판을 훑어보았다. 생선을? 아니면 카레 소스를 얹은 닭고기를? 지난주에 나는 중국 레스토랑에 들러서 생선을 먹을 기회가 많았다. 그래서 이번에는 닭고기를 선택한 다음 느긋하게 의자에 등을 기댔다.

그러자 슈테판 발트하우저는 자신의 아이폰을 식탁 위에 올려놓았다.

"최신 모델인가요?" 나는 이렇게 물었다. 아이폰 11을 나는 한 번도 본 적이 없었다. "아이폰 11 pro입니다." 슈테판 발트하우저는 대답하고서 자신이 저장해둔 수많은 앱들을 보여주었다.

슈테판 발트하우저는 아이폰 화면을 왼쪽으로 세 번 더 스크롤했다. 모든 화면에는 우리가 앱이라고 부르는 매우 복잡한 소프트웨어인 보조프로그램들로 가득 차 있었다. 이들 가운데 많은 것들, 가령 시리Siri나 우버Uber는 그를 더 복잡한 소프트웨어와 연결해준다. 외부의 컴퓨터를 통해서 작동되고 어려운 질문에 대한 답을 찾기 위해 이용하는 소프트웨어 말이다. 비행기 티켓을 예약하거나 택시를 주문하는 일이다. 슈테판 발트하우저는 자신의 아이폰에 이런 앱을 몇 개 가지고 있을까?

"130개 정도요." 그가 대답했다.

소프트웨어가 세상을 먹고 있다.

"나의 아내는, 이렇게 많은 앱이 필요한 사람은 세상에 없다고 놀려댈 때가 많지요." 하지만 그는 아내와는 전혀 다른 생각을 갖고 있었다. 물론 정당한 이유도 있었다. 만일 그의 아이폰이 더 이상 작동하지 않으면, 그는 그 전 며칠 또는 몇 주 동안 사용했던 모든 앱들을 닫아야 한다는 것이다. 그렇게 해야 저장해둔 고성능 프로세서(A13 Bionic), 그러니까 85억 개의 트랜지스터를 포함하고 있는 프로세서가 다시 정상적으로 작동할 수 있기 때문이란다. "이제 알겠어? 나는 이 앱들 모두가 그래서 필요한 거야." 그는 아내에게 그렇게 말했다는 것이다.

소프트웨어가 세상을 먹고 있다.

소프트웨어는 우리의 삶을 바꾸고 있다

소프트웨어는 슈테판 발트하우저의 삶 곳곳에서 이용되고 있다. 택시를 부르기 위해 그는 두 가지 소프트웨어 앱을 저장해두었다. 또 다른 소프트웨어는, 누군가 페이스북에 새로운 소식을 올리면 즉각 알 수 있게 해준다. 또는 자녀 한 명이 생각했던 것보다 더 일찍 학교를 떠나는지도 알 수 있는 앱도 있다. 그리고 소프트웨어를 이용해서 팬 케이크을 굽는데 필요한 블루베리를 자신이 이미 사두었다고 아내에게 설명해줄 수도 있다.

주식시장과 관련해서 그는 중개인과 연결해줄 세 개의 앱을 저장해두고 있다. 여기에 독일 금융정보 사이트와 미국 사이트도 있다. 그가 가장 자주 이용하는 것은 시킹 알파Seeking Alpha였다. 그밖에도 YCharts와 스위스 주식 이용 가이드라는 앱도 있다.

소프트웨어가 세상을 먹고 있다.

소프트웨어로 그는, 자신의 주식들이 현재 어떤 상태인지 알 수 있다. 증권계좌를 공개적으로 운영하는 와이키폴리오Wikifolio에 올려놓은 계좌에서 말이다. 슈테판 발트하우저는 이곳에서 가장 성공적으로 투자하고 있는 사람들 가운데 한 명이다. "High-Tech Stock Picking"을 통해서 말이다.

석기시대로 소풍가기

슈테판 발트하우저는 와이키폴리오-앱을 닫고 아이폰을 다시금 식탁 위에 내려놓았다. 이런 질문이 나왔다. 과거의 사람들은 자신의 삶을 어떻게 살았을까?

과거, 그러니까 10년 전이라고 보자. 그때만 하더라도 아이폰이 시장에 나오지도 않았고 사람들의 생각은 핸드폰으로 인해 완전히 바뀌었다. 나의 자식들은 자판이 있는 핸드폰을 한 마디로 "석기시대 핸드폰"이라고 부른다. 현재도 여전히 이용되고 있는 석기시대의 핸드폰은 대부분 노키아Nokia라는 회사가 만들었다.

아이폰이 나오기 전에 핸드폰은 주로 전화를 하고 문자를 보내기 위해서만 이용되었다. 자신의 핸드폰을 위해 뭔가 특별한 것을 해주고자 했던 사람은, 알록달록한 핸드폰 케이스를 구입하거나 특별한 벨 소리를 편집하고는 했다. 그리고 노키아는 지구상에서 가장 막강하고 가장 가치가 높은 대기업에 속했다.

아이폰이 나온(2007년) 뒤에는 모든 것이 신속하게 바뀌었다. 오늘날 스마트폰은 그야말로 모든 것을 할 수 있는데, 언어를 배우고, 계좌를 운영하고, 계산도 할 수 있고, 비디오를 보고, 음악을 듣고 최신 뉴스도 볼 수 있다. 이 모든 것들은 오늘날 정규 뉴스를 보지 않고도, 언어 교사 없이도, 은행 직원이나 비서 없이도 가능하다.

많은 사람들은 이와 같은 모든 활동을 위해 오로지 약간의 소프트웨어를 이용하면 된다. 앱이라고 부르는. 지구상에서 가장 막강하고 가치가 큰 대기업 애플은 하나의 플랫폼을 운영하고 있다. 바로 이 플랫폼에서 대략 2백만 명의 이용자들은 앱스토어에서 다양한 앱을 다운받을 수 있다. 사용자들은 아이튠즈에서 데이터팩으로 음악을 구입할 수 있다. 영리한 소프트웨어 덕분에 음악을 자신의 스마트폰에 저장해서 원할 때 들을 수 있는 것이다. 사용자들은 애플 뮤직을 통해서 노래를 단 한 번만 이용할 수 있게 주문할 수도 있는데, 바로 스트리밍(이것이 미래다)이다. 애플 사용자들이 어떤 방식을 선택하든, 똑똑한 소프트웨어는 사용자가 사용한 모든 흔적을 관리한다. 아이폰의 운영체계, 애플 뮤직을 위한 앱, 그리고 예약을 할 때 사용하는 지불 앱인 애플 페이Apple Pay까지.

소프트웨어가 세상을 먹고 있다. 어떻게 이렇게 되었을까?

애플은 어떻게, 21세기를 애플의 세기가 될 수 있게 했을까

이 모든 것은 2000년에 시작되었다. 이처럼 마법과 같은 해부터, 천 년이 바뀌는 해이자 인터넷-버블이 일어났던 해에 대해 앞에서 이미 언급을 했다. 당시의 기술-거품은 새로운 세계를 보여주었는데, 이런 세계에서 인터넷은 매우 중요한 역할을 할 것 같았다. 기업을 온라인으로 운영할 수 있으며, 소프트웨어가 점점 더 광범위하게 우리를 둘러싸게 될 것이라는 얘기가 나왔다. 이런 예언을 누구보다 더 많이 했던 주인공은 바로 마이크로소프트의 설립자인 빌 게이츠였다.

그는 2000년에 라스베이거스에서 열린 가전박람회Consumer Electronics Show에서, 미래에는 모든 기술 제품이 소프트웨어로 작동하게 될 것이라고 알렸다. 빌 게이츠는 각 가정마다 사진, 음악과 비디오를 포함하고 있는 디지털 허브Digital Hub가 있으리라 내다봤다. 빌 게이츠가 말하지 않은 것은(물론 생각은 했다) 디지털 허브는 물론 많은 다른 기기들을 위한 소프트웨어가 당연히 마이크로소프트 사에서 나오게 될 것이라는 내용이었다.

마이크로소프트는 이 시기에 최고의 위치에 있었다. 이 기업은 90년대에 그 어떤 다른 기업보다 탁월했다. 주식시장에서 대략 6천억 달러의 가치가 있었다(오늘날의 달러로 환산하면 대략 9천억 달러). 라스베이거스에서 했던 빌 게이츠의 연설은 마이크로소프트의 주식을 가진 투자자들에게 앞으로 멈추지 않고 성장할 것이라는 약속과 다름이 없었다. 그러나 현실은 다른 방식으로 나타났다. 완전히 다르게.

쿠퍼티노에서 이루어진 긴급-회동

이날 쿠퍼티노Cupertino* 에서 이들은 조용하게 앉아있지는 않았다. 대신에 그들은 팰로엘토Palo Alto** 에 있는 가든 코트Garden Court 호텔에서 소위 말해 긴급 회동을 하자고 결정했다. 이들 모두는 빌 게이츠가 맞는 말을 했다는 사실을 알고 있었다. 소프트웨어와 컴퓨터칩은 21세기를 지배할 것이다. 음악도 데이터 팩으로 제공될 것이며, 더 이상 음을 수록하여 보관하는 형태가 아닐 것이다. 새로운 세기는 완전히 새로운 소비자 장치들을 제공

● 　애플 사의 본사가 있는 곳으로, 미국 캘리포니아 주 산타클라라에 있는 도시이다. - 옮긴이 주
●● 캘리포니아주 서부에 있는 도시

할 것이며, 우리가 과거에 알고 있던 손목시계, 텔레비전, 라디오와 비디오 레코드와는 다른 장치들이었다.

당시 애플의 상황은 여전히 만족할 만한 수준이 아니었다. 컴퓨터는 이 회사에게 힘든 사업이었다. 2000년에 올렸던 총 매출은 80억 달러였는데, 이렇듯 얼마 되지 않는 매출마저 2001년에는 두드러지게 줄어들 전망이었다. 애플은 작게 축소되고 있었다. 사악한 목소리들은 사업을 그냥 접고, 있는 돈을 주주들에게 나눠주는 게 어떠냐고 충고했다. 바깥세상은 마이크로소프트, 인텔, HP, 그리고 Dell에 의해 지배당하고 있었다. 이에 비해 애플은 미미한 존재에 불과했다. 애플은 어떤 전략으로 이와 같은 상황에 대응해야만 할까?

그들은 지금 막 망치려고 합니다

스티브 잡스에게 긴급 회동을 요청한 사람들은 실리콘 밸리의 원조들이라 할 수 있는 아베다스 아비 테바니안Avedis Avie Tevanian과 존 루빈스타인Jon Rubinstein*이었다.

이와 같은 모임은 장점을 가지고 있었다. 가든 코트 호텔에는 전화도 없었다. 그리고 그들을 방해할 직원들도 없었다. 그러니

● 1956년 미국 출신으로, 컴퓨터 엔지니어이자 기업인이다. 아이맥과 아이팟을 주도적으로 개발했다. - 옮긴이 주

긴장을 풀 수 있는 분위기였다.

이 모임에 조너선 아이브Jonathan Ive도 왔는데, 그는 애플에서
는 가장 중요한 디자이너였으며 영향력 있는 사람들 가운데 한
명이었다. 애플 컴퓨터의 제작비용을 담당했던 팀 쿡Tim Cook*도
참석했는데, 그는 부품업자들에게 제품을 대대적으로 보관시켜
서 비용을 절약했다. 팀 쿡은 미래를 내다보는 사람은 아니었다.
그는 공급망에 있어서 영웅이었다. 그리고 회사에 있는 다른 그
누구보다 회사를 잘 장악했다. 스티브 잡스를 위해 전략적인 충
고를 해주었던 마이크 슬레이드Mike Slade도 참석했다. 그밖에 아
비 테바니안과 존 루빈스타인도 있었다. 스티브 잡스는 당연히
참석했다.

디지털이 일상을 지배할 것이라는 빌 게이츠의 예언은 의심할
바 없는 미래였다. 디지털 플랫폼이 세상을 바꾸게 될 것이 분명
했다. 기존의 모든 것을 철저하게 말이다. 그리고 애플이 이처럼
새롭고, 디지털을 소비하는 세계에서 중요한 회사가 되고자 한
다면, 이런 변화에 당연히 반응해야만 했다.

● 1960년에 태어났고, 애플의 CEO를 역임했다. 특히 스티브 잡스가 수술 등 건강상의 이유로 그
만 두었을 때 애플을 경영했다. - 옮긴이 주

미래

"디지털 플랫폼이 미래입니다." 슈테판 발트하우저가 말했다. 이것을 이용해야만 이익을 가져온다는 말이었다. 그의 아내가 레스토랑을 추천했다는데, 아주 잘 한 것 같았다. 음식이 정말 맛있었다.

"디지털 플랫폼은 인터넷 사이트에 공급과 수요를 함께 모아줍니다." 슈테판 발트하우저는 그렇게 덧붙였다. 우버Uber의 경우 핵심은 바로 플랫폼이다. 한 편으로 운전자를, 그리고 다른 한 편으로 사용자를 모아 둔 곳이다. 우버는 중개업을 떠맡고, 고객의 계좌에서 돈을 받아 운전자에게 지불한다. 이 모든 것은 지극히 복잡한 소프트웨어에 의해서 작동된다. 이것이 바로 회사의 핵심이며, 페이스북과 똑같다. 혹은 아마존이나 구글과 같다. 또는 우리가 음식을 온라인을 통해서 주문하고 집으로 배달시킬 때와 같다.

현재 그와 같은 플랫폼이 점점 늘어나고 있다. 이런 플랫폼을 통해서 코로나를 겪고 있는 사람들은 화상회의Zoom(마이크로소프트 팀즈)를 한다. 그런가하면 어떤 플랫폼은 디지털 광고를 원하는 기업에게 이 기업에 적합한 공급자를 연결해준다. 그러니까 디지털 광고를 원하는 기업에 어울리는 대중들이 자주 찾는 공급자와 서로 연결시켜 주는 것이다The Trade Desk. 그밖에도 예를 들어 정원을 바꾸고 싶어 하는 사람들과, 방금 자신의 정원을 개조

한 사람이 정원을 소개할 수 있게 연결해주는 플랫폼도 있다. 사진과 재료들 목록을 올릴 수 있게 해주고 말이다Pinterest.

기업을 위한 디지털 서류관리

소프트웨어가 세상을 먹고 있다. 슈테판 발트하우저는 이와 관련해서 흥미진진한 얘기를 해줄 수 있는 사람이었다. 그는 자신의 팀과 함께 대기업을 위한 서류관리 소프트웨어를 개발했고 이것을 판매하는 회사를 하나 차렸다. 사업은 잘 되었고 외국으로 확장도 했다. 대기업 고객들과 사업을 더 잘하기 위해, 그는 실리콘밸리에 있는 훨씬 거물급 회사에 자신의 회사를 팔고 부사장으로 일하게 되었다. 결국 그는 집이 있는 독일의 작은 도시와 본사가 있는 실리콘밸리, 그리고 유럽 본사가 있는 런던을 이리 저리 오가야만 했다.

일주일은 런던, 일주일은 미국 그리고 나머지 2주일 동안은 집에 머물렀다. 슈테판 발트하우저는 결국 조용하고 여유 있는 삶을 선택하게 되었다. 이때부터 그의 아내가 더 자주 일하러 나갔고 그는 아이들을 보살폈다. 자유 시간을 채우기 위해, 그는 취미였던 주식을 직업으로 정하고 소프트웨어 주식에 몰두하기 시작했다. 어쩌면 그는 자신의 돈을 투자할 주식을 탐색했을 수 있다. 자신의 회사를 판매하고 받은 돈을 투자하려고 보유하고 있었으니 말이다. 이 과정에서 그는, 자신이 소프트웨어와 이것의 미래에 대해 잘 알고 있을 뿐 아니라, 소프트웨어 회사들의 미래에 대해서도 잘 알고 있다는 사실을 확실히 알게 되었다. 그리하여 발트하우저는 자신의 돈을 몽고DBMongoDB*, 뉴타닉스Nutanix**와 같이 다분히 이국적으로 들리는 회사에 투자했을 뿐 아니라, 와이키폴리오에 모범적인 증권계좌를 운영하고 있다. 다른 사람들의 돈에 대한 책임을 떠맡는 일도 성공적으로 해냈고 또한 재미가 있었기에, 그는 그 사이 디지털화라는 주제와 관련된 주식펀드The Digital Leaders Fund에 대해 조언해주는 일을 하고 있다.

게다가 블로그도 운영하는데, 여기에서 그는 자신이 왜 매수를 하고 매도를 했는지 설명한다. 만일 내가 소프트웨어-스타트업에 대해서 정보를 얻고자 하면, 슈테판 발트하우저의 블로그를 읽거나 wikifolio에 있는 그의 모범적인 계좌High-Tech Stock Picking를 들여다본다. 여기에서는 슬랙Slack이라는 기업도 발견할 수 있는데, 이 기업은 디지털로 팀 협업을 할 수 있는 플랫폼을 제공한다. 혹은 작은 기업들을 위해 디지털로 지불할 수 있게 해주는 모바일 결제회사 스퀘어Square도 있다. 슈테판 발트하우저의 증권계좌에는 플랫폼들을 제공하는 회사들이 줄 지어 있고, 몇 년 후에 대기업으로 성장할 가능성이 있는 기업들이 있다. 모든 기업은 시작할 때 규모가 작으며, 시간이 지나면서 자신들의

---

* 도큐먼트 지향 데이터베이스 시스템
** 2009년 설립, 데이터센터 솔루션 전문이다.

미래상을 찾아야만 한다. 애플이 그랬듯이 말이다.

애플 컴퓨터에서 어떻게 애플이 되었나

긴급 회동이라는 주제로 다시 돌아가 보기로 하자. 디지털 플랫폼이 아직 요원했던 그런 시대로 말이다. 2000년으로 돌아가 보자. 가든 코트 호텔의 식탁 주변에는 이 분야의 전문가들 몇몇이 앉아 있었다. 이들 모두는 25년 전부터 컴퓨터 영역에서 기술개발을 해왔던 사람들이었다. 마이크 슬레이드는 수 년 동안 마이크로소프트 사에서 일했다. 그는 스티브 잡스에게 가전 박람회에서 빌 게이츠가 한 연설을 담은 서류를 내밀었다. 그런 다음에 다가올 10년을 지배하고 우리의 세계를 뒤집게 될 질문을 했다. 즉, "우리가 이것을 해야 하지 않나요?"

애플은 당시 애플 컴퓨터라는 이름이었다. 이 회사는 컴퓨터를 생산했지 소비자들이 사용하는 장치를 생산하지는 않았다. 경험도 전혀 없었다. 이와 반대로 소니는 워크맨을 통해서 전 세계적으로 유명하게 되었다. 소니는 휴대용 음악으로 1위였다. 애플은 컴퓨터 사업만 하고 있었다. 하지만 디지털화가 되면 컴퓨터는 많은 전자 장치와 융합될 가능성이 많았다. 문제는 이것이었다. 누가 이런 장치를 만들 것인가? 누가 이런 장치의 디자인을 맡을 것인가? 그리고 마지막 문제는 다음과 같다. 누가 소프트웨어를 만들고 이로써 세계에 자신의 도장을 찍을 것인가?

"우리가 이것을 해야 하지 않나요?" 마이크 슬레이드는 그날 저녁에 호텔에 모여서 그렇게 물었다. 이어서 두 문장을 더 얘기했는데, 이는 애플에서 마이크로소프트를 어떻게 생각하는지를 담고 있었다. 마이크로소프트가 이처럼 소비자가 사용하는 장치를 개발해서 독점할 것이라는 상상만 해도 반감이 일어났다. 상상할 수 없는 일이었던 것이다.

"우리가 해야 하는 것 아닌가요? 마이크로소프트가 하게 해서는 안 됩니다. 그들은 망치고 말 것이고요!"

마이크로소프트가 이 일을 시도하면 망치게 될 가능성이 많았다. 수 년 동안 마이크로소프트에서 일했던 마이크 슬레이드는 그렇게 생각했던 것이다. 그 자리에 참석했던 사람들도 마찬가지였다. 그들은 망치고 말 거야.

이렇게 아름다운 신제품들이 모두 왜 애플에서 나오지 말아야 하나? 이 날 애플의 관리자들은 소프트웨어와 컴퓨터칩이 탑재될 물건들, 그러니까 소비자들이 사용하게 될 전자 장치들로 이루어진 새로운 세계를 자신들이 만들 결론을 내렸다. 바로 이날 애플은 모든 시대를 거쳐 가장 성공을 거둔 소비재 생산 회사가 될 초석을 놓았다. 빌 게이츠가 묘사하고 정확하게 예견했던 새로운 제품들은 반드시 출시되리라고 애플도 내다보았다. 하지만 이러한 제품은 애플에서 생산되어야만 했다. 그리고 그들의 소프트웨어가 이들 제품에 생명을 불어넣어야만 했다.

첫 단계

긴급 회동이 있은 후 애플은 결정하는 것으로 그치지 않았다. 애플은 움직이기 시작했다. 가든 코트 호텔에서 회동을 한지 몇 주일 뒤에 애플은 작은 회사 사운드잼SoundJam MP를 사들였다. 그리고 비밀리에 사운드잼 MP로부터 아이튠즈를 만들기 시작했다. 이 프로그램으로 사용자들은 자신들의 음악을 맥Mac에서 관리할 수 있고 좋아하는 곡을 하나씩 추가할 수 있었다. 자신들이 원하는 대로 말이다. 2년 후 이로부터 인터넷-스토어가 생기는데, 바로 아이튠즈 스토어이다. 이 스토어에서는 음악(돈을 주면)을 데이터 팩으로 제공하는데, 수 백 만의 개인컴퓨터 소지자들이 이미 몇 년 전부터(불법적으로) 인터넷 플랫폼에서 그렇게 했듯이 말이다. 마치 교환을 원하는 시장 참여자들이 물건이나 서비스를 교환하는 교환시장처럼 작동되었다.

스티브 잡스는 아이팟을 최초로 소개할 때 음악에 집중하게 된 이유를 직접 설명하기도 했다. "우리가 선택한 것은 음악이었습니다. 휴대용 음악이지요." 거실 중앙에 있을 것이라고 했던 빌 게이츠의 디지털 허브를 스티브 잡스는 만들 필요가 없었다. 그런 허브는 스티브 잡스에게 하찮은 상상으로 여겨졌다. 뭣 때문에 그런 게 있어야 하겠는가?

Go for it

애플의 명성은 어느 수준에서 멈춰 있기만 했다. 기술적인 발전을 이뤄내야만 했다. 애플이 아이튠즈를 비밀리에 개발함으로써 디지털 음악의 세계를 최초로 무너뜨렸을 때, 아이팟에 대한 생각은 전혀 하지 못했다. 이런 것을 만들기 위한 작은 저장매체가 존재하지 않았던 것이다. 애플은 이 문제를 10여년에 걸쳐 안고 가야만 했다. 아이폰을 만들기에 충분한 기술은 언제 완성되었을까? 아이패드는 언제? 애플 워치는 언제?

아이팟의 시간은 2001년 2월에 도래했다. 긴급 회동이 있은 지 족히 1년이 지난 뒤였다. 존 루빈스타인은 당시 애플에서 하드웨어 개발을 담당하고 있었다. 부품 납품업자를 방문해서 곧 출시될 최신 개발품에 대해서 정보를 제공하는 일이 가장 발 빠른 대응이 아니겠는가? 2001년 2월 루빈스타인은 도시바Toshiba에서 하드디스크를 봤는데, 이 하드디스크는 충분히 작아서 애플이 휴대용 뮤직플레이어를 만들기에 적합했다. 어떻게 할지 스티브 잡스에게 물어보자 그는 이렇게 대답했다고 한다. Go for it!

존 루빈스타인은 아이팟을 개발하게 될 것이었지만, 애플의 얼굴은 스티브 잡스였다. 그는 2001년 아이팟을 소개했고, 당시만 하더라도 상당히 고가인 300달러로 출시되었다. 비판가들은 실패를 예상했지만, 이와 반대로 소비자들은 환호했다. 이 제품은 기술적으로 봤을 때 그야말로 일종의 화젯거리였다. 다른 MP3 제품들은 20곡을 저장할 수 있었지만 아이팟은 믿을 수 없을 만큼 많은 1천곡을 저장할 수 있는 저장 공간을 제공했던 것이다. 그야말로 도서관과 다를 바가 없었다.

이처럼 음악 도서관을 통한 항해는 숙련된 하드웨어와 소프트웨어 덕분에 다른 장치와는 달리 매우 단순하게 작동되었다. 마이크로소프트라면 이 모든 것을 열 배는 더 복잡하게 만들었을 것이고, 그렇게 했더라도 엄청나게 실패했을 가능성이 많았다. 그들은 망쳤을 거야!

아이팟은 신속하게 애플의 가장 중요한 제품으로 발전했다. 이 제품은 곧이어 회사가 올리는 총 수입에서 상당한 부분을 차지했다. 2007년 애플은 아이팟 하나로만 이 회사가 2000년에 목표로 했던 매출을 달성했다. 대략 80억 달러 말이다. 이 해 애플은 공식적으로 컴퓨터 회사와는 작별을 했다. 애플 컴퓨터라는 이름은 다른 것으로 대체되었다. 바로 애플이라는 이름으로 말이다. 그런 뒤에 노키아를 왕좌에서 밀어버린 아이폰이 나왔다. 이때부터 애널리스트들은 애플을 왕좌에서 밀어버릴 다음 번 기술기업이 누구일지 애타게 기다렸다. 그들의 눈에 애플은 단지 새로운 노키아에 불과했으니까.

어떻게 하드웨어 회사가 소프트웨어 회사가 되었을까

애플은 노키아가 아니다. 처음에는 아이팟을 그리고 나중에는 아이폰을 위한 소프트웨어와 하드웨어의 단위가 하나로 만들어졌다. 바로 이런 점이 애플 제품의 우수함이다. 삼성은 스마트폰을 만들어낸다. 알파벳(구글)은 소프트웨어를 제공한다. 이것은 검색엔진 운영사와 안드로이드-소프트웨어의 협력의 첫 날이었다. 이는 애플의 모든 경쟁자들을 오늘날까지 방해하고 있다.

아이팟이든 아니면 아이패드이든 그렇지 않으면 애플 워치든 상관없이, 애플은 하드웨어에 완벽하게 어울리는 소프트웨어를 가지고 있다. 오늘날까지 이렇듯 일체로 제공하는 유일한 기업이 바로 애플이다. 소프트웨어는 여전히 애플에서 전진하고 있다. 분기별 총 매출을 보면 심지어 몇 센트까지 매출을 올렸는지 확인가능하다. 많은 사람들은 애플을 하드웨어 회사라고 간주하기도 한다. 아이폰을 생산하고, 아이맥과 애플 워치를 생산한 회사를 말이다. 이 회사는 이미 소프트웨어로 수익의 많은 부분을 얻고 있다. 이런 경향은 점점 늘어나고 있다.

수익의 20퍼센트 가량은 서비스에서 나오는데, 2019년 4/4분기에만 127억 달러였다. 와우! 이 분야에서 마진은 엄청나며, 하드웨어보다 훨씬 높은 마진이 나왔다.

애플은 새로운 노키아가 아니다

애플은 새로운 노키아가 아니며 노키아가 될 수도 없다. 모든 새로운 제품(태블릿, 스마트 워치, 무선 헤드폰)을 자신들이 만들었고 애플의 소프트웨어로 작동되는 까닭이다. 애플은 항상 높은 가격을 목표로 한다. 이렇듯 높은 가격대에서 수익을 얻을 수 있다. 이런 가격대에서 애플은 그야말로 알파 수사슴에 해당된다. 스마트폰에서 얻은 수익의 70-90퍼센트가 애플의 손에 들어간다. 물론 이 기업은 스마트폰 시장점유율에 있어서 15퍼센트에 불과하지만 말이다.

왜 우리는 소프트웨어를 사랑하나

소프트웨어는 기업이 많은 비용을 들였더라도 높은 이득을 제공한다. 때문에 기업은 소프트웨어를 사랑한다. 이런 점 하나 만으로도 소프트웨어를 생산하는 스타트업 회사를 가치 있게 만드는 것이다. 이런 회사는 덜 효율적인 경쟁자를 상대로 이기는 경우가 많다. 슈테판 발트하우저가 설립했다가 다시 팔아버린 소프트웨어-스타트업 회사처럼 말이다.

물론 다른 점도 있다. 그것은 슈테판 발터하우저의 아이폰에 저장되어 있던 130개의 앱과도 연관이 있다. 그렇듯 소프트웨어는 사람들의 삶을 매우 편리하게 만들어준다.

- 시내에서 방향설정을 위해 구글-지도를 이용한다.
- 은행일도 앱으로 해결한다. 그러다보니 은행들은 지점들을 많이 줄였다.
- 우버 앱에서 목적지를 넣으면, 곧바로 자동차가 나타나서 당신을 원하는 목적지로 데려다준다. 택시비는 이미 앱이 해결했다. 운전자의 이름은 차량번호와 마찬가지로 표시된다. 사용자의 눈이 반짝거린다! 이렇게 하여 오래된, 우리에게 잘 알려진 세상의 일부가 또 다시 영원히 사라진다.

소프트웨어가 세상을 먹고 있는 트렌드를 이용하는 중요한 기업들의 이름을 제시하면 다음과 같다. 알테릭스Alteryx, 애피안Appian, 아리스타 네트웍스Arista Networks, 트윌리오Twilio, 뉴타닉스Nutanix, 옥타Okta, 젠데스크Zendesk, 줌Zoom과 스퀘어Square가 있다. 또한 대기업으로는 아마존, 애플, 페이스북이나 알파벳(구글)이 있는데, 이들은 직접 탑재한 소프트웨어를 통해서 많은 수익을 창출하고 있다. 그렇지 않은 경우에도(페이스북이나 구글의 경우) 많은 수익을 얻고 있다.

앞으로 보게 될 자율주행의 경우에도 분명한 것은, 차량의 생산자가 미래에 수익을 얻게 되는 게 아니라, 소프트웨어를 제공하는 몇몇 회사들이 수익을 얻게 될 것이다. 이 분야에서 승자는 테슬라, 알파벳(구글)과 언젠가 애플도 들어갈 것이다.

석기시대를 살고 있는 나의 삶

스마트폰 없이 잘 지내는 나 같은 사람에게 슈테판 발트하우저가 저장해둔 130개의 앱들은 낯선 세계와 마찬가지이다. 나는 택시가 필요하면 여전히 베를린 전화번호 44 33 22를 누르는데, 20년 전에 했던 것과 똑 같이 한다. 그러면 택시 한 대가 도착하고, 나를 원하는 곳으로 데려가 준다. 만일 내 아이들이 학교가 끝나면, 왓츠앱WhatsApp을 통해 소식을 받지 않더라도 그냥 집에 올 것을 안다. 문제가 생긴 경우는 한 번도 없었다.

소프트웨어가 세상을 먹고 있나? 나에게는 컴퓨터 한 대와 몇 가지 프로그램만 있으면 충분하다. 물론 시간이 지나면서 이 프로그램들도 점점 향상되고 방대해지고 있지만 말이다. 바깥 세상에는 아직 충분하지 않은 것 같다. 바깥 세상은 삶을 보다 더 편안하고, 더 쾌적하고 더 효율적으로 만들기 위해 소프트웨어를 원하고 있다.

소프트웨어는 정말 사람을 점점 더 편안하고, 더 쾌적하고 더 효율적으로 만드는 것일까? 글쎄. 내가 보기에 새로운 세상은 새로운 문제를 만드는 것 같다. 아들 둘을 두고 있는 아버지 한 사람이 최근에 나에게 이런 이야기를 해주었다. 그는 몇 달 전에 장남이 농구시합에 참여한 장소에 있었다고 한다. 그가 경기를 열심히 봤던 반면에, 다른 부모들은 사진과 비디오를 찍느라 바빴고 이것들을 왓츠앱에 올리느라 분주했다는 것이다. 그들은 경기가 어떻게 펼쳐지고 있는지 경기를 참관하지 못하는 다른 사람들에게 정보를 제공해야만 했다. 경기를 즐기는 대신에 말이다. 이 아버지는 이런 현상을 두고 "왓츠앱-스트레스"라고 불렀다. 요즘은 클래식 콘서트를 가야만 카메라의 번쩍이는 불빛과 스마트폰이 없다. 다른 곳에 가면, 사람들은 더 이상 순간을 즐기지 못하고 페이스북과 인스타그램에 포스팅하느라 정신이 없다. 혹은 왓츠앱에.

스마트 워치가 없는 나의 삶

스마트폰이 모든 장소에 등장하는 것에 대한 나의 비판이 어떤 영향을 미치게 될까? 아니, 절대 그렇지 않다. 그 누구도 내 말을 귀담아 듣지 않을 것이다. 젊은 부모들은 자전거 길로 유모차를 끌고 다닐 것이고, 자동차 운전자들은 여전히 교통신호를 주의하지 않은 채 중요한 메일을 읽을 것이다. 그리고 메일에 답도 할 것이다. 법을 제정하는 자들이 그처럼 공공을 위험에 빠트리는 행동에 대해서 처벌하는 규정을 만드는 날까지 말이다. 그리고 점점 더 많은 남녀들은 서로에게 집중하는 게 아니라 자신들의 스마트폰이나 스마트 워치에 집중하게 될 것이다.

나는 석기시대 출신이 분명하며, 그래서 스마트폰도 스마트

위치도 사용하지 않는다. 하지만 나는 확고하게 믿는 게 있다. 즉, 스마트폰과 스마트 워치, 그리고 수많은 기능들을 통제하는 소프트웨어에 바로 미래가 있다고 말이다.

미래의 주식들

종업원이 접시를 치웠고 계산서를 가져왔다. 아마 미래에도 레스토랑에서는 이런 방식일 것이다. 많은 사람들은 외식을 하러 가고, 대화를 나누고 스마트폰을 식탁 위에 놓아둘 것이다.

하지만 많은 것들은 변할 것이다. 독일인들의 대다수가 곧 자신의 스마트폰으로 돈을 지불할 것이다. 또는 스마트 워치로. 그렇지 않으면 적어도 칩이 장착된 신용카드로. 특수한 NFC(Near Field Communication)-칩은 데이터를 전송하고, 얼마 후 우리가 식사했던 인도 음식점 사장의 계좌에는 돈이 들어가 있을 것이다. 아무도 돈을 더 이상 은행에 가져갈 필요가 없다. 아무도 돈을 세느라 은행의 지하실에서 며칠을 보낼 필요도 없다. 오늘날에는 여전히 그러고 있지만 말이다. 우리는 더 이상 은행이 필요하지 않게 될 것이다. 모든 것은 끝이 나고 지나간다. 우리가 필요로 하는 것은, 오로지 앱 뿐일 것이다.

"디지털 방식으로 지불하는 경우가 엄청 늘어나겠죠." 슈테판 발트하우저는 확신에 차서 그렇게 말했다. 애플의 팀 쿡도 그렇게 생각할 게 틀림없다. 나는 평상시처럼 현금으로 음식 값을 계산했다. 아마 나는 석기시대 사람이 아닐까 싶다.

하지만 그럼에도 나의 증권계좌를 미래가 속해있는 주식들로 채우지 않을 수 없다. 옥타, 젠데스크와 아마존의 주식들. 또는 애플. 쿠퍼티노에서 그들은 다음 번 가전제품 박람회를 잔뜩 부푼 마음으로 기다리고 있는지 모른다. 자신들의 회사에서 생산할 새로운 제품을 상상하며.

애플은 미래에도 결코 최초로 파티에 등장하지는 않을 것이다. 물론 그들은 가장 훌륭한 소프트웨어를 가진 멋진 해결책이 미래에도 자신의 회사에서 나올 것이라고 확신하고 있다. 마이크로소프트가 아니라. 그들은 왜 알고 있을까? 그래, 맞다. 마이크로소프트는 망칠 것이기에.

간략한 소개: 슈테판 발트하우저

- 나이: 52세
- 직업: 경제수학으로 석사. 한 때 소프트웨어 회사의 사장, 지금은 금융관련 블로거이며 전업 투자자
- 웹사이트: high-tech-investing.de
- 책 소개: 《피터 린치, 존 로스차일드: 주식시장 한 걸음 앞서기》
- 인생의 좌우명: 미소로 모든 것을 시작하는 사람은, 대부분 성공할 것이다. (달라이 라마)
- 투자전략: High-Growth-Investing-전략(성장속도가 매우 빠른 회사의 주식), 이것은 21세기에 가치주에 투자하는, 이른바 시대에 맞는 형태이다.
- 시간투자: 풀타임 투자자.

반드시 지키자

첫 번째. 지난 십여 년 동안 기술적인 변화가 우리의 삶을 철저하게 바꿔놓았다. 직장이든 집이든 상관없이 말이다. 이와 같은 트렌드는 앞으로 10년 동안에도 속도를 줄이지 않고 지속되리라 본다. 심지어 이런 트렌드는 예전보다 더 빠르게 진행될 수도 있다. 많은 변화의 중심에 소프트웨어가 있을 것이다. 미래는 디지털이다.

두 번째. 개별 주식에 투자하는 사람도 미래에는 디지털화의 수익을 얻는 기업들을 사야한다. 애플, 페이스북, 마스터카드, 아마존과 마이크로소프트는 지속적으로 영향력이 있을 것이다. 이들 기업이 소비자들의 삶을 보다 편안하고, 쾌적하고 효율적으로 만들기 때문이다.

세 번째. 인터넷과 모바일 인터넷 분야에서 잘 알려진 승자들 외에 앞으로 10년 동안 새로운 선수들이 대거 시장에 들어오는 데 성공할 것이다. 줌(화상회의)은 아마 그런 선수가 될 것이 분명하다. 트레이드 데스크(디지털 광고)는 내가 보기에 여기에 합류하리라 본다. 정원을 꾸미고 관련된 사진과 비디오를 올리는 핀트레스트도 강력한 사회연결망으로 등장할 수 있다. 나는 현재 이 기업과 기업이 어떻게 발전하는지를 매우 자세하게 관찰하고 있다. 이 기업은 페이스북과 비슷하게 사람들의 삶에 있어서 보다 더 중요한 의미를 가져다 줄 것이다. 이러한 기업의 주식을 사고자 하는 사람은, 그렇게 하면 된다. 주식을 사라는 말이다. 물론 작은 디지털 회사의 세계는 생명이 매우 짧은 법이다. 양질의 정보를 잘 얻는 사람만이 승자가 될 수 있다. 이런 정보를 잘 얻지 못하는 사람은 MSCI World나 아니면 새로운 기술을 집중적으로 담아놓은 ETF 또는 나스닥 100 ETF를 매수하면 된다.

"지수를 이기기 위해서 온 힘을 다하는 게 중요하지는 않습니다."

요나탄 브링크만(22세, 대학생)

1년 전 나의 할아버지는 주식을 상속하시고 돌아가셨습니다. 5자리 수의 금액이었습니다. 계좌에 담겨 있는 주식들은 다임러, 노키아, 프로지븐ProSieben*, 코메르츠은행, 방코 빌바오Banco Bilbao**였어요.

이런 주식을 담고 있었다면 지난 12개월 동안 수익이라고는 나지 않았겠습니다. 독일 주가는 전반적으로 상당히 올라갔는데 말이지요.

물론 나는 상속받았을 당시에는 몰랐어요. 하지만 계좌를 들여다봤을 때 지극히 위험한 주식들이 담겨있다는 것을 금방 알아차렸어요. 은행 주식도 두 가지 들어 있었고요. 가장 많이 떨어진 것은 노키아였습니다. 이것 하나만 해도 40퍼센트의 손실을 가져왔으니까요.

놀랍습니다. 하지만 할아버지가 그렇듯 위험한 투자를 하는 경향이 있다고 가정해서는 안 될 것 같습니다.

할아버지는 주가수익비율PER이 낮은 기업들의 주식을 구입하신 것 같고, 이런 주식들이 다시 오를 것이라고 본 것 같아요.

---

* 독일 민영방송
** 스페인 기반의 다국적 은행

사실 주가수익비율이 낮다는 것은 시장이 이 기업을 위험하다고 예측하는 것이거든요. 아마 할아버지는 그런 것을 몰랐을 가능성이 많습니다. 어떤 회사의 사업이 잘 안 될 경우 투자자들은 비관적이 되지요. 이런 투자자들의 판단이 맞을 때가 많아요.

나도 그런 점을 알게 되었어요. 그래서 이 주식들을 매도하기 시작했지요. 할아버지는 손실을 입고 파는 것을 좋아하지 않았고 나도 그런 사실을 잘 알고 있었죠. 하지만 사실 이런 주식을 매수하겠다고 결정내린 것은 내가 아니잖아요. 그러니 파는 것도 그리 힘들지 않았답니다. 다임러는 계좌에서 가장 많은 자리를 차지하고 있었어요. 내가 이 주식을 사겠다고 결정하지 않았기에 나는 그런 결정의 결과까지 감당하고 싶지 않았어요. 그리고는 주식에 대해 더 깊이 파고들기 시작했고, ETF라는 개념을 만날 수 있었습니다.

ETF는 지수 전체를 담고 있어서 독일주가지수 전체, 또는 독일의 중간 규모 기업들을 관리하는 MDAX 전체, 혹은 미국 지수 전체인 S&P500을 담고 있지요. 이런 것들은 투자자들에게 편리하기 그지없습니다. 당신은 어디에서 이런 정보를 얻게 되었나요?

피난츠베지르Finanzwesir라는 인터넷 사이트에서 주로 얻었어요. 그는 바이앤홀드라는 개념을 주로 들려주었는데, 나에게 확신을 심어줬어요. 나 역시 시장보다 더 나은 전략을 갖기란 매우 힘들다는 것을 깨닫게 되었어요. 그러자 이런 의문이 들었습니다. 내가 어떻게 성공을 할 수 있겠어? 게다가 ETF는 내가 시간을 많이 들이지 않아도 될 것으로 보였습니다. 끊임없이 많은 정보를 읽을 필요도 없고 하루 종일 자신의 주식을 들여다볼 필요도 없잖아요. 그런 생각이 나를 편안하게 만들어줬습니다. 그런 뒤에 나는 존 보글의 《이성적인 투자를 위한 안내서》*를 읽었어요.

보글은 70년대 인덱스펀드를 개발하는데 있어서 개척자였어요. 그의 책은 정말 배울 게 많지요. 방금 당신이 언급했듯이 독일어로 이 책을 읽을 수 있어서 다행입니다.

내가 생각하기에 이 책은 정말 끝내줍니다. 보글의 책을 읽어보면 인덱스를 이기기 위해서 너무 노력하는 것은 중요하지 않고요...

재미가 있는데도 불구하고 말이지요...

...오히려 시장 안에 있는 게 중요하다고 나옵니다. 시장으로부터 수익을 얻는 것이요. 너무 높은 수익률을 내지는 못하겠죠. 하지만 장기적인 관점에서 보면 복리라는 것이 매우 막강하잖아요. 시장에서 실제 수익률이 6퍼센트는 가능하다고 봐요.

지금 내 돈의 절반은 ETF에 들어가 있고, 나머지는 개별 주식에 들어가 있어요.

• 우리나라에서는 "투자의 정석"이라는 제목으로 출간 됨

어떤 개별주식인가요?

알파벳(구글), 존슨 앤 존슨, 그리고 유니레버.

더 사고 싶은 주식은요?

사고 싶은 목록에는 애플, 마스터카드와 마이크로소프트가 있어요. 나는 아르바이트도 자주 하고, 그 밖에도 과외도 해주고 있어요. 이런 일을 통해서 가끔 내 증권계좌에 새로운 주식을 담아둘 수 있답니다.

당신이 가야 할 방법을 찾게 되어 너무 다행입니다. 이렇게 되기 위해 할아버지가 남긴 주식들을 정리해야만 했을 텐데, 간단하지는 않았지요?

그렇게 어렵지는 않았습니다. 할아버지가 남긴 주식들 가운데 남아있는 것도 있어요. 상속받은 재산을 보면 편하지 않아요. 할아버지의 계좌는 할아버지의 계좌였죠. 아무래도 할아버지는 보수적으로 주식을 선별하셨던 것 같고, 나의 눈에는 지극히 위험한 주식으로 보여요. 지금 가지고 있는 계좌가 나에게 훨씬 더 어울립니다. ETF에 중점을 두고 있으니 리스크도 낮고 말이죠.

9장 느끼기

인간은 왜 돈이라는 주제에서조차 자신의 이성에 의해 통제되지 않고, 자신의 감정에 휘둘리나

많은 사람들은, 성공적으로 돈을 투자하려면 이성과 지식이라는 게 중요하다고 믿는다. 경제학자들은 경제적 인간Homo oeconomicus에 대하여 믿기를 좋아하고, 합리적으로 행동하는 것을 좋아한다. 이에 따르면 사람들은 돈 문제가 등장하면, 항상 합리적으로 행동한다고 한다. 인지적 재무행동Behavioral Finance은 다르게 보고 있다. 사람들은 감정을 가지고 있다는 것이다. 그리고 결국 우리의 감정이 우리 돈의 행복을 결정하게 된다는 것이다. 2020년은 이를 확인해 보기에 정말 좋은 해였다.

2월에만 하더라도 주식시장에는 덧없이 태양이 빛나고 있었다. 계속 오르기만 하는 상승장의 연속이었던 것이다. 주식시장은 잔치 분위기였다. 투자자들은 그야말로 낙관주의에 휩싸여 있었다. 그런데 코로나가 발생했다. 이 바이러스는 새로운 녀석이었다. 계속해서 우리를 위험에 빠트릴 수 있는 새로운 바이러스들이 생겨났다. 코로나는 앞서 발생했던 바이러스에 비해서 치명적이지는 않다. 대신에 완벽하게 전 세계에 퍼뜨릴 수 있는 특별한 속임수를 고안해냈다. 코로나 바이러스를 갖고 있는 사람은 거의 아무런 증상도 없을 수 있다. 또는 가벼운 감기 정도의 증상만 앓을 수 있다. 그처럼 기침 몇 번 한다고 해서 집에 머무는 사람이 누가 있는가? 대부분은 일하러 가거나 여가를 즐기는 사이에 말이다. 그리하여 증상이 거의 없는 사람들이 다른 사람들을 감염시켜 심각한 손상을 입히고 있다. 특히 기존 질환이 있는 노년층들에게 피해를 주고 있다.

최신 연구에 따르면 이 책이 출간될 즈음에 과체중도 위험한 요소라고 보고되었다. 당뇨병 환자들 역시 위험한 그룹에 속했는데, 이런 질병은 독일에서도 드물지 않다. 그리고 많은 사람들이 매우 심각하게 아플 수 있는데, 바이러스가 새로운 것이기 때문이다.

누구도 면역이 되어 있지 않다. 백신도 없다. 치료제도 없다. 사람들은 걱정에 빠졌고, 정부는 차단과 셧다운으로 반응하고 있다. 이런 것이 경제의 목을 조르고 있다.

코로나-위기가 주식시장을 덮쳤다

코로나는 단 기간 만에 주식시장을 바꾸었고, 모든 것을 바꾸었다. 주가는 매일 널뛰기를 계속했다. 많은 투자자들은 세계가 멸망하는 것으로 느꼈다. 몇 주 전만 하더라도 그들은 이렇게 글을 썼다. 만일 제대로 된 붕괴가 일어난다면, 얼마나 멋질까? 그러면 나는 유리한 가격으로 주식을 매수할 수 있을 텐데. 하지만 이제 그들은 경악에 빠져서 이런 의문을 던지고 있다.

주식을 모두 팔아야 하지 않을까? 용감한 사자 같은 사람들부터 시작해서 겁 많은 토끼 같은 사람에 이르기까지, 그야말로 몇 주 만에 그런 의문을 품는 것이다. 어떻게 이럴 수 있을까?

답은 이러하다. 인간의 뇌 때문이고 이 뇌가 작동하는 방식 때문이라고. 어려움에 처했을 때 대뇌가 무슨 일을 하는지부터 시작해보자. 아주 많은 내용이 있지만, 우선 한 가지부터 보면 이러하다. 즉, 대뇌가 너무 거만하기 때문이다. 대뇌는 실제보다 자신이 훨씬 더 똑똑하다고 간주한다.

대뇌

과거에 조정이 되고 있던 차트를 보거나 지나간 하락장이나 주식시장이 붕괴되었던(그림 29) 차트를 보면 이런 생각을 한다. "당연히 나는 저점에서 주식을 매수했을 거야!" 이렇게 말하기는 매우 쉽다. 우리의 대뇌는 몇 초 만에 차트에 있는 정보들을 파악하는 것이다. 그리고 어떤 지점에서 매수하기에 적절한지를 본다. S&P500이 680점에 있을 때가 있었다. 이러한 저점에서 매수를 하면 수익이 어느 정도일지 빨리 계산을 해볼 수 있다. 저점을 거치고 고작 몇 년 뒤에 지수는 거의 2,000점이 되었다. 세 배 증가! 이 얼마나 믿을 수 없는 매수 기회였던가!

대뇌는 과거의 차트를 볼 때 그렇게 단순하게 생각한다. 그리고 이런 생각을 내놓는다. "와우, 제대로 된 붕괴가 일어나면, 얼마나 멋질까? 그러면 나는 유리한 가격으로 매수할 텐데."

당신도 알아차렸겠지만, 우리의 대뇌는 상당히 순진하게 예측을 하고는 한다. 차트(과거)를 한 번 보기만 해도 대뇌는 이미 용기를 갖게 되고 저점에서 매수를 하면 된다고 생각한다. 하지만 차트의 왼쪽에 있는 모습, 그러니까 18개월 동안 지속되었으며 주가가 폭락한 상태였던 이런 모습을 우리의 대뇌는 간단하게 무시해버리는 것이다.

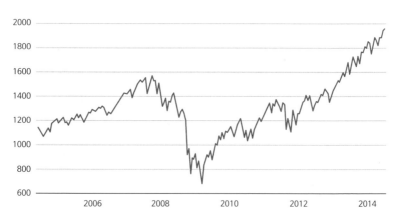

[그림 29] 2008/09년 경제위기와 금융위기가 일어났을 때 S&P500의 무서운 하락과 이어서 이를 회복하는 모습.

우리의 뇌는 차트를 보면서도 조정장이라는 현실을 인식하지 못한다. 왜냐하면 조정장(또는 하락장)에서는 패닉이 지배를 하기 때문이다. 지수가 떨어질 때 투자자들이 고통에 빠져서 느끼는 극단적인 감정을 우리의 대뇌는 보지 못하는 것이다. 뇌는 다만 수익을 계산하면서 그런 패닉을 무시해버린다. 세 배나 올랐어!

또한 우리의 뇌는 패닉과 같은 감정을 중요하다고 간주하지도 않는다. 그냥 오류라고 보는 것이다. 비용을 많이 치러야 하는 오류로.

림프계

성공적으로 투자하기를 원하는 사람은, 투자를 결정할 때 우리의 감정이 미치는 영향력을 반드시 이해해야 한다. 사람들은 두려움을 느끼게 되면 이성에 의해서 통제가 되지 않는다. 만일 사랑에 빠지면, 역시 이성에 의해 통제가 되지 않는다. 이때 사람들은 감정을 따르게 되는 것이다.

때문에 주식시장에서 조정이 되고 있는 현실을 목격하는 것은 상상했던 것과는 전혀 다르다. 즉, 주가가 떨어지고 있는 와중에 주식을 매수하는 일은 엄청나게 힘들다. 조정을 체험하는 사람은, 매일 커지고 있는 절벽을 보는 사람과 비슷하다. 증권계좌에서 파란색 숫자가 점점 늘어나는 것이다. 이와 반대로 이미 있던 자산은 빠른 속도로 줄어들 수 있다. 주식관련 블로그에서 나는 코로나 위기 동안에 이런 글을 읽었다. 그러니까 전 세계의 모든 주식자산이 사라지려면 단 40일 동안이면 된다는 것이었다.

어디가 바닥인지 알 수 없이 주가가 떨어졌다. 누구도 확실하게 알 수 없었다. 이런 일들이 일어나는 동안 많은 언론은 이 모든 것들이 점점 더 심각해질 것이라고 보도했다. 우리의 대뇌는 이와 같은 보도도 통 크게 간과해버렸다. 주식시장의 역사를 아는 사람이라면, 지수가 저점에 닿으면, 뉴스가 얼마나 끔찍한지 (한 편으로) 그리고 이런 뉴스를 듣는 대중들의 마음(다른 한편으로)은 어떤지 잘 알고 있을 것이다.

대뇌는 멋대로 지어내기도 한다

대뇌는 어떤 상황을 판단할 때 동시에 두 가지 오류를 범한다.

첫 번째로 우리는 과거를 돌아보면 저점이 어디였는지 알 수 있다. 누구도 주식시장에서 커다란 종을 들고 다니며 이제 곧 패닉이 끝날 것이라고 알려주지 않는다.

두 번째로 사람들은 주로 감정에 의해서 통제된다. 바이러스가 점점 퍼졌을 때, 우리 모두를 둘러쌌던 패닉이라는 감정이 어디에든 존재하게 되었다. 언론에서, 친구들 사이에서도, 바깥에서 생활하는 일상에서도 말이다. 이와 같은 상황에서 차분하게 주식을 매수하고 세계가 멸망할 것이라는 예언을 듣지 않기란 참으로 어려운 일이다. 하지만 대뇌는 이와 같은 감정에 대해 아

무 것도 이해하지 못한다. 그것은 대뇌가 맡아야 하는 과제가 아
닌 것이다. 대뇌가 떠맡는 과제는 바깥 세상에 대한 정보를 지속
적으로 작업하고 이와 같은 정보로부터 올바른 결론을 내리는
데 있다.

인간의 감정을 관장하는 본부는 어디인가

많은 사람들은 우리의 감정은 복부에서 나온다고 믿고 있다.
그런가 하면 심장에서 나온다고 믿는 사람들도 있다. 하지만 패
닉은 두려움과 같은 감정과 마찬가지로 뇌에서 나오며, 물론 대
뇌보다 훨씬 오래 된 부분인 림프계에서 발생한다. 림프계는 우
리 감정의 대부분을 담당한다. 포유류는 이미 7천만 년 이전부
터, 그러니까 공룡시대 즈음부터 경악(패닉)이라는 감정을 잘 알
고 있었다. 그럴만한 이유도 있었다.

우리의 뇌가 위험을 얼마나 완벽하게 작업하는지 잘 상상할
수 있도록 나는 여기에서 하나의 예를 들어볼까 한다. 자, 덤불
뒤에서 호랑이 한 마리가 나오고 있다는 상상을 해보라.
그러면 당신은 이렇게 추측할 것이다. 호랑이 모습을 우리의
망막이 대뇌에 전달하고 그러면 대뇌는 도망을 가라는 명령을
내릴 것이라고 말이다. 하지만 이런 추측은 틀렸다. 실제로는 망
막은 알록달록한 모양의 호랑이 모습을 대뇌에 전달한다. 사실

이게 망막이 해야 할 과제이기도 하다. 하지만 미리 대뇌는 지극히 빠른 신경섬유를 거쳐서 호랑이 흑백 사진을 림프계 안에 있는 경고센터(비상사태를 알리는)로 보낸다. 소위 편도체라 불리는 곳이다. 편도체는 번개처럼 반응한다. 그것도 대뇌가 위협을 인지하기 오래 전에 반응하는 것이다. 알록달록한 호랑이 모습은 그 순간 이 모습을 작업하게 될 뇌로 가는 중이다. 편도체는 시간이 많지가 않다. 인간도 원시 시대에 살아남으려고 했을 때 그렇게 많은 시간이 없었을 것이다. 편도체는 그래서 바로 행동에 옮긴다. 근육은 많은 양의 에너지를 공급할 준비를 하는 것이다. 이제 두 가지 가능성 밖에 남지 않았다. 싸우느냐 도망가느냐.

위기의 순간 경고하는 분위기

편도체. 뇌의 이 부분은 급격하게 떨어지는 주가에 대한 두려움도 관리한다. 적어도 위기의 시기에 떨어지는 주가를 목격하고 있는 투자자들에게 말이다. 나는 이런 위기의 시기에는 한 동안 증권계좌를 확인하지 않는다. 그리고 위기가 끝나고 난 뒤 주가가 다시 오를 때에도, 우리는 여전히 더 심각한 위기가 닥치는 것은 아닌지 두려워하게 된다. 이것은 기억하는 능력을 가진 인간이 받게 되는 저주이다. 생생한 위협만 편도체가 반응하도록 자극하는 게 아니라, 사람들이 상상만 하더라도 편도체를 자극할 수 있다.

주가가 다시 떨어질지 모른다는 두려움은 사람들의 수면을 방해한다. 이럴 경우 신체는 끊임없이 스트레스 호르몬을 방출한다. 이럴 때 자신의 돈, 자신의 증권계좌를 위해서는 가능하면 아무 일도 하지 않는 것이야말로 최선의 선택임에도 불구하고 행동을 하게 된다. 위기에서는 이를 알아차리기 어렵다.

언론은 우리의 대뇌처럼 최악의 경우를 가정할 때가 많기에 말이다. 시대를 통 털어 가장 끔찍한 주식시장의 붕괴. 이것은 바로 세계가 멸망한다고 예언하는 자들의 주제이다.

독일만큼 세계멸망이라는 환상을 좋아하는 국가는 없을 것이다. 우리 독일 사람들은 과거에 발생했던 그 모든 붕괴 가운데 최악의 붕괴를 예언하는데 있어서는 그야말로 세계 챔피언이다. 월간 경제잡지 매니저 매거진manager magazin에 올라온 베스트셀러 목록들을 살펴보면, 바로 앞으로 다가올 메가톤급 시장붕괴를 알리는 책들이 많다. 하지만 뉴욕 타임스의 베스트셀러 목록을 살펴보면 붕괴를 알리는 책이 한 권도 없다.

가장 끔찍한 일이 아직도 우리를 기다리고 있을까? 누가 알겠는가?

위기가 발생하고 있는 가운데서는 그 누구도 확실하게 말할 수 없다. 대다수 경제전문가들에 따르면, 2분기에 경제가 상당히 하락하게 될 것이라고 한다. 3분기에는 또 많이 회복될 것이고 말이다. 중국을 보면 이와 같은 패턴이 맞는 것 같다. 강력한 폭락, 그 이후에는 강력하게 상승했다. 만일 우리도 그렇게 된다면, 그래도 주가가 계속 떨어질 수 있다는 합당한 이유는 없다. 물론 의문은 이러하다. 그렇게 될까?

어떤 대답이 나오느냐고? 누가 알겠는가?

위기가 발생하고 있을 때 하늘이 무너지게 될지 아닐지에 대한 단서는 몇 가지가 있다. 독일 정부는 신속하게 재난지원금을 지급하기로 결정했다. 1,500억 유로의 규모였다. 유럽연합도 5,000억 유로의 재난지원금을 마련할 생각이다. 유럽의 모든 국가들은 어마어마한 돈을 지원할 것이다. 유럽 중앙은행도 마찬가지이다.

미국도 다르지 않다. 정부가 최초로 계획한 지원금은 2조 달러였다. 이후에도 재난지원금이 마련되었는데, 8조에서 10조 달러의 규모가 될 가능성이 많다. 현재 미국의 연방 준비제도 이사회 Fed는 채권과 부동산 크레딧을 사재고 있다. 규모는? 정해둔 한계가 없다. 화폐를 찍어내는 은행이 투기에 맞설 때, 얼마만큼의 비용이 들던(Whatever it takes), 투기를 막아보겠다는 말은 유명하다. 시장을 안정시키기 위해 미국 중앙은행은 심지어 한 단계 더 앞서나갔다. 미국 중앙은행은 주식시장이 활성화되기를 원하고 있다. 과거에 시행해보지 않았던 그런 조치이다.

과연 그렇게 할까? 누가 알겠는가?

미국의 중앙은행은 통상적으로 앞으로 어떤 조치를 취할 것인지에 대해서 알리지 않는다. 이와 같은 방식으로 중앙은행은 주가가 떨어지기를 원하는 모든 이들에게 경고를 한다. 만일 시장이 안정을 찾으면, 연준은 주식을 매수할 필요가 없다. 만일 시장이 안정되지 않는다면, 그러면 연준은 행동을 할 것이다.

패닉 상태에서 투자자들은 무엇을 할 수 있을까

위기 때 정부와 중앙은행이 취하는 모든 조치들은 명확한 목표가 있다. 즉 패닉을 막는 것이다. 그리고 낙관주의가 늘어나게 하는 것이다.

뉴스에서는 이렇게 말한다. "우리는 위기를 극복하게 될 것입니다." 합리적인 투자자들은 이런 것을 진지하게 받아들여야 한다. 그리고 행동해야 한다. 투자자는 위기에도 주식을 구매해야만 한다. 강심장을 가지고 있다면 말이다.

그러나 모두가 그렇게 해야 할 필요는 없다. 만일 우리가 슈퍼마켓에 갔는데 우리가 좋아하는 초콜릿이 오늘 20센트 더 싼 것을 보고 충격을 받으면? 또한 그런 상황에서 초콜릿을 평상시보다 몇 개 더 산다면? 주식도 이와 다르지 않다. 싸면 매수해야 한다. 어떻게?

이와 관련해서 두 가지 좋은 방법이 있다.

저축플랜. 첫 번째 방법은 저축플랜이다. 이 책의 앞에서 자주 언급했던 바로 그 저축계획이다.

저축플랜은 결정을 쉽게 해준다. 투자자들은 계획한 대로 투자하고, 그 다음에는 편안한 마음으로 지내면 되는 것이다. 노르웨이 '오일 연금'이라 불리는 국부펀드가 2008년 위기 때 바로 그렇게 했다. 매달 매수했던 것이다. 5년이 지난 뒤에 모든 사람이 이렇게 말했다. "천재적인 방법이었네."

위기 때 계획에 따라 투자할 수 있는 사람이면 그렇게 해야 한다. 주식은 이때 싸다. 현금 유동성이 부족한 사람은 유감스럽지만 그렇게 할 수 없다.

특정 점수에서 추가매수하기. 두 번째 방법은 일반적으로 잘 알려져 있듯이 퍼센트에 따른(10, 20, 30, 40) 매수이다.

투자자들은, 적절하다거나 또는 지금 매수하면 유리할 것 같다는 인상을 받을 때 추가 매수하는 게 아니라, 특정 브랜드가 하락할 때 매수해야 한다. 즉, 마이너스 10퍼센트, 마이너스 20퍼센트, 마이너스 30퍼센트, 마이너스 40퍼센트이다. 이렇게 추가로 매수하면 끝난다.

이런 방식으로 매수할 때의 장점을 언급하자면 다음과 같다. 당신은 매수하기에 유리한 시간이 언제인지 고민할 필요가 없으며, 주식을 매수한 뒤에 주가가 내려가더라도 원통해할 필요가 없다. 당신은 이제 계획을 가지고 있으니까 말이다.

5퍼센트 규칙. 투자자가 추가 매수를 할 수 있을 만큼 충분히 현금을 갖고 있어야 한다는 전제조건이 필요하다. 만일 그렇지 않다면, 그래도 그렇게 끔찍한 것은 아니다. 항상 할 수 있는 최대한 투자를 하는 것은 지극히 이성적이라는 연구가 나와 있으니 말이다. 앞으로 5년 동안 필요하지 않는 경우에 이 돈으로 추가 매수를 해야 한다. 5년 이내에 필요한 돈은 절대로 시장에 투자해서는 안 된다.

어떻게 그리고 언제 나는 추가 매수했나?

나는 코로나 위기 동안에 퍼센트를 약간 조정했다. 하락 속도는 너무 빨랐고, 마이너스 15퍼센트, 마이너스 25퍼센트 그리고 마이너스 35퍼센트였을 때 추가 매수를 결정했다. 나는 우선 마이너스 15퍼센트 하락했을 때 두 가지 브랜드를 추가 매수했다. 마이너스 35퍼센트 하락은 3월 중순이었고, S&P500지수를 기준으로 삼았는데 그야말로 몇 분 만에 그렇게 하락했다. 그런 뒤에 주가는 다시 회복했다, 빠른 속도로 회복을 했다. 곧 주가는 20퍼센트 상승했다가 마이너스 1퍼센트 하락했다.

마지막으로 추가 매수를 했을 때 나는 처음으로 ETF를 샀다.

S&P500을 담고 있는 ETF였고, 나는 항상 이것을 사고 싶었다.

코로나 위기는 주식시장의 붕괴로 작용했을까?

대답은 아니다. 주가의 하락속도는 매우 이례적이기는 했다(역사적으로 전례가 없었다고 할까). 언젠가 주식시장 역사가들이 코로나-붕괴라고 부를 가능성은 충분히 있다. 실제 주가 하락지수를 고려하면 결코 붕괴라고 부를 수 없음에도 불구하고 말이다. 우리는 MSCI World지수가 고점에서 거의 35퍼센트 하락하는 모습을 봤다. S&P500도 그 정도의 숫자로 다시 상승하고 있다.

이런 지수들과 비교하자면 독일주가지수인 DAX는 훨씬 심각해보였다. 독일주가지수의 경우 몇 가지 대형 주자들(예를 들어, 헤지펀드 매니저 레이 달리오Ray Dalio)이 적극적으로 행동해 주었는데, 이들 주자들이 떨어지는 주가를 대규모로 매수에 나섰다. 그러자 곧 주가는 올라갔다.

어떤 상태를 붕괴, Crash라 부를까?

붕괴란 주식시장에서 주가를 40퍼센트 이상 떨어지게 만드는 사건을 말한다. 이 이하로 떨어지게 만드는 사건들은 주식시장에서 5년이나 10년마다 발생하는 정상적인 하락장을 만드는 데 그친다. 대부분의 하락장들은 비교적 가벼운 편이며 마이너스

20퍼센트에서 마이너스 30퍼센트의 수준에서 움직이고는 한다.

코로나 위기가 발생했던 처음에는 이런 하락장에서도 주가는 하락했다. 그리고는 며칠 만에 더 내려갔다. 시장은 3월 하순 단 몇 분 만에 마이너스 35퍼센트까지 내려갔다. 그러다가 급격하게 바뀌었는데, 이번에는 주가가 위로 향했다.

조정의 마지막은 흔히 매우 극단적이다. 상승하든 하락하든 말이다.

붕괴 될 것이라 예언한 사람들의 말은 아직도 옳은가?

글쎄, 뭐라고 해야 할지. 독일에서 붕괴를 예언하는 몇몇 중요한 인물들은 몇 년 전부터 시대를 통 털어 가장 규모가 큰 붕괴가 일어날 것이라 알리고 있다.

지난 100년 동안 가장 큰 붕괴는 1929년부터 1932년까지였다. 이 때 S&P500은 79퍼센트 하락했다. 우리는 이런 추락은 한 번도 경험해보지 못했다. 붕괴를 예언하는 자들은, 아직 경험해보지 못했을 뿐이라고 말할지 모른다.

누가 옳은가? 그걸 누가 알겠나!

독일에서 가장 유명한 붕괴 예언자들은 세계가 멸망한다고 예언하는 사람들이다. 그들은 경제와 금융시장을 비롯해서, 유로, 부동산시장과 국가의 질서 일부도 완전히 무너질 것이라고 예언하고 있다. 이런 예언 가운데 그 어떤 것도 지금까지 일어나지 않았으며, 이런 일이 일어날 가능성은 비현실적이라 할 수 있다.

- 유럽중앙은행은 유로의 안정성을 위해서 노력할 것이다. 그리고 그렇게 해야만 한다. 게다가 유럽중앙은행은 디플레이션을 막기 위해 모든 수단을 동원해야 한다.

- 유럽연합-위원회는 회원국들의 협력을 이끌 것이고, 위기를 함께 극복하게 될 것이다. 그리고 그렇게 해야만 한다.

- 유로는 안정적이다. 이를 대체할 것은 없다.

- 많은 다른 정부와 마찬가지로, 독일 정부는 위기로 인해 발생하는 결과들을 잘 수습하기 위해서 충분한 자금을 가지고 있다. 이렇게 해야 하는데, 바로 정부가 해야 할 과제니까.

- 부동산시장은 끊임없이 상승하는 추세가 꺾이게 될 것이다. 아마 위기가 지나고 나면 그렇게 될 것이다. 현재로서는 이 분야에서 문제가 있어 보이지는 않는다.

모든 위기는 끝이 난다

코로나 위기는 어떻게 될까? 좋게 끝난다. 항상 그랬듯이.

인류는 지극히 힘든 흑사병도 겪어냈고, 수천 번의 전쟁과 내전, 기아, 지진과 폭풍을 견뎌냈다. 그러니 코로나에도 살아남게 될 것이다.

또한 경제와 주식시장도 코로나를 이겨낼 것이다. 당신이 이 책을 읽을 때 즈음이면 물론 모든 기업들이 살아남지는 않았을 것이다. 몇몇은 소유주가 바뀌었을 수 있다. 그런가하면 많은 기업들은 중국의 손에 들어갔을 것이다. 다른 기업들(애플, 페이스북 또는 알파벳/구글)은 위기에서 더 크게 부상할 것인데, 위기가 닥쳤을 때 아주 많은 돈을 비축하고 있었기 때문이다. 대체적으로 세계는 코로나 이후에도 계속 잘 돌아갈 것이라고 본다.

사람들은 계속해서 인상적인 발명품을 개발해낼 것이다. 기업들은 새로운 제품과 서비스를 시장에 내놓을 것이다. 소프트웨어는 세상을 계속해서 지배할 것이고 말이다. 전 세계의 중산층들은 운동을 할 것이고(자신들의 건강과 성과를 유지하기 위해) 마스타카드나 비자카드로 지불할 것이다.

정말 바뀌게 되는 것

전 세계적으로 중산층들이 앞으로 10년 동안 대략 20억 명 늘어날 전망이다. 이와 같이 이동한 부(富)는 우리가 지금까지 알고 있던 세상을 근본적으로 바꿔놓을 것이다. 중산층은 운동을 할 뿐 아니라, 이렇게 운동하기 위해서 나이키나 아디다스의 운동화를 구매할 게 분명하다. 그들은 스타벅스에서 커피를 마실 것이고, 오락거리를 위해 점점 더 많은 돈을 지불할 것이다. 그들은 아이폰을 구매하고, 외식을 하러 나가고, 코로나 이후에도 현금 대신에 카드로 지불하게 될 것이다. 이것은 적어도 소프트웨어 전문가이자 투자자인 슈테판 발터하우저의 확신이다.

소프트웨어가 세상을 먹고 있다. 그것도 더 빠른 속도로!

슈테판 발터하우저는 무엇을 하고 있나?

소프트웨어 주식들에게는 지금이 긴장되는 시간이다. 위기의 시기에는 이미 잘 알려져 있다. 즉, 소프트웨어가 세상을 먹고 있다.

슈테판 발트하우저에게 스카이프Skype나 줌으로 회의하는 것은 전혀 이상한 일이 아니다. 그는 필요한 앱을 모두 아이폰에 저장해두고 있다. 코로나로 인해 무엇이 바뀔까? "사람들은 현금을 지불하지 않을 것입니다." 그의 답변이었다.

그는 위기를 잘 극복하고 있으며 쇼핑도 하고 있었다. 항상 그렇듯 그의 증권계좌에는 많은 돈이 들어가 있었다. 그런데도 현금이 30퍼센트에서 12퍼센트까지 줄어들었다고 한다. 그가 주식을 매수했기 때문이다. "나는 기업들을 분석하고, 좋은 기업일 경우에 주식을 삽니다. 그리고 이런 우량 기업의 주식이 유리한 가격이라면 더욱 더 매수하는 것을 좋아하죠."

슈테판 발트하우저는 예전부터 구매할 때 통용되었던 규칙을 덧붙였다. "수익은 매수에 있지요." 슬랙Slack 주식이 새롭게 그의 계좌에 들어왔다. 슬랙은 디지털로 팀이 대화를 나눌 수 있게 해준다. 슈테판 발트하우저의 취향에 딱 맞는 플랫폼이었다.

그는 앞으로의 세상은 코로나로 인해 디지털화가 폭발적으로 증가할 것으로 내다봤다. 유투버 채널로 강의하는 교사들, 직장인들은 온라인으로 회의를 하고, 디지털로 돈을 지불하는 것이다. 이 모든 것은 코로나가 종식되더라도 변하지 않을 것이라고 슈테판 발트하우저는 내다보고 있었다.

그 자신도 투자전략으로 오래 전부터 디지털에 항상 투자했다. 이런 기업들은 현재 위기에서도 놀라운 승자가 되었다. 물론 주가는 위기 때 올라가지 않았지만 말이다. 많은 주식들이 떨어지기는 했다. "주가는 가격에 불과하지 가치를 대변하지는 않아요." 슈테판 발트하우저는 이렇게 말하며, 앞으로 주가도 변할 것이라고 했다. 위기가 끝나고 기업들이 총 매출과 수익을 늘리면 말이다.

이런 기업들에게 미래가 있다. 소프트웨어가 세상을 먹고 있다. 그것도 아주 빠른 속도로!

게르트 콤머는 무엇을 하고 있을까?

"독일은 세계멸망을 예언하는 제품을 만들어내는 데 있어서 선두주자입니다. 정상적인 예언이 아니라, 터보엔진 같은 예언이지요."

그는 자주 이렇게 말하고는 한다. 붕괴론자들은 항상 있을 것이며, 주식시장이 생긴 이래 늘 따라다녔다. 터보엔진-예언자들은 다른 리그전을 뛰고 있다고 볼 수 있다. 《역사 이래 가장 끔찍한 붕괴》라는 제목의 책은 베스트셀러의 목록에 올라와 있다.

1929년의 대공황은 주가를 79퍼센트 하락시켰다. 그렇다면 모든 시대를 통 털어 가장 큰 규모의 붕괴는 80퍼센트 이상 주가를 떨어뜨려야 한다. "이 사람들은 시스템 전체가 무너질 것이라고 예언하고 있어요."

그런 일은 일어나지 않았다. 게르트 콤머도 다른 것을 기대하지 않았다. 그는 몇몇 투자자들을 진정시켰고, 자신의 블로그에 코로나-붕괴와 관련된 멋진 글을 올렸으며 유튜브에서는 장기투자와 바이앤홀드를 추천했다.

피난츠베지르Finanzwesir는 무엇을 하고 있나?

아무 것도 하지 않음. 자신의 증권계좌에서는 그러하다는 말씀. "왜 그게 좋다는 거지요?" 이렇게 물으니, 그는 "원, 세상에!"라고 말했다.

주식이란 게 떨어지기도 하고 올라가기도 하지만, 장기적으로 봤을 때는 항상 올라간다. 그는 이미 이런 점을 알고 있었다. 그래서 자신의 블로그에 무엇보다 라인란트 사람의 열정을 담아서 조용히 있으라고 추천했다. 위기에 신경이 예민해진 투자자들의 마음을 어루만져주는 것 같았다. 라인지방의 기본 원칙가운데 3번이 그러하다. 굳이 1번을 언급하자면, '일어날 일이라면 어차피 일어난다.'

실제로 피난츠베지르의 구독자들은 상당히 흥분한 상태였다. 주가가 떨어졌고 그의 신중하지 못한 행동을 탓하며 투자자들은 그를 압박하려고 했던 것이다. 주식 시장의 익살 가운데 잘 알려진 게 있는데, 가장 성공적인 투자자가 지녀야 할 가장 중요한 도구는 이성이 아니라 엉덩이라는 말이 있다. 위험한 시기에 경솔한 행동을 하지 않으려면, 가만히 앉아 있어야 한다.

알베르트 바르네케는 이러한 위기에 마음을 안정시키는 글을 썼다. 사람들로부터 질문을 받았기에, 그는 자신의 계좌를 들여다봤다. 원래 이런 행동을 거의 하지 않는데 말이다.

결과는 대단하지는 않았다. "2020년 지난주에 마이너스 17퍼센트였어요. 그런데 지금은 마이너스 13퍼센트군요." 그는 마치 중국에서 쌀 한 자루가 쏟아졌다고 알리는 것 같은 목소리로 말했다. 결코 경고의 목소리가 아니었고, 붕괴의 조짐을 알리는 목소리도 아니었다. 지난번에 계좌를 살펴봤을 때에 비해 손실이 13퍼센트로 줄었다. 그래서 어쨌다고?

"현재 불안한 사람은, 우리가 지금 체험하는 것을 2030년이나 2040년의 시각으로 본다면 어떠할지 스스로에게 물어봐야 합니다." 알베르트 바르네케의 말이었다. "차트에서 옴폭 들어간 곳 외에 아무 것도 아니잖아요?" 어쩌면 아닐 수도 있다. "물론 현재 돈이 필요한 사람은, 예를 들어 실직을 했다거나 해서 말이죠, 그런 사람은 저축플랜에 제동을 걸어야합니다."

현재 돈이 시급하게 필요해서 주식을 매도해야 하는 사람은, 도박을 한 것이다. 이런 사람은 지난 해 가파르게 상승하던 주가일 때 주식을 매수하면서 투자자가 시장에서 반드시 기억해야 하는 중요한 규칙을 간과했다고 볼 수 있다. 바로 5년이라는 규칙 말이다. 앞으로 5년 동안 필요한 모든 돈은 시장에 넣으면 안 된다. 끝.

블로그 '할머니의 절약양말' 주인장은 무엇을 하나?

2020년 연초, 그러니까 4월 초에 나의 계좌는 마이너스 14퍼센트였다. 앞서 언급했던 피난츠베지르와 거의 비슷한 수준이다. 그런데 5월 말에는 플러스 3퍼센트로 돌아섰다. 하지만 연말이 되면 제대로 플러스가 되어 있을 것이다. 그렇게 될까? 누가 알겠는가?

코로나 위기가 한창 일 때 나의 블로그 "할머니의 절약양말"은 2020년 3월 말에 다섯 번째 생일을 맞았다. 결과는, 내가 추천했던 다섯 가지 주식들(아마존, 애플, 마스터카드, 노보 노디스크Novo Nordisk와 페이스북)은 이 시기에 평균 158퍼센트 상승했다. 매년 족히 20퍼센트의 수익을 냈다. 블로그 "할머니의 절약양말"에 들어있는 전체 증권계좌는 5년 동안 56퍼센트 늘어났다(매년 9.8퍼센트의 수익). 이와 반대로 MSCI World는 14.6퍼센트 늘어나는데 그쳤다(유로로 계산, 배당금 포함). 매년 2.7퍼센트 증가했다.

계좌를 들여다보고 맨 먼저 알게 된 사실은, 저점에서 계산해보면 시장에서 얻은 수익은 상당히 낮을 수 있다! 두 번째, 나는 지수를 이겼다! 얼마나 위안이 되는지. 그 차이는 매우 크다.
나의 수익은 3월 말 내 블로그의 다섯 번째 생일에 MSCI World가 낸 수익보다 거의 네 배나 더 많다. 이렇게 차이가 난 경우는 지금까지 없었는데 말이다.

워런 버핏은 무엇을 할까?

그가 항상 하던 일을 한다. 그는 자신의 팬들에게, 미국은 놀라운 나라이며 미국의 부는 앞으로도 계속 늘어날 것이라고 설명한다. 코로나 종식 이후에도.

때는 2020년 5월 2일이었다. 이날 버크셔 해서웨이 주주들의 연례모임이 열렸다. 버크셔 해서웨이의 연례회의인 "자본주의자를 위한 우드스탁woodstock for capitalist"은 오마하에서 개최되었다. 워런 버핏의 고향이기도 하다. 우드스탁 뮤직 페스티벌이 열렸을 때 수많은 스타들이 몰려갔는데, 지미 헨드릭스Jimi Hendrix*, 재니스 조플린Janis Joplin**과 더 후The Who***도 있었다. 오마하에서 이 날의 스타들은 이미 오래 전부터 워런 버핏과 찰리 멍거Charly Munger였다.

이 나이든 두 신사들은 몇 시간에 걸쳐 전 세계에서 온 투자자들의 질문에 대답을 한다. 이날 워런 버핏은 대체로 약간 긴 연설을 했고, 그런 다음에 베키 퀵Becky Quick과 다른 기자들이 제기하

●   1942-1970, 미국의 기타리스트이자 가수
●●   1943-1970, 가수
●●● 영국의 록그룹으로 1960년대 비틀즈와 함께 활동

는 질문 및 기자들이 투자자들로부터 받은 이메일에 대해 짧막하게 대답을 했다.

버핏은 이날 이례적인 입장을 표했다. 바로 낙관주의적인 입장이었다. '미국 경제는 잘 하고 있습니다.'라는 식으로 말하며, 매번 약간 다르게 표현하고는 한다. 그의 동료 찰리 멍거는 버핏의 말에 가끔 보충을 한다. 그런가 하면 간단하게 버핏의 말에 동의하기도 하고 말이다. 즉, 덧붙일 말이 없네요. 그러면 다음 번 질문이 나온다.

하지만 오마하에서 이번에는 모든 것이 달랐다. 코로나 위기는 전혀 다른 주주 연례회의를 개최하게 만들었던 것이다. 워런 버핏이 등장했던 무대는 20년 전 선 밸리에서 등장했던 무대와 그렇게 많이 달라지지는 않았다. 주주 회의는 이 도시에서 가장 큰 홀에서 열리고는 한다. 그런데 이번에는 지난 번 모임들과는 달리 마지막 좌석까지 주주들로 가득 차지 않았고, 거의 텅 비어 있었다. 청중들은 과거 선 밸리에서처럼 개인 비행기를 타고 날아오지 않았고, 이날을 라이브로 시청하거나 인터넷으로 편한 시간에 봤다. 코로나 펜데믹을 고려해서 버그서에는 뭔가 새로운 것이 생겼는데, 1999년에는 생각조차 할 수 없는 일이었다. 순전히 화상으로 진행하는 회의였고, 야후.파이낸스Yahoo. Finance가 방영했다.

미국의 경제뉴스 전문방송인 CNBC의 베키 퀵은 유일하게 질문을 한 사람이었다. 그녀는 사무실과 아주 멀리 떨어져 있는 곳에 앉아 있었다. 워런 버핏과 멀찌감치 떨어져서 그렉 아벨Greg Abel*이 앉아 있었다. 그는 버크셔 해서웨이 에너지 분야를 맡고 있다. 찰리는 이번에는 오마하로 가지 않았다. 그리하여 워런 버핏은 미래의 후계자가 될지 모를 그렉 아벨과 함께 텅 빈 홀의 무대에 앉아 있었다. 이날도 몇 시간에 걸쳐서 투자자와 팬들의 질문에 대답하기 위해서 말이다.

미국인들은 불안한 상태였다. 그들은 두 차례의 붕괴를 경험했는데, 2000/02년과 2008/09년이었다. 이와 같은 두 번의 경험은 여전히 그들의 심리 속에 자리 잡고 있다. 그들은 이런 의문을 가지고 있었다.

'코로나 위기는 미국의 경제에 어떤 영향을 미칠 것인가?'

첫 번째 질문을 받기 전에 워런 버핏은 강연을 시작했다. 선 밸리에서 했던 것처럼 말이다. 그는 당시와 마찬가지로 논점들을 하나씩 하나씩 설명했다. 그는 단순하게 논점을 제기했고, 미국이 어디로 가고 있느냐는 질문에 답할 때는 매우 결단력이 있어 보였다. 버핏은 그 전에 주주와의 만남에서 파워포인트를 사용한 적이 한 번도 없었지만 이번에는 자신의 논점을 강조하기 위

●　　1962년 캐나다에서 태어난 기업인으로, 버크셔 해서웨이 에너지 회장을 맡고 있음)

해 사용했다.

그가 보는 시각은 이러했다. 미국은 많은 위기를 체험했고 이모든 위기를 극복했다. 내전(內戰), 스페인 독감, 1929년부터 1932년까지 지속되었던 경제위기, 2차 세계대전까지. 이런 위기를 극복하면서 미국은 항상 더욱 부유해졌다. 주식을 구매하는 사람은 이로부터 어마어마한 이득을 봤으며, 매우 힘든 상황에서도 마찬가지라고 했다.

워런 버핏의 말을 직접 인용해보겠다. "우리는 2차 세계대전을 겪었고, 우리 경제는 그래도 좋았습니다. 우리는 살아남을 겁니다. 우리의 경제는 살아남을 겁니다. 그리고 지금 잘 하고 있어요.(We had the Second World War - and our economy did just fine. We will survive. Our enocnomy will survive. And will be doing just fine.)"

그렉 아벨은 이렇게 말했다. "보충할 말은 없습니다."
그러자 버핏은 이렇게 덧붙였다. "오, 우리는 또 다른 찰리가 있군요."

그런 뒤 버핏은 이야기를 하나 들려주었다. 1950년대 중반, 그러니까 미국의 경제가 한창 좋았을 때, 주가는 하늘을 찌를 듯 올라갔다. 이렇게 상승하던 와중에 언론이 정치와 마찬가지로 공포감을 조장했던 것이다. 다우존스지수는 1929년의 최고점을 이미 지나와 있었다. 마법과 같은 381점을 넘어가 있었던 것이다.

그런데 비관주의자들과 붕괴론자들이 등장했고, 주식시장이 곧 붕괴할 것이라고 경고를 했다. 이때는 1929년 붕괴가 일어난 지 25년이 지난 뒤였고, 이 시기에 미국의 경제는 어마어마하게 성장했다. 하지만 투자자들은 두려움을 갖게 되었다. 지수가 너무 높다는 의심에서 생겨난 두려움이었다.

이러한 상황에서 미국의 상원은 위원회를 소집해서, 다우존스의 주가가 너무 치솟는 현상을 연구하게끔 했다. 버핏의 선생이자 위대한 본보기였던 벤자민 그레이엄Benjamin Graham은, 시대를 통 틀어서 주식에 관한 저서 《현명한 투자자》로도 유명한데, 이와 같은 위원회에 소속되었던 한 사람이었다. 벤자민 그레이엄은 버핏의 눈에 "내가 만나 봤던 가장 똑똑한 사람들 중 한 사람이었다."

벤자민 그레이엄은 이렇게 말했다. "주가는 높습니다. 높아 보여요. 하지만 보이는 것처럼 그렇게 높은 것은 아닙니다."

미국과 미국의 경제가 어디로 향하는지를 관중들이 불안해하던 와중에 버핏은 이미 오래 된 이야기를 들려주었던 것이다. 주식시장이 생겨난 이래 언제나 투자자들이 품었던 불안의 이야기 말이다. 선 밸리에서 그가 미국에서 120년 동안 자동차를 생산했던 2천 개의 기업들 목록을 청중들 앞에서 높이 들어 보여주었던 것처럼, 이번에는 상원 위원회의 1,000페이지 가량의 보고서

〈주식 시장 연구〉를 들고 있었다. 세월에 의해 색이 닳고 바랜, 녹색 띠가 둘러져 있는 이 연구서를 통해서 버핏은 비이성적인 인간이 얼마나 비관주의에 깊이 빠질 수 있는지를 보여주었다. 오늘날의 시각에서 보더라도 1950년대는 그야말로 엄청나게 성공적이었는데 말이다.

1950년대 주가가 너무 높다고 두려워했던 역사의 핵심은 아직도 사라지지 않았고, 버핏은 마무리를 짓고자 미소를 지으며 카메라를 응시했다. 미국의 상원이 주식시장과 사람들을 불안하게 만드는 높은 주가에 대해 1,000페이지에 달하는 보고서를 제시했던 그 시절에, 그렇게 기억할 만한 시기에 미국 주식에 투자했던 1달러는 100달러가 되었다. 두려움이 컸던 만큼 돌아오는 보상도 많은 것이다!

버핏은 정치가들뿐 아니라 1950년대 여론의 무지에 대해서도 비판했다. 그러니까 자신들의 능력을 현실적으로 평가하지 못했던 무능함을 말이다.

워런 버핏은 이렇게 말했다. "그들은 미국의 잠재력을 보지 못했던 것입니다."

그는 카메라를 정면으로 응시했고, 코로나가 장기적으로 미국의 경제에 어떤 영향을 줄 것인가에 대한 질문에 답하고자 했다.

워런 버핏의 답은 이러했다. "답은, 미국에 불리한 내기는 절대 하지 마십시오."

교훈 1: 두려움은 형편없는 조언을 해준다.

이런 조언을 따르는 사람은, 주식시장에서 제공하는 높은 수익을 놓치고 만다. 투자자의 행동을 조종하는 감정들은 항상 존재해왔다. 1999년의 과도한 낙관주의, 2020년 초의 비관주의. 이 둘 다 버핏의 눈에는 시장을 상당히 잘못 예측한 것이다.

교훈 2: 주식은 장기적으로 상승한다.

워런 버핏이 1999년 선 밸리에서 말했던 내용도 바로 이것이다. 당시에는 지나치게 행복한 분위기가 퍼져있었다. 이제 그는 과도한 비관주의를 고려해서 얘기하고 있다. 워런 버핏의 눈에는 주식시장의 현실에서 아무 것도 바뀐 것이 없다. 주식시장은 장기간 투자하는 사람들에게 확실하게 이득을 가져다줄 것이다.

교훈 3: 미국에 불리한 내기는 결코 해서는 안 된다.

미국은 건국 이후로 많은 실수를 범했다. 버핏은 노예제도와 시기적으로 늦게 도입한 여성선거권에 대해서도 언급했다. 그의 눈에 이 나라는 여전히 많이 것들을 향상시켜야만 한다. 그럼에도 불구하고 미국은 200년 이상 세계에서 가장 역동적인 경제를 갖추고 있다.

버핏이 말하는 동안, 거대한 데이터들이 전 세계로 전달되었고 놀라운 소프트웨어 기술 덕분에 수천 킬로미터가 떨어져있는 나의 아이패드에도 도착했다. 나는 항상 오마하로 여행을 가고 싶었다. 버핏이 좋아하는 체리 콜라를 마실 때마다, 나는 집에서 재스민 티를 마신다. 그가 또 한 캔의 콜라를 마실 때면, 나는 차 한 잔을 더 마시고 당근을 아작아작 씹어 먹는다. 이미 얘기했듯이, 나는 신년에 5킬로그램을 감량하기로 했기 때문이다.

버핏 이후의 버크셔. 워런 버핏 회장이 없으면 버크셔는 어떻게 될까? 버핏은 지난 몇 년 동안 늘 이와 같은 질문을 받았다. 더 이상 그가 없으면 어떤 일이 일어날까? 세상에, 사람들은 분별이 없기도 하다. 버크셔에는 회사를 잘 돌아가게 할 훌륭한 매니저들이 있다고 버핏은 확신한다. 하지만 버핏이 아직 일을 하고 있다. 찰리 멍거도 역시.

워런 버핏은 이와 관련해서 다음과 같이 말했다.
"나는 건강합니다. 찰리도 아주 건강하고요."
그렉 아벨은 이렇게 말했다. "보충할 말이 없습니다."
워런 버핏. "다음 질문."

물론 워런 버핏은 앞으로 몇 년 동안 또는 30년대에 늘 맞이했던 위기(정상적)가 도래할 것이라고 내다본다. 10년에 한 번 매우 유리한 가격으로 주식을 매수할 수 있기를 그는 희망하고 있다. 과거처럼 말이다. 지금 가격은 유리한가? 그는 위기에 주식을 매수했을까? 했다면 어느 만큼? 무엇보다, 그는 무슨 주식을 매수했을까? 늘 그렇듯 버핏은 이런 질문에 대해서는 대답하지 않는다.

그런데 이번에는 달랐다. 버핏은 위기 동안에 네 가지 대형 미국 항공사의 주식을 팔아버렸다. 그는 이 기업들에게 잘 되기를 빌어주었고, 경영인들에게 아무런 비판도 하지 않았다. 하지만 더 이상 주식을 보유하지는 않았다. 항공사들의 주가는 월요일이 되자 사정없이 떨어졌다. 버핏을 관찰한 적지 않은 사람들이 예측하기를, 버핏은 위기 동안에 항공사에 참여하는 것을 중단하고 비행기를 생산하는 보잉사로 갈아탈 것이라고 내다봤다. 하지만 그는 그렇게 하지 않았다.

버핏은 엄지손가락을 뒤집었다. 그리고 매수할 기회를 기다렸다. 지난 2008/09년 위기 때 그는 너무 일찍 행동에 옮겼다. 가장 좋은 기회는 2011년에야 비로소 다가왔는데, 그가 뱅크오브아메리카에서 많은 지분을 가질 수 있는 기회였다. 개인 투자자들이 절대 얻을 수 없는 그런 특별한 조건으로 말이다.

결코, 결코, 결코 미국에 불리한 내기를 하지 말 것

버핏의 낙관주의는 중단되지 않았다. 그것은 그야말로 철저하게 미국적인 낙관주의라 할 수 있다. 그는 또 그렇게 생각할 많은 이유들이 있다. 2008/09년의 경제위기를 미국은 독일이나 유럽에 비해서 훨씬 안정적으로 극복할 수 있었다. 미국은 많은 돈을 쥐고 있었고 3퍼센트 성장률로 잘 헤쳐 나갔다. 이와 반대로 유럽은 독일에 의해 불안한 절약정책을 강요받았다. 그 결과로 유럽은 높은 실직율과 억제된 성장률을 감내해야만 했다. 코로나 위기에서도 미국의 중앙은행과 의회는 매우 신속하게 행동했고, 수조 달러를 풀어서 충격을 줄이고자 했다. 이번에도 유럽은 눈에 띄게 힘들어했다. 미국에 비하면 훨씬 적은 재난 지원금을 마련했던 것이다. 이것이 내 돈에게 의미하는 바는, 낙관주의의 고향인 미국이 훨씬 낫다는 것이다.

버핏은 이미 몇 시간 동안 얘기를 한 상태였다. 심지어 그는 "결코 미국에 불리한 내기를 하지 말 것"이라는 문구가 보이는 배경에서 얘기를 했다. 그는 강연 도중에 이 말을 반복했다. 아직도 세계멸망을 믿는 모든 사람들이 분명하게 이해할 수 있도록, 그는 세 번이나 반복해서 "never"이라는 표현을 사용했다. 위기에 대한 그의 말은 이러했다.

"Never, never, never bet against America."

춘 라우는 무엇을 할까?

그는 잘 지내고 있다. 가지고 있던 주식을 팔았고, 결국 그에게는 1,400유로가 남았다. 그는 주식시장에 들렀다가 50퍼센트 이상의 손실을 입고 말았다. 붕괴, 적어도 그의 증권계좌와 그의 돈에게는 주식시장의 폭락이 틀림없었다.

대신에 그의 레스토랑은 다시 문을 열었다. 손님들이 다시 돌아왔고, 춘 라우는 식탁 사이를 주의 깊게 오갔으며 맥주를 원하는 식탁에는 맥주를, 그리고 수프를 원하는 식탁에는 수프를 가져갔다.

3월에 그야말로 위기의 한 가운데에 있었을 때 이 모든 것은 다르게 보였다. 나는 추운 3월의 날씨에 덜덜 떨면서 그의 레스토랑 앞에서 주문한 내 음식이 나오기를 기다려야만 했다. 베를린 의회는 바로 전날에 모든 레스토랑이 문을 닫도록 하는 결정을 내렸다. 그리고 정부는 전국에 접촉을 금하는 명령을 내렸다.

춘 라우는 이제 직접 요리를 하고, 레스토랑에는 다른 직원들이 없다. 그의 아내가 음식을 가지고 레스토랑 건물 밖으로 가져온다. 나는 다른 베를린 시민들과 함께 일요일인 오늘 주문한 음식을 기다리고 있다. 옆에 있는 건물의 창문이 열려 있고, 거기에서 베토벤의 《환희의 송가》가 트럼펫 소리로 들려왔다. 이웃들이 다 같이 박수를 쳤다.

춘 라우의 아내가 음식을 가져왔는데, 닭고기가 들어간 국수였다. 이것은 나를 위한 요리였고, 가족들을 위해서는 닭고기 없이 야채만 들어간 국수였다. 그래, 국수라는 것은 탄수화물이다. 체중감량 프로그램은 코로나 위기가 끝난 뒤에 계속하기로 결정했다. 하지만 목표는 변하지 않고 있다. 나는 올해 5킬로그램 감량할 것이다. 나의 체중감량 프로그램은 잘 진행되고 있다. 융통성 있게 그렇게 말하고 싶다.

나는 자전거를 타고 집으로 향한다. 식탁에 둘러앉아 나의 국수를 즐길 것이고, 우리 삶에서 진정으로 중요한 것에 대해서 얘기할 것이다. 아니, 우리는 주식시장에 대해서 얘기하지 않을 것이다. 삶에는 주식보다 더 중요한 게 있다. 가족, 친구들, 친척들, 그리고 미래 계획 같은 것들이다.

주식시장은 상승하기 전에, 위기가 끝나고 다른 주제가 등장하기 전에, 조금 내려가기도 하고 또 많이 내려가기도 할 것이다. 곧 회복하리라 본다. 다만 세계가 멸망한다고 예언하는 자들만이 불행한 결말, 국가의 무질서와 무정부상태나 내전을 희망할지 모른다. 그러라지 뭐. 주식시장은 곧 다시 정상을 회복할 것이다. 그리고 몇 달이 지나면 다른 주제가 등장할 테니까. 미국의 선거 결과가 주제로 등장할 수도 있다. 트럼프가 여전히 대통령일까? 민주당이 대통령 자리를 가져갈까? 몇 년이 지나면 코로나도 서서히 상승하는 주가 그래프의 폭 파인 곳의 기둥으로만 기억될 것이다.

4월 초에 나는 다시 주식을 매수했다. 마이너스 15퍼센트와 마이너스 25퍼센트였지만 매수했다. 이제 시장은 다시 회복을 하고 있다. 하지만 정말 회복하는 것일까? 누가 알겠는가? 항상 시장에서는 장기적으로 보면 낙관주의가 승리를 거두었다. 어쩌면 당신은 게르트 콤머가 언급했던 《낙관주의자의 승리》라는 책을 기억할지 모른다. 힘든 시기에 주식시장에 머문 사람만이 좋은 시절에 이득을 얻게 된다.

시장에 투자를 해야만 우리는 주식보유자가 되는 것이며, 이렇게 요동치는 주가를 견딘 보상을 받게 된다. 가능하면 조용히 있는 게 좋다. 그냥 아무 일도 안 하면 된다. 물론 그렇게 하는 게 어려울 때도 많지만 말이다.

지금 주식은 싸다. 그래서 나는 마지막으로 또 추가매수를 했다. 나는 사고자 했던 ETF의 번호를 입력했다. 이번에는 정보-기술 인덱스를 담은 ETF였다. 그런 다음에 eTan을 매수했다. 그러자 내 돈은 주식시장으로 흘러들어갔다.

그런 뒤 나는 아내에게 가서 이렇게 말했다.

"자기야, 나 주식 샀어."

"아, 그래?" 아내가 대꾸했다.

나는 내 삶에서 정말 중요한 일을 기대하고 있었다.

매우 사적인 후기

매우 사적인 후기를 쓸 수 있게 허락해주시길 요청합니다. 얼마 전에만 하더라도 청소년들과 청년들이 살면서 겪을 수 있는 가장 끔직한 일이 무엇이냐는 설문조사에, 그들은 기르고 있던 기니피그의 죽음이라고 대답했습니다. 이런 대답은 아주 조금 정당하다고는 할 수 있지만, 다른 한 편으로 악동들의 대답 같은 측면도 있습니다. 모든 세대는 자신들만의 문제가 있습니다. 각자는 이 세상에서 자신들만의 길을 찾아가고, 이는 부유한 사회에 살더라도 쉬운 일은 아니겠지요.

자신의 삶에서 일어날 수 있는 일 가운데 가장 끔찍한 일이 기니피그의 죽음이라니, 아마도 코로나가 종식되면 그런 대답은 절대 하지 않을 것으로 보입니다. 여러분들은 모두 뭔가 체험했습니다. 뭔가 존재론적인 것들. 여러분의 자식들, 손주들 그리고 증 손주들에게 들려줄 수 있는 그런 일들 말이지요.

당신은 이렇게 자신에게 물을 수 있어요. 삶에서 무엇이 중요할까? 어떤 분들은, 기니피그의 죽음이 자신의 삶에 전혀 다른 전환점을 제공했을 수 있다고 생각할 수도 있습니다. 나는 다른 생각입니다. 이 책이 편집실로 넘어가기 전에 존스 홉킨스 대학에서 발표한 바에 따르면, 전 세계 사람들 가운데 483,461명(2020년 6월 25일 기준)이 코로나 바이러스로 사망했다는 것입니다. 유럽에서 잘 사는 국가들은 동유럽 국가들과 마찬가지로 코로나와 싸우기 위해 10조에서 20조 달러를 지급했습니다. 그런데 말이지요, 같은 시기에 전 세계적으로 대략 1백만 명이 결핵으로 사망했습니다. 주로 가난한 국가의 국민들이 희생을 당했습니다. 결핵을 더 잘 연구하고 치료하기 위해 10억에서 20억 달러가 필요하다고들 합니다. 코로나와 맞서 싸우는 비용과 비교하면 불과 몇 만 분의 1정도 되는 비용이겠지요. 하지만 이런 연구비용은 아직도 모이지 않고 있습니다.

이 지구상에서 사는 삶을 향상시키기 위해 해야 할 일은 많습니다. 어쩌면 그렇게 하려고 시도하는 사람들도 있고요. 지금 이런 질문은 나에게 합니다. 코로나 이후, 무엇이 정말 중요해질까요?

옮긴이의 말 **나 혼자만 알고 싶은 책**

올해 초반쯤이었던 걸로 기억한다. 친하게 지내는 후배가 나에게 이런 말을 하는 것이다.

"선배, 내 주변에서 선배가 제일 주식을 잘 할 것 같아. 그러니 올해부터 주식에 입문 하는 게 어때?"

이 후배는 직장에서 꽤나 높은 연봉을 받고 있었지만 10여 년 전부터 주식을 시작해서 상당한 수익을 내고 있었다. 나에게 주식을 해보라고 권유하면서 우리나라 슈퍼개미 중 가장 성공한 투자자 중 한 사람도 소개해 주었다. 개인 투자자 남석관씨 였는데, 유투브에 출연하여 말씀하시는 것을 보니 차분하고 또 신뢰할 만해서 나는 곧장 이분이 쓴 책을 구입해서 끝까지 읽어보았다.

그런데 책을 다 읽고 나니 마음이 복잡해졌다. 저자가 너무 대단한 개인투자자이기는 했지만 과연 나도 이렇게 주식 투자에 몸과 마음을 바칠 수 있을까? 소위 말해 〈전업투자자〉는 정말 많은 공부와 시간을 투자해야 하는데, 심지어 휴가 중에도 수시로 주가를 확인해야 하는 생활을 해야 하는데 내가 그것을 할 수 있느냐는 문제다. 물론 공부라면 나 역시 누구보다 잘 할 자신이 있지만 이 저자처럼 주식에 빠져서 살고 싶지는 않았다.

이어서 떠오른 생각은, 이렇게 주식에 목숨 걸지 말고 지금 하고 있는 내 일을 하면서 느긋하게 주식을 하는 방법이 없을까 싶었다. 그러다 이 책을 발견하게 되었다. 〈슬기로운 주식투자생활〉은 고민에 빠져있던 나에게 하늘에서 내려온 선물처럼 내가 원하는 게 모두 들어있었다. 물론 저자 크리스티안 틸은 액티브한 개인 투자자이고, 시장을 이기는 것을 좋아하는 승부욕이 있으며, 앞서 말한 남석관씨와 비슷한 면모가 많았다. 그러나 정작 그가 자신의 책에서 소개하는 유명한 독일 주식관련 블로거blogger라든가 워런 버핏을 상세하게 소개한 내용은, 우리에게 딱 두 가지를 전달하고 있다.

1. 장기 투자를 하라
2. 패시브 투자로 ETF를 사라

나는 이 책을 번역할 당시에 솔직히 ETF가 무엇인지조차 몰랐다. 번역을 하면서 인덱스 펀드를 최초로 만들었다는 존 보글John C. Bogle이라는 뱅가드 그룹의 창업자를 알게 되었다. 그의 저서 《모든 주식을 소유하라》는 주식관련 저서들 가운데 단연 으뜸에 속한다고 다들 인정하리라 본다. ETF의 원조이기도 하고, 사실 이 책도 보글의 이론을 아주 쉽게 풀어놓았다고 보면 된다.

저자 크리스티안 틸은 원래 직업이 커플매니저였고 지금도 하는 것으로 안다. 그런데 남녀소개보다 주식에 더 재능이 있었는지, 일찌감치 주식에 관심을 갖게 되었고 지금은 독일에서 손꼽히는 개인 주식투자자이자 블로거가 되었다. 그의 책을 읽어보면 독일은 우리나라와 매우 비슷한 점이 많다는 사실을 발견할 수 있다. 독일 사람들은 보수적이라 주식투자를 그다지 좋아하지 않을 뿐 아니라, 주식 투자를 하더라도 자국 기업에 투자하는 습관이 있다. 대기업 메르세데스 벤츠가 내리막길을 걷게 될 줄 그들은 아마 상상도 하지 못했으리라 본다.

우리나라 역시 최근 몇 년 사이에 주식 열풍이 불고 있다. 메리츠증권의 존 리 자산운용 대표가 여기에 큰 몫을 했고, 강방천 에셋플러스자산운용 CIO도 마찬가지이다. 이 분들의 홍보와 설명 덕분에 주식은 투기가 아니며 정상적인 투자수단으로 어느 정도 자리 잡게 된 것 같다. 그렇지만 아직도 투기처럼 생각하고 일확천금을 노리며 주식시장에 무작정 뛰어드는 사람들이 적지 않다. 특정 유투버의 추천대로 개별주식을 매수해서 성공하기란 하늘의 별을 따는 것과 마찬가지로 힘들다는 것을 그들은 아직도 모르고 있을까?

나는 이 책을 번역하던 중 우리나라 증권사에서 출시한 미국 증시추종 ETF 두 가지에 투자를 해보았다. 너무나 궁금했기 때문이다. 과연 주식이 수익을 가져다주는지 궁금해서 평생 한 번도 해보지 않았던 주식을 시작했다. 첫 달에 3퍼센트의 수익이, 두 번째 날에는 6~7퍼센드의 수익이 나왔다. 은행통장에서 한 번도 보지 못했던 수익률!

가치주든 성장주든 액티브하게 개별 주식을 선별해서 단기로 매매하는 것에서 스릴을 느끼고 수익을 많이 내는 분들은 이 책을 읽을 필요가 전혀 없다. 시장을 이겨서 승리감을 한껏 만끽하고 남들에게 잘난 체 좀 해보고 싶은 사람도 이 책을 읽을 필요가 없다.

직장인이나 대학생 또는 가정주부이지만 가만히 있으면 뭔가 시대에 뒤처지는 느낌이 들고, 주식을 한 번 해보고 싶은 마음은 굴뚝같은데 어떻게 해야 할지 모르는 사람.

주가가 널뛰기를 하는 바람에 천국과 지옥을 반복해서 오가는 것 보다 작지만 꾸준히 수익을 올려준다면 그것으로 만족할 수 있는 사람.

장기투자자로 앞으로 10년이나 20년 뒤에 주식을 매도하여 몇 달씩 세계여행을 하든, 아니면 제주도에 세컨드 하우스를 장만하고 싶은 사람.

이런 분들은 이 책을 읽으면 엄청난 도움이 될 것이라고 확신한다.

나는 번역 과정에서 저자가 소개한 주식 책 여러 권을 읽었다. 그 가운데《모든 주식을 소유하라》와《노르웨이처럼 투자하라》는 이 책과 거의 비슷한 내용이었지만, 크리스티안 틸의 이 책이 가장 쉽게 설명되어 있었다. 아니, 쉽고도 매우 영양가 있는 내용이었다. 그래서 나만 읽고 싶었지만, 번역을 했으니 어쩔 수 없이 다른 독자들도 읽게 될 것이다.

내가 독일에서 석사논문을 마무리 짓기 전에 다시 한 번 더 읽은 책이 《문학입문》이었다. 대학 1학년에 읽었던 이 책을 논문 제출을 앞두고 읽어보니 어찌나 놀라운 내용을 담고 있던지 깜짝 놀랐던 기억이 난다. 기본이 되고 기초가 되는 책에는 기본 그 이상의 진리와 핵심이 담겨있는 까닭이다. 바로 이 책도 주식 초보자에게 적합한 책이기는 하지만, 주식 투자의 핵심이 모두 담겨 있다고 감히 장담한다. 이 책 한 권이라도 읽고 주식에 입문한다면 결코 주식 투자로 손해 보는 일은 없을 것이라 믿어 본다.

2021년 10월 옮긴이 이 미 옥

독일개미가 한국개미에게

주식시장에 대한 두려움을 극복하고 당신의 돈을 불리는 법

지은이 | 크리스티안 티엘
옮긴이 | 이미옥

펴낸곳 | 마인드큐브
펴낸이 | 이상용
디자인 | SNAcommunications(서경아, 남선미, 서보성)

출판등록 | 제2018-000063호
이메일 | viewpoint300@naver.com
전화 | 031-945-8046
팩스 | 031-945-8047

초판 1쇄 발행 | 2021년 11월 1일
ISBN | 979-11-88434-53-4 03320